Hillert ∎ Bracht ∎ Koch ∎ Lüdtke ∎ Ueing ∎
Sosnowsky-Waschek ∎ Lehr

Arbeit und Gesundheit im Lehrerberuf (AGIL)

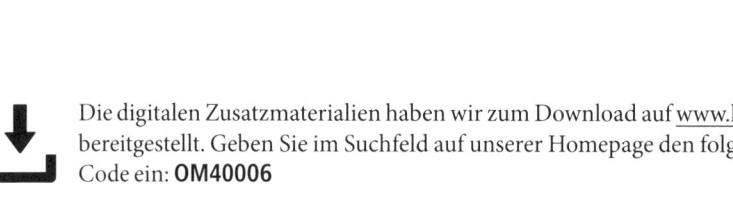 Die digitalen Zusatzmaterialien haben wir zum Download auf www.klett-cotta.de bereitgestellt. Geben Sie im Suchfeld auf unserer Homepage den folgenden Such-Code ein: **OM40006**

Hillert ■ Bracht ■ Koch ■ Lüdtke ■
Ueing ■ Sosnowsky-Waschek ■ Lehr

Arbeit und Gesundheit im Lehrerberuf (AGIL)

Das individuelle Arbeitsbuch

Bibliografische Information der Deutschen Nationalbibliothek
Die Deutsche Nationalbibliothek verzeichnet diese Publikation in der Deutschen Nationalbibliografie; detaillierte bibliografische Daten sind im Internet über http://dnb.d-nb.de abrufbar.

Besonderer Hinweis
Die Medizin unterliegt einem fortwährenden Entwicklungsprozess, sodass alle Angaben, insbesondere zu diagnostischen und therapeutischen Verfahren, immer nur dem Wissensstand zum Zeitpunkt der Drucklegung des Buches entsprechen können. Hinsichtlich der angegebenen Empfehlungen zur Therapie und der Auswahl sowie Dosierung von Medikamenten wurde die größtmögliche Sorgfalt beachtet. Gleichwohl werden die Benutzer aufgefordert, die Beipackzettel und Fachinformationen der Hersteller zur Kontrolle heranzuziehen und im Zweifelsfall einen Spezialisten zu konsultieren. Fragliche Unstimmigkeiten sollten bitte im allgemeinen Interesse dem Verlag mitgeteilt werden. Der Benutzer selbst bleibt verantwortlich für jede diagnostische oder therapeutische Applikation, Medikation und Dosierung.
In diesem Buch sind eingetragene Warenzeichen (geschützte Warennamen) nicht besonders kenntlich gemacht. Es kann also aus dem Fehlen eines entsprechenden Hinweises nicht geschlossen werden, dass es sich um einen freien Warennamen handelt.
Aus Gründen der besseren Lesbarkeit wird überwiegend die männliche Form verwendet, diese schließt selbstverständlich stets die weibliche ein.

Schattauer
www.schattauer.de
© 2019 by J. G. Cotta'sche Buchhandlung
Nachfolger GmbH, gegr. 1659, Stuttgart
Alle Rechte vorbehalten
Printed in Germany
Cover: Jutta Herden, Stuttgart
unter Verwendung eines Fotos von © Adobe Stock/Kzenon
Zeichnungen: Andrea Schraml; S. 115 Lilo Gerl; S. 191 Sebastian Molkenbur
Gesetzt von Kösel Media GmbH, Krugzell
Gedruckt und gebunden von Friedrich Pustet GmbH & Co. KG, Regensburg
Lektorat: Marion Drachsel, Berlin
Projektmanagement: Dr. Nadja Urbani
ISBN 978-3-608-40006-9

Auch als E-Book erhältlich

Anschriften der Autoren

Dipl.-Psych. Maren Bracht
Psychologische Psychotherapeutin und Supervisorin
Schön Klinik Roseneck
Am Roseneck 6, 83209 Prien am Chiemsee
mbracht@schoen-kliniken.de

Prof. Dr. Dr. Andreas Hillert
Facharzt für Psychotherapeutische Medizin,
Psychiatrie und Psychotherapie
Chefarzt
Schön Klinik Roseneck
Am Roseneck 6, 83209 Prien am Chiemsee
ahillert@schoen-kliniken.de

Dr. Dipl.-Psych. Stefan Koch
Psychologischer Psychotherapeut und
Supervisor
Schön Klinik Roseneck
Am Roseneck 6, 83209 Prien am Chiemsee
skoch@schoen-kliniken.de

Prof. Dr. Dipl.-Psych. Dirk Lehr
Gesundheits-Psychologe
und Psychologischer Psychotherapeut
Institut für Psychologie
Professur für Gesundheitspsychologie und
Angewandte Biologische Psychologie
Leuphana Universität Lüneburg
Universitätsallee 1, 21335 Lüneburg
dirk.lehr@leuphana.de

Dipl.-Psych. Kristina Lüdtke
Psychologische Psychotherapeutin
Schön Klinik Roseneck
Am Roseneck 6, 83209 Prien am Chiemsee
kluedtke@schoen-kliniken.de

Prof. Dr. Nadia Sosnowsky-Waschek
Professorin für Gesundheits- und
Klinische Psychologie, Studiengangsleiterin
BSc Gesundheitspsychologie und Prodekanin
der Fakultät für Angewandte Psychologie
SRH Hochschule Heidelberg
Maria-Probst-Str. 3, 69123 Heidelberg
nadia.sosnowsky-waschek@hochschule-heidelberg.de

Dr. Stefan Ueing
Facharzt für Psychosomatische Medizin
und Psychotherapie, Supervisor,
Dozent für VT-Gruppentherapie
Praxis: Psychosomatik im Achental
Bahnhofstr. 1A, 83250 Marquartstein
dr.ueing@psychosomatik-achental.de

Inhalt

1	Einleitung	1
2	Am Anfang war der Stress …	5
2.1	Stress und Stressbewältigung: Theoretische Überlegungen und Ihr höchstpersönlicher Einstieg	5
2.2	Stressoren und Stressebenen	9
2.3	Stresserleben und Stressreaktionen	17
2.4	Stressoren und Stressreaktionen interagieren	20
2.5	Vom akuten zum chronischen Stress: Hintergründe des Stress-Phänomens	24
2.6	Burnout: Was ist das?	29
	2.6.1 »Burnout« lässt sich erleben, aber nicht diagnostizieren!	31
	2.6.2 Burnout-Biografien beginnen selten »hochengagiert«	32
	2.6.3 Exkurs: Was messen Burnout-Fragebögen?	33
	2.6.4 Sollte hohes Engagement im Lehrerberuf verboten werden?	34
2.7	Depressionen und andere psychische Erkrankungen	37
	2.7.1 Was sind psychische Erkrankungen? Von theoretischen Konzepten zu praktischen Diagnosekriterien	37
	2.7.2 Wie hängen Depression und Burnout zusammen?	41
3	Die vier AGIL-Module: Das infernalische Quartett	44
3.1	Das infernalische Quartett	47
3.2	Entlastungswege	48
3.3	Ressourcensammlung	51
4	Modul Achtsamkeit	58
4.1	Eigene Stresssymptome erkennen: Wie geht das bzw. was hindert uns daran?	59
4.2	Achtsamkeits-Einstiegsübung	60
4.3	StressMerkMale: Wie andere – und Sie? – sie erleben	61

4.4	Achtsamkeit: Übungen und Experimente	64
4.5	Überlegungen für Fortgeschrittene: Achtsamkeits-Meisterklasse I	67
4.6	Vom Laborexperiment in die freie Wildbahn bzw. die Schule: Systematische Selbstbeobachtung	68
4.7	»Achtsamkeit«: Viel mehr als nur die Wahrnehmung von Stress	70
4.8	Zwei unendlich einfache, unendlich schwere Grundübungen	72
4.9	Mindfulness-Based Stress Reduction (MBSR): Ein neuer Trend und/oder eine uralte Idee?	73
5	**Modul Denkbarkeit**	**75**
5.1	Hintergrund und Ziele	79
5.2	Stressbeschleuniger werden identifiziert	81
5.3	Entschärfung von Stressbeschleunigern: Wie funktioniert das?	93
	5.3.1 Und nun von der Theorie in die Praxis …	95
	5.3.2 Verhaltensexperimente	96
5.4	Grübelkreisläufe erkennen	99
	5.4.1 Grübeln: Was ist das?	100
	5.4.2 Grübeln: Psychologisch-formal betrachtet	101
	5.4.3 Einblicke in die höchstpersönliche Grübeldynamik	103
	5.4.4 Warum grübelt man überhaupt?	105
	5.4.5 Lösungsstrategien: Wie lassen sich Grübelkreisläufe unterbrechen?	108
5.5	Grübelkreisläufe unterbrechen: Grübelstopp-Techniken	110
	5.5.1 Anti-Grübelrituale	110
	5.5.2 Grübelbuch-Technik	112
	5.5.3 Schulbusfahren	113
	5.5.4 Achtsamkeit als ultimative Grübelstopp-Technik?	116
	5.5.5 Postscriptum: Grübeln als kollektives Problem	117
6	**Modul Möglichkeiten**	**120**
6.1	Hintergrund und Ziele	121
6.2	Das Modell der beruflichen Gratifikationskrise: Belastung und Belohnung in Balance	122
	6.2.1 Wie die Balance durch äußere Umstände beeinflusst wird	123
	6.2.2 Wie die Balance durch Einflüsse von innen verändert wird	126

6.3 Ins Gleichgewicht kommen: Selbstwertschätzung und Wertschätzung durch andere ... 129
6.3.1 Selbstwertschätzung ausbauen ... 130
6.3.2 Der Wertschätzung auf der Spur ... 135
6.3.3 Das Wertschätzungstagebuch ... 141
6.3.4 Zu guter Letzt 142
6.4 Wenn die Zeit vorn und hinten nicht reicht: Persönliche Zeitgestaltung ... 143
6.4.1 Zeitanalyse: Erster Schritt ... 144
6.4.2 Ideal und Wirklichkeit: Eine aktuelle Standortbestimmung ... 146
6.5 Helfersyndrom: Was ist das, wozu dient es … und wie weit bin ich davon betroffen? ... 151
6.5.1 Auch Supermännern und Superfrauen kann die Puste ausgehen ... 152
6.5.2 Bin ich ein »hilfloser Helfer« bzw. wie groß ist meine diesbezügliche Gefährdung? ... 153
6.6 Kraft durch Werteorientierung und Sinngebung ... 159
6.6.1 Werte reflektieren und eigene Werte konkretisieren ... 159
6.6.2 Die Werte-Frage im Lehrerberuf ... 160
6.6.3 Berufsideale, die ein Berufsleben lang halten: Grundsätzliche Aspekte ... 162
6.6.4 Zu guter Letzt: Der eigene Leitsatz auf dem Prüfstand ... 164
6.7 Von innerer Zerrissenheit zum »Inneren Team« ... 164
6.7.1 Das »Innere Team«: Was ist das? ... 165
6.7.2 Das »Innere Team« der Realschullehrerin Maria K. angesichts der Aufgabe: Wer organisiert das nächste Schulfest? ... 165
6.7.3 Mein persönliches »Inneres Team« ... 167
6.7.4 Häufige Rollen in »Inneren Teams«: Ein paar Beispiele ... 169
6.7.5 Arbeit mit dem bzw. am »Inneren Team« ... 169
6.7.6 Ihr »Inneres Team« in Heimarbeit ... 170
6.7.7 Die Spielregeln des »Inneren Teams« ... 171

7 Modul Erholung ... 173
7.1 Erholung braucht zuversichtliche Entschlossenheit ... 174
7.2 Die drei Bausteine der Erholung ... 176

7.3	Erholungsaktivitäten	176
	7.3.1 Erholung nach der Arbeit	176
	7.3.2 Erholungspausen	180
7.4	Erholungserleben	182
7.5	Wechsel zwischen Arbeits- und Erholungswelt	184
7.6	Hindernisse beim Verbleib in der Erholungswelt	187
7.7	»Gedankenfreiheit«	189
	7.7.1 Nachdenken, Grübeln und Sorgen	190
	7.7.2 Gemeinsames Grübeln	191
	7.7.3 Alles hat seine Zeit	192
7.8	Der Erholungsladen oder »Was kostet Erholung?«	195
7.9	Guten Abend, gute Nacht! Anmerkungen und Hinweise zum Thema »Gesunder Schlaf«	205
	7.9.1 Verhaltensweisen, die zu gutem Schlaf beitragen	205
	7.9.2 Checkliste zu Verhaltensweisen, die zu gutem Schlaf beitragen	207
8	AGIL und kein Ende	209
9	Literatur und Empfehlungen zum Weiterlesen	212

1 Einleitung

»Was kann ich tun, um meinen Stress zu reduzieren
und AGIL zu bleiben?«

Im Studium lernen angehende Lehrkräfte das, was sie in der Schule den Schülern vermitteln sollen, also »ihre Fächer«. Zum anderen lernen sie Pädagogik und pädagogische Psychologie, also die Art und Weise, wie Schülern der Lernstoff am besten zu vermitteln ist. Dass sie dabei zum einen das zentrale Bildung vermittelnde Instrument und zum anderen als Person ständig gefordert sind, insbesondere auch mit ihren Ressourcen angemessen umzugehen, um den »unmöglichen«, de facto grenzenlosen Beruf (wann hätte ein Lehrer je genug getan?) ein Lehrer-Leben lang mit Spaß auszuüben, klingt im Rahmen der modernen Lehrerausbildung gelegentlich an. Im engeren Sinne vermittelt wird es nicht.

Wie die eigene Wahrnehmung funktioniert, woran man seine individuellen Belastungsgrenzen erkennt und mit welchen Strategien man wie zurechtkommt, das lässt sich nicht im Rahmen von Vorlesungen erlernen. Man muss es immer wieder reflektieren und ausprobieren … In einer Lehrerausbildung, in der individuelle Betreuung und Kleingruppenarbeit aus ökonomischen Gründen, besonders in den ersten Studiensemestern, kaum stattfindet, lässt sich diese Dimension der Lehrer-Professionalisierung kaum unterbringen. Und prüfen lassen sich solche Qualitäten, zumindest in schriftlichen Prüfungen oder bei Hospitationen, kaum.

Also lassen wir es lieber? Lernen nicht die meisten Lehrer quasi nebenbei, im Referendariat und spätestens im Schulalltag, wie man dort am besten über die Runden kommt?

Eine solche, zugegebenermaßen pragmatische Einstellung hat Vorteile: Sie ist kostengünstig. Für alle Beteiligten. Sie hat aber auch Nachteile. Dass der Lehrerberuf ein »Stressberuf« ist, pfeifen die Spatzen von den Dächern. Sollte man die Frage, wie »Lehrkörper« am besten mit diesem »Stress« umgehen, dem Zufall überlassen? Es gibt eine ganze Reihe wissenschaftlicher Untersuchungen zur Frage, wie es Lehrern gelingt, den Beruf trotz seiner vielfältigen Belastungen – zwischen unmotivierten Schülern, Helikopter-Eltern und Konflikten im Kollegium – langfristig bei guter Gesundheit und hoher Lebensqualität auszuüben. In diesem Rahmen wurde auch erforscht, welche Erlebens- und Verhaltensmuster für die betreffenden Lehrpersonen ein hohes Risiko bergen, wenn nicht krank, so doch stressbelastet und unglücklich zu sein bzw. zu werden. Dass dies im Lehramtsstudium bislang kaum bis gar nicht thematisiert wird, ist umso erstaunlicher, als erschöpfte, ausgebrannte und aufgrund von seelischen Erkrankungen in Frühpension gehende Lehrer nicht nur selbst eben diese Probleme haben und leiden, sondern absehbar auch schlechteren Unterricht geben und, durch hohe Krankheitszeiten und Frühpensionierungen, dem Staat bzw. den Steuerzahlern teuer zu stehen kommen. Befriedigende Erklärungen für diese mehrdimensional unbefriedigende Situation gibt es nicht, abgesehen von politischen und finanztechnischen. Diese wiederum sind, zumindest für nicht in den Kategorien des Beamten-Systems denkende Zeitgenossen, schlicht grotesk: Wenn Lehrkräfte in Frühpension gehen, dann zahlt dafür nicht das Kultusministerium, sondern das jeweilige Finanzministerium. Für Prävention ist dort allerdings niemand zuständig. Beihilfestellen zahlen dann, wenn Lehrkräfte erkranken, den gesetzlich vorgeschrieben Anteil. Wobei sie sich nach dem richten, was die Krankenkassen bezahlen. Darüber hinausgehende Prävention gehört nicht zu den Aufgaben der Beihilfestellen. Also müsste das Gesundheitsministerium zuständig sein. Dort hat man aber in der Regel keine »Ressourcen« für Lehrergesundheit, leider. Je mehr ein Bundesland unter Lehrermangel leidet, umso einsichtiger werden derzeit die Kultusministerien, sich aktiv mit dem Thema Lehrergesundheit auseinanderzusetzen; wobei, von Bundesland zu Bundesland verschieden, noch ein wenig bis sehr viel Luft nach oben ist.

Die immanent subjektive Qualität unserer Wahrnehmung, in der sich neben individueller »Veranlagung« unsere Lerngeschichte spiegelt, wird uns üblicherweise nur dann bewusst, wenn dies reflektiert wird. Supervision, die systematische Reflexion eigener Muster, ist in allen anderen Sozialberufen längst etabliert und ein unabdingbarer Bestandteil der Ausbildung von Sozialtherapeuten, psychologischen Psychotherapeuten und Ärzten. Warum Lehrer dies nicht nötig haben sollen, läuft wiederum auf politische Dimensionen heraus: Es würde schlicht Geld kosten, das der Staat als Ausbilder und Dienstherr nicht hat bzw. nicht dafür ausgeben will. Damit handelt er ähnlich wie die Mehrzahl der deutschen Lehrkräfte, die derzeit selbst auch nicht bereit ist, eigenes Geld und Freizeit für Supervision auszugeben. Das ist menschlich aber kurzsichtig. Vor allem dann, wenn Lehrer »unter Druck geraten«, wenn der Stress zunimmt, Burnout droht und der Beruf zur Qual wird, sitzen sie absehbar in der Falle. Wer keinen professionellen Umgang mit sich selbst, seinen Mustern und Strategien gelernt hat, dem fällt es doppelt schwer, dies in sowieso schon belasteten Konstellationen nachzuholen.

AGIL – **A**rbeit und **G**esundheit **i**m **L**ehrerberuf – wurde ursprünglich als Gruppenprogramm für manifest psychosomatisch erkrankte Lehrkräfte entwickelt, die in der Schön Klinik Roseneck seit vielen Jahren die größte Berufsgruppe sind. Die meisten erkrankten Lehrer gingen und gehen davon aus, dass ihre schulischen Belastungen maßgeblich zur Entstehung und Aufrechterhaltung der jeweiligen Symptomatik, zumeist depressiver Art, beitragen. Insofern wäre es naiv, zu glauben, dass die Verbesserung der Symptome und Erholung während des stationären Aufenthaltes alleine ausreichend sein könnten, um anschließend wieder unbeschwert in den Beruf zu starten. Was sollte man diesen Kollegen ergänzend zur Behandlung der zur Aufnahme führenden Symptome als angemessene Vorbereitung auf den Schulalltag anbieten?

Über einige Jahre hinweg und mittels diverser Fragebögen haben wir die erkrankten Lehrkräfte mit vom Alter, Geschlecht und Schultyp parallelisierten ge-

1 Einleitung

sunden Kollegen verglichen. Die Frage war: Worin, in welchen Einstellungen und Strategien, unterscheiden sich überlastete bzw. erkrankte und ihren Beruf soweit gut bewältigende Lehrkräfte? Die Antworten, die sich ergaben, wurden dann die Basis von AGIL, das – entsprechend den praktischen Gegebenheiten einer im Durchschnitt sechs Wochen dauernden stationären Psychotherapie – als acht Doppelstunden umfassendes Gruppenprogramm konzipiert wurde. Nachdem dies in der Klinik etabliert war – wobei Befragungen drei und zwölf Monate nach Entlassung zeigten, dass es funktioniert –, lag es nahe, AGIL in modifizierter Form auch als Präventionsprogramm für nicht erkrankte, im Beruf stehende Lehrkräfte einzusetzen. Dies wurde ebenfalls in einer großen Studie wissenschaftlich evaluiert.

Bereits belastete Lehrkräfte können AGIL gut für sich nutzen. Das praktische Problem liegt nur darin, dass sich gerade belastet erlebende Lehrkräfte im Alltag schwertun, überhaupt an solchen Angeboten teilzunehmen. In dem für AGIL-Gruppenleiter geschriebenen Manual, dass vor Kurzem in der zweiten Auflage erschienen ist (Hillert et al., 2016), finden Sie die zusammenfassenden Ergebnisse und alle Literaturhinweise zu den hier genannten Studien.

Kurz und bündig: AGIL ist keine Lehrerfortbildung, in der es primär um Informationsvermittlung geht, sondern ein recht kompaktes, auf (zumindest) acht Doppelstunden hin angelegtes Gruppenprogramm, in dessen Rahmen interaktiv das vermittelt werden soll, was Lehrkräfte, die mit 65 Jahren weiter Freude im Beruf haben, von Kollegen unterscheidet, die sich bereits mit 30 Jahren ausgebrannt fühlen. AGIL beinhaltet somit das, was im Rahmen der Lehrerausbildung bislang fehlt. Ziel ist eine »Professionalisierung«, bei der sich die Betreffenden systematisch selbst reflektieren und nicht zuletzt mit ihren Ressourcen haushalten lernen.

Aktuell wird AGIL als Gruppen-Präventionsprogramm in vielen Bundesländern, in der Regel von geschulten Schulpsychologen, Psychologen und Ärzten angeleitet, angeboten. Dass AGIL eine solche Verbreitung gefunden hat, was die Autoren natürlich sehr freut, hat sicher viele Gründe. Wenn man Kursteilnehmer befragt, dann geben diese spontan zumeist folgende Antwort: AGIL macht Spaß, es macht »Sinn«, man lernt sich selbst besser kennen, entwickelt sich weiter … und erfährt nebenbei, dass viele Kolleginnen und Kollegen ganz ähnliche Probleme haben.

Wie gesagt, primär war und ist AGIL als Gruppenprogramm angelegt. Die Relativität unserer eigenen Muster wird dann am deutlichsten, wenn uns unsere Perspektiven und Grenzen (mitunter auch unsere »Scheuklappen«) durch Mitmenschen »gespiegelt« werden. Ein zentraler AGIL-Wirkfaktor sind jeweils die Mitglieder der AGIL-Gruppen, die sich miteinander auf die Suche nach »individuellen Stressverstärkern« und nach alternativen, potenziell entlastenden Strategien machen.

Wenn es für Sie die Möglichkeit geben sollte, an einer solchen Gruppe teilzunehmen, dann los, auch wenn es zunächst Überwindung kostet, sich und seine Probleme offen mit anderen auszutauschen.

Das vorliegende AGIL-Arbeitsbuch war zunächst als begleitende Lektüre für AGIL-Teilnehmer gedacht, um die Inhalte zu vertiefen. Soweit die Theorie. Selbst in Bundesländern, in denen offiziell (wie derzeit in Bayern, Niedersachsen und Mecklenburg-Vorpommern) AGIL angeboten wird, ist es weiterhin schwer bis, je nach Wohnort, fast unmöglich, zeitnah an einer AGIL-Gruppe teilzunehmen. Weil Ressourcen fehlen, zu wenige Gruppenleiter vorhanden sind und/oder sich Ihre Schule in einem diesbezüglich »unterversorgten« Gebiet befindet. In solchen Fällen können die Lektüre und die intensive Bearbeitung des vorliegenden Buches auch ohne begleitende AGIL-Gruppe sinnvoll und hilfreich sein. Sei es alleine mit diesem Buch, sei es begleitend zu einer AGIL-Gruppe, die Autoren wünschen Ihnen eine spannende Expedition zu einem der spannendsten Themen des Lehrerberufes: »Was kann ich tun, um meinen Stress zu reduzieren und AGIL zu bleiben?«

Wir danken allen Lehrkräften, den (ehemaligen) Patientinnen und Patienten der Schön Klinik Roseneck sowie den gesunden Kolleginnen und Kollegen in vielen Bundesländern, die uns durch das Ausfüllen von Fragebögen und aktive Rückmeldungen zu AGIL-Kursen geholfen haben, das Programm zu entwickeln, zu erweitern und zu verbessern. Nicht zuletzt sind wir dem Schattauer-Team, Herrn Dr. Wulf Bertram, Frau Dr. Nadja Urbani und »unserer« Lektorin Frau Marion Drachsel zu Dank verpflichtet. Ohne sie hätte es dieses Buch – zumal so schön – nie gegeben.

Die Autoren würden sich sehr freuen, wenn auch Sie von AGIL profitieren … wobei dies dann weniger unser Verdienst als das Ergebnis Ihrer Arbeit mit und an sich selbst wäre. Hierzu wünschen wir Ihnen den nötigen Mut, eine angemessen große Portion Durchhaltevermögen und vor allem und nicht zuletzt viel Spaß in Ihrem unmöglichen, interessanten, anregenden und idealerweise erfüllenden Beruf!

Aus Gründen der besseren Lesbarkeit wird überwiegend die männliche Form verwendet, diese schließt selbstverständlich stets die weibliche ein.

2 Am Anfang war der Stress …

Was ist das zentrale Anliegen des Kapitels?

Mit »Stress« umgehen können bzw. weniger »Stress« zu haben, dürfte das zentrale Anliegen der Leser dieses Buches sein. Damit dieses gelingt, ist es wichtig, hinter die Kulissen dieses ubiquitär verwendeten Begriffes zu schauen. Ausgehend von der Begriffsdefinition werden Stressoren und Stressreaktionen unterschieden und dann erläutert, inwieweit das persönliche Stresserleben von den individuellen Wahrnehmungs- und Bewertungsmustern abhängt. Im Anschluss hieran geht es vor allem um die psychischen Folgen von chronischem Stress. Wir begegnen dabei dem (subjektiven) Burnout-Phänomen und werden, ausgehend von der Definition der Weltgesundheitsorganisation (WHO), das häufige Krankheitsbild der Depression kennenlernen.

Wer sollte sich angesprochen fühlen?

Um eine Klärung der für das Thema Lehrergesundheit zentralen Begriffe – Stress, Stressor, Stressreaktion, Burnout und Depression – kommt niemand, der sich mit AGIL beschäftigen will, herum. Wie will man seinen Stress reduzieren, wenn unklar bleibt, ob man Stressoren und/oder individuelle Stressreaktionen meint?

Wie sieht der Fahrplan aus? Was sind die wichtigsten Inhalte dieses Kapitels?

Einerseits werden die genannten Begriffe definiert und deren medizinischer und psychologischer Hintergrund skizziert. Andererseits ist Stress ein immanent subjektives Phänomen. Als ein erster Schritt der Selbstreflexion und Selbsterfahrung im gesundheitsförderlichen Umgang mit Stress werden relevante Verhaltens- und Bewertungsmuster in mehreren praktischen Übungen veranschaulicht.

2.1 Stress und Stressbewältigung: Theoretische Überlegungen und Ihr höchstpersönlicher Einstieg

Wenn Sie eine Unterrichtseinheit zum Thema »Stress« vorbereiten oder über das Stress-Phänomen diskutieren, ist es wichtig, Definitionen parat zu haben. Wenn es um Ihr bzw. unser höchstpersönliches Erleben und Empfinden geht, dann sind abstrakte Definitionen kaum mehr als Schall und Rauch. Wir empfinden und erleben Freude, Ärger, Liebe, Wut … und (leider) nicht selten »Stress«, ohne uns darum zu scheren, ob das, was wir gerade erleben, nun tatsächlich dem entspricht, was in Lehrbüchern steht; und welche »wissenschaftlich anerkannten« Definitionen es diesbezüglich geben mag. Und das ist zunächst einmal gut so und ohne Alternative. Unser Gehirn bzw. unsere Wahrnehmung geht elementar von »Ganzheiten« aus, also von Begriffen bzw. Bildern, die unseren Zustand für uns greifbar machen und uns mit anderen kommunizieren lassen

Übung

Stress

Wenn Sie das Wort »Stress« langsam aussprechen, es quasi auf der Zunge zergehen lassen: Welche Bilder und Gefühle stellen sich dabei ein? Schließen Sie hierzu kurz die Augen!

Meine spontanen Bilder und Gefühle zum Thema Stress:

_____

_____

_____

_____

> **Der Betriff »Stress« …**
>
> … kommt vom englischen »stress« oder »to stress«. Die etymologische Bedeutung verweist auf die Begriffe Druck, Belastung bzw. belasten, beanspruchen.

Wenn Sie sich mit Freunden oder im Kollegium über Ihre Belastungen in der Schule unterhalten und das Wort »Stress« verwenden, wie wahrscheinlich ist es, dass diese ähnliche Bilder, Gefühle und Vorstellungen verbinden?

Dies kann man im Kollegium leicht ausprobieren: Geben Sie in der Pause (oder besser bei passender, entspannterer Gelegenheit) eine kurze Instruktion, teilen Sie Papier und Stifte aus … und vergleichen Sie die Ergebnisse!

Wozu das Ganze? Selbst wenn die Kollegen mehr oder weniger andere Bilder, Gefühle und Konzepte mit dem Wort »Stress« verbinden würden, kommunizieren Sie miteinander! In der Regel kommt dann bei solchen Gesprächen das gute Gefühl auf, mehr zu verstehen und verstanden zu werden.

Was liegt dem zugrunde? Letztlich haben wird uns buchstäblich einen Begriff bzw. ein Bild von etwas gemacht, das eigentlich unendlich schwer zu beschreiben ist. Unser Gehirn, in der Kommunikation mit unserer Umwelt (und damit mit uns selbst), hat offenkundig die Fähigkeit, komplexe Angelegenheiten und Phänomene, über die Wissenschaftler Bibliotheken schreiben, auf einen alltagstauglichen Nenner zu bringen. So konstruieren wir Bilder von vielem, was sich eigentlich jeglicher Begrifflichkeit entzieht – von Wahrheit und Gerechtigkeit bis hin zur wahren Liebe. Wir empfinden, denken und leben realiter selbstverständlich mit und in solchen Bildern. Sie sind in unserem sozialen Umfeld, auch im Kollegium, etabliert. Jeder versteht sie sofort und weiß, was Sie mit *»Ich bin total im Stress«* meinen.

Aber weiß sie oder er es wirklich? Die mit dem Begriff »Stress« einhergehenden Bilder können sehr verschieden sein. Wenn man näher hinschaut, was im Alltag aber niemand tut, weil ja alle verstanden haben, worum es geht, sind Worte wie »Stress« kaum mehr als eine Oberfläche, hinter der sich ein weites Spektrum an

2.1 Stress und Stressbewältigung

Inhalten und Aussagemöglichkeiten eröffnet. Der Soziologe Niklas Luhmann (1927–1998) nannte solche Begriffe »*generalisierte Kommunikationsmedien*«. Ihr Vorteil ist, dass sie eine Verständigung über komplexe Phänomene im Alltag möglich machen. Ihr Nachteil besteht darin, dass die Verständigung zunächst zwangsläufig auf oberflächlicher Ebene bleibt und damit den Sachverhalt massiv vereinfacht (ohne dass es den Beteiligten auffällt). Unangenehmerweise fallen auf diesem Wege mitunter jene Aspekte weg, die nötig wären, um das mit dem jeweiligen Begriff einerseits prägnant und andererseits unvollständig bezeichnete Problem lösen zu können. Dafür ist »Stress« – in jeder Hinsicht – ein ideales Beispiel!

Diese einführenden Überlegungen waren zu trocken und zu theoretisch?
  Pardon!

Wenn es um professionellen Umgang mit den Belastungen Ihres Lehrer-Alltags gehen soll, ist leider ein wenig Theorie, vor allem aber ein systematisches, mitunter hartnäckiges Hinterfragen vermeintlicher Selbstverständlichkeiten, eben die, die uns, unsere Wahrnehmung, unserer Denken und unser Empfinden lenken und prägen, unabdingbar. Und das fängt bei den Worten und Begriffen an.

Ein paar im Lehrerzimmer aufgeschnappte Original-Zitate führen unmittelbar zurück in die Praxis.

Bitte stellen Sie sich nun Ihr Lehrerzimmer vor, so wie es in der Pause üblicherweise abläuft. Kommen Ihnen die folgenden Szenen bekannt vor?

Die Kolleginnen und Kollegen reden durcheinander, es riecht nach kaltem Kaffee, es wird hin und her gelaufen, in Papieren gekramt, gesucht, geschimpft, erzählt, hektisch gelacht – in Erwartung dessen, dass die Pause gleich vorbei ist.
Dabei fallen dann Sätze wie:

»*Die 8c war heute wieder unmöglich. Bis ich heute mit dem Unterricht anfangen konnte, war totaler Stress angesagt …*«

»*Die im Kultusministerium haben keinen Schimmer davon, was hier bei uns los ist. Das macht mich richtig wütend! Wann soll man denn diese Flut von Mitteilungen und Mails lesen?*«

»*Ich habe schon totalen Stress zu Hause – mein Sohn ist voll in der Pubertät. Und wenn ich dann vor der 7a stehe, geht es gerade genauso weiter …*«

»*Du, Rainer [zum Schulleiter], das stresst mich wirklich, dass ich praktisch jeden Tag am Nachmittag antreten muss. Ich mache die halbe Stelle, weil ich selbst Kinder zu Hause habe!*«
Dann, zur Kollegin, die wenige Augenblicke später kommt: »*Ich werde hier gemobbt!*«

»*Muss das sein? Jetzt vor den Ferien, wenn die Zeugnisse geschrieben werden müssen und dann auch noch drei Kollegen krank sind! Jedes Mal ist das der totale Stress!*«

»*Wenn ich die Klassenarbeiten der 9d vor mir habe, wird mir schlecht. Das macht mir Stress. Nach solchen Korrektursitzungen kann ich kaum einschlafen. Das Niveau ist katastrophal. Soll ich jetzt beide Augen zudrücken? Und was passiert, wenn ich das nicht mache?*«

»Wenn Eltern mit mir sprechen wollen, dann wollen sie eigentlich immer nur, dass ich ihren Kindern bessere Noten und eine Empfehlung für das Gymnasium gebe. Und wenn ich das nicht tue, macht mir das echt Stress ...«

»Heute lernen die Kinder zu Hause noch nicht einmal, wie man Schuhbänder bindet. Das soll ich dann auch noch machen? Wenn die wenigstens Höflichkeit lernen würden. Früher war das alles ganz anders ... heute ist das einfach nur ätzender Stress.«

Soweit alles klar? Jedem, der eine »Pause« in einem Lehrerzimmer verbracht hat, dürfte das, was die Kolleginnen und Kollegen bewegt, sofort anschaulich vor Augen geführt worden sein. Wahrscheinlich ist es sogar so, dass Sie zumindest einige der von den Kollegen beschriebenen Konstellationen aus eigener Erfahrung kennen. Auf jeden Fall lässt sich mit dem Wort »Stress« offenbar problemlos, emotional und sehr intensiv kommunizieren. Man versteht sich auf Anhieb. So weit, so gut ...

Nur hat alles, was eine Wirkung hat, in der Regel auch Nebenwirkungen. Der vermeintlich selbstverständliche und so kommunikationsfördernde Stress-Begriff wird dabei selbst zum Problem. Warum?

Dazu müssen wir noch einmal zurück ins Lehrerzimmer in der großen Pause. Sie hören die oben wiedergegebenen Sätze der Kolleginnen und Kollegen. Welche Gefühle löst dies bei Ihnen aus, wie reagieren Sie?

Sie könnten z. B. den Betreffenden tief in die Augen schauen und dann ganz ruhig sagen:
»Du, das kenne ich auch. Mach dir einfach keinen Stress!«
Bingo! Welche Reaktion erwarten Sie?
»Das weiß ich doch selbst!«,
wäre vermutlich noch eine freundliche Antwort darauf.

Stress ist offenbar ein guter Begriff, um über Problem-Phänomene zu reden, die kausal etwas mit dem Erleben von Belastungen und Konflikten zu tun haben und im subjektiven Erleben mit einem gewissen »Anspannungsgefühl« (daher kommt der Begriff ja ursprünglich) und oftmals auch »Unwohlsein« einhergehen. Wenn es aber darum geht, Möglichkeiten zu finden, die hinter dem Stressempfinden liegenden Belastungen, Probleme und Konflikte zu lösen, ist der Begriff »Stress« offenbar nicht viel mehr als heiße Luft.

Jedem, der angesichts beruflicher, stressbezogener Belastungen Entlastungsmöglichkeiten sucht, bleibt eigentlich nichts anderes übrig, als hinter die Kulissen des Stress-Begriffes zu schauen. Das ist zugegebenermaßen mühsam. Aber anders geht es nicht. Zumindest, wenn wir nicht auf der Ebene wohlklingender, wenig hilfreicher guter Ratschläge bleiben wollen, nach dem Motto: *»Entspannen Sie sich, denken Sie an Ihre Bedürfnisse, machen Sie sich einfach keinen Stress!«* Das geht auch anders! AGIL will (und kann) viel mehr!

»Jetzt lese ich schon zehn Minuten in Ihrem AGIL-Buch … und ich weiß immer noch nicht, wie ich meine Probleme lösen und meinen Schulstress reduzieren kann! Bla-bla-bla …«

Falls dieses Zitat von Ihnen stammen sollte, haben wir dafür Verständnis! Ganz offenbar stehen Sie »unter Stress« und suchen, wie wir alle in unserer hektischen Gesellschaft, nach schnellen und effektiven Lösungen, also nach »Tools«, mit denen sich unser Leben und/oder unsere Performance umgehend optimieren lassen. Niemand hat Zeit zu verschenken!

»Also kommen Sie zum Punkt … oder ich lege das Buch beiseite!«

Falls das eine Drohung gewesen sein sollte: Stress ist leider ein Phänomen, das man, wenn man es mit dem Kopf durch die Wand lösen will, nur weiter eskaliert. Das Zitat »Ich muss mich jetzt ganz schnell entspannen« müsste zum »Unwort des Jahres« erklärt werden. Es gehört zu den zentralen Paradoxien des beginnenden 21. Jahrhunderts!

Wenn wir uns hier etwas Zeit nehmen und versuchen, dem Stress-Begriff auf den Grund zu gehen, dann weniger, weil es wichtig wäre, vom Säbelzahntiger über die Ratten-Experimente von Hans Selye bis zu transaktionalen Stressmodellen, auf dem aktuellen wissenschaftlichen Stand zu sein (was aber durchaus spannend ist), sondern weil es darum geht, den Fuß in die Tür zu bekommen und handlungsfähig zu werden. Nur dann lässt sich das, was Sie und wir gemeinhin als Stress erleben, tatsächlich reduzieren.

Im Folgenden wird es darum gehen, herauszufinden, was Sie bzw. Ihr Gehirn quasi automatisch mit dem Begriff »Stress« assoziieren. Das ist wichtig, weil es zum einen ein wenig Selbsterkenntnis beinhaltet. Zum anderen hilft es uns, ein gemeinsames Sprachverständnis zu finden. So kommen wir in der Sache voran bzw. bekommen den Fuß in die Tür.

2.2   Stressoren und Stressebenen

Beginnen wir mit einer kleinen Übung, die Sie (wie alle Übungen in diesem Buch) natürlich nicht machen müssen. Sie wissen vermutlich sowieso sofort, worauf die Übung hinausläuft!? Womit Sie aber wahrscheinlich verpassen, worum es in AGIL geht: um Schritte in Richtung eines möglichst professionellen Umgangs mit den Belastungen des Schulalltages. Und dazu gehört eben nicht nur Wissen, sondern auch von Emotionen getragene Dimensionen, die etwas mit Selbsterfahrung und Reflexion zu tun haben. Selbsterfahrung ist nicht delegierbar und nur bedingt im Schnellverfahren, unter Verwendung von Abkürzungen, zu erreichen. Selbsterfahrung kann man, wie der Name sagt, nur selbst machen.

Merke
Nehmen Sie sich Zeit für sich, lassen Sie sich darauf ein, Dinge neu zu denken, um AGILer zu werden!

Also, versuchen wir es.

Übung

Stress
Was fällt Ihnen spontan ein, wenn Sie das Wort »Stress« in Bezug auf Ihren Lehrerberuf hören?

_____

_____

_____

Die folgende Liste ist das Ergebnis einer Umfrage im Kollegium eines Gymnasiums. Die Punkte sind nach Häufigkeit der Nennung in absteigender Reihenfolge aufgeführt. Folgendes assoziierten die Befragten mit dem Begriff »Stress«:
- schwierige Klassen
- unmotivierte Schüler
- zunehmend Schüler ohne gymnasiales Niveau
- sozial auffällige Schüler
- ständiges Am-Ball-bleiben-Müssen in schwierigen Klassen
- fehlende höfliche Umgangsformen im Schulhaus
- Eltern, die nicht kooperieren und damit die Arbeit erschweren
- Lautstärke (Unterstufe, Raumgegebenheiten, Akustik) bzw. Lärmbelastung (Baulärm)
- ungerechte Stundenpläne/die Schulleitung schafft es nicht, die jeweiligen Bedürfnisse der Kollegen angemessen zu berücksichtigen
- unzureichende Wertschätzung durch die Schulleitung
- viele Vertretungsstunden aufgrund einiger Kollegen, die sehr häufig krank sind
- Einschränkungen durch eine langjährige Generalsanierung des Schulgebäudes
- unerträgliche Temperatur im Schulgebäude (mal zu heiß, mal zu kalt)
- kein Ruheraum o. Ä.
- wenig Wertschätzung der Lehrertätigkeit in der Gesellschaft

Entsprechen Ihre Antworten in etwa den hier aufgelisteten Punkten?
Falls ja, dann befinden Sie sich in bester Gesellschaft! Weitgehend unabhängig davon, in welchem Schultyp eine Lehrkraft tätig ist, werden zumeist Schüler-

2.2 Stressoren und Stressebenen

bezogene Probleme (»aversives/destruktives/unmotiviertes Schülerverhalten in Wort und Tat«) als besonders belastend erlebt, gefolgt von Problemen mit Schülereltern und Konflikten mit der Schulleitung bzw. im Kollegium. Hierauf folgen meist ungünstige Rahmenbedingungen und eine als zu gering erlebte öffentliche Anerkennung.

Die Reihenfolge der individuell belastenden Problembereiche kann natürlich variieren, etwa dann, wenn z. B. massive Konflikte im Kollegium und/oder mit der Schulleitung bestehen. Wie auch immer, es werden einige dieser Punkte absehbar auch bei Ihnen vorkommen.

Haben Sie Aspekte genannt, die unter den Beispielen fehlten?

Falls ja, welche?

_____

_____

_____

Lassen Sie uns im Folgenden die aufgelisteten Punkte unter inhaltlichen Aspekten ansehen. Die meisten der zitierten Antworten auf die Frage nach »Stress in der Schule« fokussieren auf »Stressoren« bzw. Stressursachen.

> **Merke**
> **Stressoren** (bzw. Stressursachen) sind »Reize«, Situationen oder Konstellationen, die mehr oder weniger bei jedem, der damit konfrontiert ist, zu Stress- bzw. Stresserleben führen (z. B. undisziplinierte Klassen, sozial auffällige Schüler, aggressive Schülereltern). Wie und wie hoch die individuelle Reaktion angesichts eines Stressors ausfällt, ist von Mensch zu Mensch (und von Situation zu Situation) unterschiedlich. Das hängt u. a. davon ab, inwieweit wir der jeweiligen Situation gewachsen sind bzw. wie wir unsere diesbezüglichen Fähigkeiten einschätzen. Letztere zu »trainieren« ist eines der Inhalte und Ziele von AGIL.

Als Stressoren werden gemeinhin quasi objektive, außerhalb der eigenen Person stehende Phänomene bezeichnet.

Welche Ihrer Antworten beziehen sich auf Stressoren?

Versuchen wir nun, ein wenig Ordnung in die Sache bzw. in Ihre Stressoren zu bringen! Stressoren lassen sich auf unterschiedlichen Ebenen verorten, was ▶ Abbildung 1 veranschaulicht. Wir unterscheiden Stressoren auf der Gesellschafts-, der Schul- und der individuellen Ebene.

Unsere rastlose Gesellschaft bzw. ungünstige gesellschaftliche Entwicklungen zwischen Werteverlust und Wertewandel (Beispiel: *»Wir lernen nicht, wir goo-*

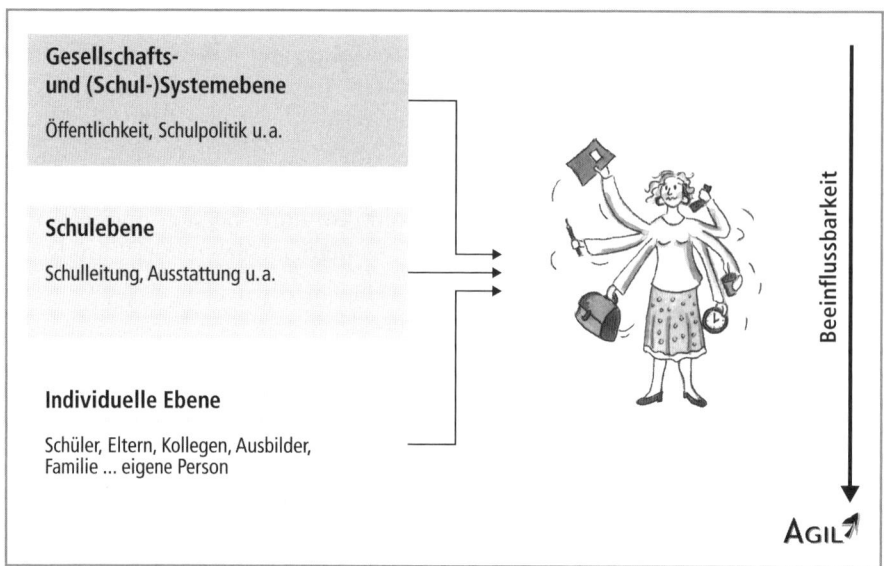

Abb. 1 Belastungsebenen im Lehrerberuf

geln!«) sind gewissermaßen die oberste (Meta-)Ebene (**Gesellschafts- und [Schul-] Systemebene**). Aktuelle gesellschaftliche Entwicklungen spiegeln sich natürlich auch im Verhalten Ihrer Schülerinnen und Schüler, deren Eltern und der Kolleginnen und Kollegen (Stichworte: »Generation Y«, »Generation Z«). Sie beeinflussen ferner auch unser Verhalten, unsere Wahrnehmung und unsere Bewertungen, zumeist ohne dass wir dies bewusst merken!

Solange wir uns nicht systematisch selbst reflektieren, gehen wir automatisch davon aus, dass unsere Wahrnehmungen »normal« und damit verallgemeinerbar sind. Wir tun dabei quasi automatisch so, als gäbe es einen objektiven Bezugspunkt für Bewertungen. Und dieser wiederum ist nichts anderes als wir selbst mitsamt unseren Maßstäben.

Merke
Es ist ein zentrales AGIL-Anliegen, unsere spontane Wahrnehmung bzw. die von uns intuitiv eingenommenen Haltungen, soweit diese in sozialen Interaktionen potenziell problematisch sein können, systematisch zu reflektieren, um auf diese Weise professioneller und letztlich gesünder zu sein bzw. zu werden.

Im Folgenden finden Sie Originalzitate von Lehrerinnen und Lehrern zu aktuellen Themen, die Einfluss auf die Schule haben, beispielsweise zu Flüchtlingspolitik und Inklusion. Könnten diese Zitate gegebenenfalls auch von Ihnen stammen?
- *»Wir brauchen mehr Lehrer! Und sie sollten anders, besser ausgebildet werden!«*
- *»Inklusion? Hatten Sie mal ein praktisch taubes Kind in Ihrer Klasse? Ein paar*

2.2 Stressoren und Stressebenen

Politiker wollen Gutmenschen sein, niemanden stigmatisieren … das Problem haben dann wir … und gut für das betroffene Kind ist es offenkundig auch nicht.«
- *»Es ist ja nett, über Inklusions-Helfer zu reden, Hilfspersonen, die dann idealerweise neben jedem auffälligen Schulkind sitzen und die Lehrkraft unterstützen! Mal ehrlich, gibt es davon in Ihrer Schule genügend?«*
- *»Dass G8 zu Problemen führt, hatten die Lehrerverbände dem Kultusministerium von Anfang an gesagt. Nun wird also, nach einigen Jahren und unendlich viel Stress, wieder zurückgerudert! Ein paar Politiker mussten sich offenbar profilieren, die Wirtschaft hat ein Wörtchen mitgeredet … und die Lehrer selbst, die das Thema aus der Praxis kennen, hat keiner gefragt!«*
- *»Afghanische Jungen, die rundweg erklären, dass sie sich von mir als Lehrerin gar nichts sagen lassen müssen, weil ich eine Frau bin … Fragen Sie doch mal im Kultusministerium, wie sie dieses Problem lösen? Mit pädagogischer Kompetenz! Mehr als solche Phrasen fallen bestimmten Politikern und Amtspersonen nicht ein …«*

Fällt Ihnen etwas auf? Genau, wir könnten so das ganze AGIL-Buch vollschreiben, stundenlang diskutieren und kämen absehbar keinen Schritt weiter. Im Gegenteil: Zunächst macht es durchaus Spaß, auf diese Weise loszupoltern! Die Argumente sind bestechend gut, sachlich substanziell, rhetorisch geschliffen und mit einer hinreißenden Spur Sarkasmus gewürzt. Wie kommt die Politik – und alle anders als wir Denkenden – dazu, es anders zu sehen als Sie, die Sie tagtäglich in diesem Beruf, sozusagen »an der Front«, tätig sind? Sind die Sachverhalte nicht offenkundig genug?

Im Nachhinein, historisch gesehen, bekamen Lehrer in vielen dieser bzw. ähnlicher Fälle recht. Etwa, was G8 anbelangt. Und man muss kein Hellseher sein, um zu erkennen, dass der aktuelle Inklusionsoptimismus sich im Verlauf der kommenden Jahre ebenso relativieren wird wie de facto alles, was mal mit viel heißem politischem Wind durch die Schulen geblasen wurde. Dann werden Politiker zur »neuen« Erkenntnis kommen, wonach es für die Gesellschaft wichtig und dem individuellen Schüler gegenüber fair ist, wenn er in einem ihm gemäßen, seine Lernfortschritte optimal fördernden Rahmen »beschult« werden kann.

Eigentlich müsste es klar sein, dass »schwächere« Schüler eher ein sukzessive förderndes anstelle eines sie ständig mit ihrer Minderleistung konfrontierendes Setting benötigen. Ist das eine »neue« Erkenntnis? Warum fragt man bitteschön die Lehrer nicht bereits heute?

Was meinen Sie?

Stopp!

Wenn wir das noch einige Seiten lang so weiterdiskutieren, dann … Nein, dann hätte sich an den diskutierten Problemen absolut nichts verändert. Aber wir hätten uns nachdrücklich bewusst gemacht, wie schlimm alles ist, wie hilflos und machtlos jeder Einzelne und letztlich auch Ihre ganze Berufsgruppe ist. Das drückt dann absehbar auf die Stimmung, die Motivation und die Lebensqualität.

Statt AGIL-Ziele zu erreichen, hätten Sie sich unversehens an einer schier unendlichen Klagemauer aufgerieben. Offenbar sind im AGIL-Kontext die Zeit und die Energie, auf entsprechenden Metaebenen liegende Stressoren zu diskutieren, schlecht investiert!

Achtung: Grübelspiralen!
- Hatten Sie es nicht besonders eilig? Schon wieder fünf Minuten mit Lesen verbracht und noch immer keine Lösung in Sicht?
- Problemlösungen auf Ebenen zu suchen, auf die man keinen bzw. nur einen geringen Einfluss hat, mag noch so engagiert, gerecht und heroisch sein. Absehbar führt es nicht nur zu nichts, sondern dazu, dass diese Probleme individuell bzw. im Kollegium oder in der Berufsgruppe als immer schlimmer wahrgenommen werden. Hartnäckigkeit auf diesen Ebenen hat nicht selten die Qualität von Grübeln.
- Um keine Missverständnisse aufkommen zu lassen: Nein, die Autoren und AGIL-Leiter wollen keine systemischen und schulpolitischen Missstände bagatellisieren! Es ist nicht gerecht, wenn Lehrer Probleme »ausbaden« müssen, die ihnen Politiker »einschenken«, zumal solche, die, abgesehen von ihrem eigenen Schulbesuch, von der Materie keine Ahnung haben. Aber wenn es um Ihre Lehrer-Gesundheit geht, dann ist es notwendig, an dieser Stelle »Stopp!« zu sagen.
- Wenn man AGIL werden bzw. bleiben will, hilft bei absehbar fruchtlosen, frustreichen und anhaltend »stressigen« Diskussionen manchmal nur eines: der Grübelstopp – (dazu kommen wir später in ▸ Kap. 5.5).

Merke
Sich intensiv mit Stressoren zu beschäftigen, die auf Ebenen liegen, auf die wir keinen unmittelbaren Einfluss haben, ist verführerisch. Diese Beschäftigung macht süchtig. Und genauso wie bei allen Süchten führt das risikoreiche Verhalten am Ende keinen Schritt weiter, sondern nur noch zu mehr Stress und Frust! Auch wenn es inhaltlich nicht befriedigen mag, mit dem »kollektiven Grübeln« (▸ Kap. 5.5.5) aufzuhören, ist es absehbar die beste Lösung, die man für solche Probleme finden kann!

Ausnahmen bestätigen die Regel. Denn wenn Sie sich konkret (berufs)politisch engagieren, ist das etwas anderes. Allerdings werden Sie dann wissen, dass gute Entscheidungen und Änderungen Zeit, Geduld und Diplomatie benötigen! Politische Entscheidungen sind schwer kalkulierbar und Kompromisse nicht immer befriedigend. So funktioniert es jedenfalls in demokratischen Gesellschaften.

Entsprechend der ▸ Abbildung 1 gibt es Stressoren, die direkt unterhalb der umschriebenen Ebene »Gesellschaft und Politik« angesiedelt sind. Nennen wir diese Ebene »**Schulebene**«. Sie nimmt direkt Bezug auf Ihren Schulalltag:
- *»Mit dem alten Schulleiter war alles kein Problem! Der Neue schafft es einfach nicht, Struktur in die Besprechungen zu bringen. Jeder macht, was er will. Das ist purer Stress!«*
- *»Im Sommer wird es in den nach Süden gehenden Klassenräumen extrem heiß. Aber die Fenster öffnen geht auch nicht wegen der vierspurigen Straße genau darunter. Wenn das kein Stress ist!«*

- »*Wenn der Computer mal zufällig funktioniert, ist alles gut. Aber ich bin schon im Stress, bevor der Unterricht losgeht, weil ich weiß, was alles wieder nicht funktioniert!*«

Diese und ähnliche Stressoren betreffen unmittelbar die handelnden Personen und/oder die räumlichen und sonstigen Arbeitsbedingungen in und an Ihrer Schule. Im Unterschied zur Ebene »Gesellschaft und Politik« ist Ihr persönlicher Einfluss hier deutlich größer. Die Lage der Schule und der Räume wird sich, egal, was Sie tun, kaum ändern lassen. Aber man kann sich mit Kollegen abstimmen und Räume wechseln. Und eine Initiative, um neue Computer anzuschaffen, hat gelegentlich Erfolg. Man kann es zumindest versuchen. Die Persönlichkeit Ihres Schulleiters werden Sie kaum verändern, aber Konflikte mit ihm bzw. Konflikte im Kollegium lassen sich durchaus konstruktiv lösen, auch wenn man solchen Lösungen zunächst einmal sehr skeptisch gegenüberstehen mag. Teamsupervisionen oder Mediation durch externe Supervisoren, möglicherweise aber auch kollegiale Beratung bzw. Intervision, bewirken mitunter Wunder. Vorausgesetzt, das Kollegium und die Leitung erklären sich bereit, sich »in die Karten schauen zu lassen« und eigene Standpunkte zur Diskussion zu stellen.

Wie auch immer, angesichts von Problemen auf der Schulebene hat man eine reale Chance, etwas zu bewegen (und sei es sich selbst). Der eigene Einfluss ist sicher relativ, Kooperationen können hilfreich sein …

Die unterste Ebene in ▸ Abbildung 1 ist die **»individuelle Ebene«**. Hier wird es richtig ungemütlich. Wenn es um Ihre konkreten Einflussmöglichkeiten geht, läge diese Ebene ganz weit oben, über allen anderen. Hier ist alles – zumindest theoretisch – eigentlich viel einfacher, da es um die Stressoren und Interaktionen, in die Sie höchstpersönlich und unmittelbar involviert sind, geht:
- »*Wenn ich es am Wochenende nicht geschafft habe, mich richtig auf die Stunde vorzubereiten, ist das unheimlicher Stress!*«
- »*Wenn Schüler die Hausaufgaben ›vergessen‹ haben, werde ich schnell wütend, darf mir aber natürlich nichts anmerken lassen. Das ist Frust pur und macht mir Stress …*«
- »*Wenn mir Eltern Vorhaltungen machen, ich würde ihr Kind nicht genug fördern, dann könnte ich ausrasten …*«
- »*Susanne [Kollegin] hat mir zugesagt, mich bei der Organisation des Schulfestes zu unterstützen. Als es konkret wurde, konnte sie sich nicht mehr daran erinnern …*«

Offenbar waren bzw. sind die hier zitierten Kollegen »im Stress«, weil sich ihre Ansprüche, Werte und Normen mit dem reiben, was ihnen im Schulalltag passiert. Ihre Vorstellungen stehen im Konflikt mit den Ansprüchen, Werten und Normen anderer Personen. Natürlich haben diese »Reibungen« mit »den anderen« zu tun – den unmotivierten Schülern, den unkooperativen Kollegen, den Eltern etc. Nun ja – und spätestens jetzt wird es richtig ungemütlich, eben zentral auch mit Ihnen!

Drei höchstpersönliche Fragen

- Wenn Sie sich einmal nicht angemessen vorbereitet haben, sind Sie dann unsicherer, ängstlicher und/oder erleben Sie sich als moralisch angreifbar?
- Fühlen Sie sich persönlich gekränkt, wenn ein Schüler schon wieder seine Hausaufgaben »vergessen« hat?
- Könnten Eltern im Einzelfall doch recht haben, wenn sie Ihnen vorwerfen, ein lernschwaches Kind nicht gesehen bzw. nicht hinreichend gefördert zu haben?

Wie fühlen Sie sich in der jeweiligen Situation? Wie würden Sie reagieren?

In jedem Fall leiden Sie bzw. die zitierten Kollegen in den skizzierten Situationen unter »Stress«. Und dieser Stress hat offenbar unmittelbar etwas mit den eigenen Strategien, mit Belastungen umzugehen, der eigenen Perspektive und den eigenen Ansprüchen zu tun.

Merke
Das persönliche Erleben und Verhalten auf der »individuellen Ebene« ist das zentrale Thema von AGIL! Während die anderen Stressebenen vergleichsweise wenig beeinflussbar sind, lohnt es sich hier, Zeit und Energie zu investieren. Hier sind die Chancen am besten, sich tatsächlich Entlastung zu verschaffen.

Soweit die Theorie.

Eigene Gewohnheiten zu verändern ist schwierig und manchmal regelrecht schmerzhaft! Wie das trotzdem gelingen kann? Nach und nach, in kleinen Schritten und stets mit Blick auf das Wesentliche. Dabei kann AGIL helfen. An der Notwendigkeit und den damit verbundenen »Investitionen«, belastende Muster verändern zu müssen, um Neues bzw. weniger belastende Konstellationen zu erreichen, kommt niemand vorbei.

Sicher kennen Sie das folgende »Gebet«:

> *»Gott, gib mir die Gelassenheit, Dinge hinzunehmen, die ich nicht ändern kann,*
> *den Mut, Dinge zu ändern, die ich ändern kann,*
> *und die Weisheit, das eine vom anderen zu unterscheiden.«*

Dieses »Gelassenheitsgebet«, das vermutlich von dem amerikanischen Theologen Reinhold Niebuhr (1892–1971) vor bzw. angesichts der Schrecken des Zweiten Weltkrieges ausformuliert wurde, ist wohl die bekannteste Spitze des weit in die philosophische Weltgeschichte reichenden Weisheits-Berges, in dessen Gefilden wir uns zu tummeln die Ehre geben.

**Malen oder basteln Sie Ihren höchstpersönlichen Grübel-Beauftragten!
Geben Sie ihm einen Namen!**

- Immer dann, wenn Sie in oder außerhalb der Schule länger als fünf Minuten über ein Schulstress-Thema grübeln, das jenseits Ihrer Einflussmöglichkeiten liegt, stellen Sie sich Ihren Grübel-Beauftragten vor, der Ihnen sanft auf die Schulter klopft:
»Wenn du grübeln willst – viel Spaß dabei! AGIL ist das nicht gerade!«

2.3 Stresserleben und Stressreaktionen

Stressoren lassen sich, wie dargelegt, »außen« verorten.
Stresserleben und Stressreaktionen liegen hingegen »innen«:

> **Merke**
> **Stressreaktion und Stresserleben** sind das, was im individuellen Körper abläuft, und das, was Sie, wir und jeder Einzelne erleben, wenn man in eine belastende Situation geraten bzw. mit einem »Stressor« konfrontiert ist.

Vielleicht war es ein Zufall, aber auf die Frage nach »Stress in der Schule« (▶ Abschn. 2.2) nannten die meisten Lehrkräfte faktisch ausschließlich Stressoren.
Und Sie? Wie und was haben Sie auf die Frage geantwortet? Welche Ihrer Antworten fokussierte auf Stressoren, welche auf Ihr Erleben von Stress bzw. Ihre individuellen »Stressreaktionen«?
Fragt man AGIL-Teilnehmer nach ihrem Stresserleben und ihren Stressreaktionen, so sind die Antworten sehr vielfältig. Hier die häufigsten:

- *»… Wenn mir Eltern den Vorwurf machen, dass ich ihr Kind ungerecht behandelt hätte, auch wenn das nicht stimmt und eine reine Unterstellung ist, dann fühle ich mich schlecht, finde keine Ruhe, kann mich schlecht konzentrieren und schlecht einschlafen.«*
- *»Wenn Schüler, um die ich mich bemühe, es einfach nicht begreifen wollen und immer wieder schlechte Arbeiten schreiben, dann habe ich versagt. Das setzt mich so unter Druck, dass ich das gar nicht beschreiben kann. Ich schlafe schlecht, werde ganz fahrig, habe einen Druck im Kopf …«*
- *»Ich traue mich einfach nicht, meiner Kollegin zu sagen, dass ich nicht mehr bereit bin, sie immer wieder zu unterstützen. Sie nutzt mich schamlos aus und ich bin zu schwach, mich dagegen zu wehren, was unheimlich Stress macht. Ich habe irgendwie ein schlechtes Gewissen, schwitze und vermeide, sie zu treffen, soweit das geht.«*

Stressoren kennzeichnen eher objektive Aspekte einer Situation, die vermutlich für jede damit konfrontierte Lehrkraft eine Herausforderung bedeuten würden. Das daraus resultierende Stresserleben und die Stressreaktionen können hingegen sehr individuell ausfallen!

Drei Experimente: Aus der Praxis, für die Praxis

Wie würde es Ihnen in den folgenden drei Situationen gehen?
Bitte stellen Sie sich diese Konstellationen – im Sinne eines Gedankenexperimentes – so intensiv wie möglich vor.

a. Eltern machen Ihnen den Vorwurf, Sie würden ihr Kind ungerecht behandeln (ohne dass Sie sich diesbezüglich einer Schuld bewusst sind).

---

b. Es gelingt Ihnen nicht, trotz aller Bemühungen, bestimmten, durchaus willigen und hinreichend intelligenten Schülern den Stoff zu vermitteln.

---

c. Kollegen versuchen sich auf Ihre Kosten die Arbeit leichter zu machen.

Wie würden solche Szenen in den Räumen Ihrer Schule konkret ablaufen? Welche der Ihnen bekannten Schülereltern, Schüler und Kollegen wären dafür, als Ihr Gegenüber, die Idealbesetzung?

Wenn Sie sich die Szenen in Zeitlupe vorstellen, welche Gefühle und Gedanken kommen Ihnen dabei – und wie handeln Sie konkret? Sind Ihre Reaktionen den zuvor zitierten Aussagen vergleichbar … oder doch ganz anders?

Es dürfte wohl kaum Lehrer geben, welche die Schulpolitik vorbehaltlos gut finden und für die ein Konflikt mit dem Vorgesetzten kein Stressor wäre. Aber es gibt durchaus Lehrer, die vorwürfliche Eltern freundlich und gleichzeitig souverän behandeln, die mit dem Gefühl des eigenen Versagens angemessen umgehen und sich gegenüber zudringlichen Kollegen und Vorgesetzten abgrenzen können. Und zwar ohne schlechtes Gewissen und ohne mehr als den unvermeidlichen Flurschaden anzurichten. Welche Strategien schlagen Sie diesbezüglich vor?

Prima! Es geht also … Die folgenden drei Ideal-Lösungen fanden in AGIL-Kursen den meisten Anklang:

Idealversionen: Wie bewältigen Sie höchstpersönliche Belastungssituationen?

a. »Wenn mir Eltern den Vorwurf machen, ich behandele ihr Kind ungerecht …, dann sage ich zunächst einmal, dass mir das leidtut. Ich bemühe mich, gerecht zu sein – aber wer schafft das schon immer? Und gibt es Gerechtigkeit überhaupt? Natürlich haben auch Lehrer Schüler, die sie sympathischer finden als andere, woran auch immer das liegen mag. Und natürlich haben die Eltern das Recht, für ihr Kind einzutreten. Schön, wenn es

2.3 Stresserleben und Stressreaktionen

Eltern gibt, die das für ihr Kind tun. Wenn ich das dargelegt habe, dann ist aus dem Konflikt zumeist schon die ganze Wut und der Ärger heraus und wir können uns damit beschäftigen, wo das Problem wirklich liegt …«

b. *»Ich habe mich als Lehrer früher maßlos überschätzt, in dem Sinn, dass ich meinte, dass es vor allem von mir abhängt, ob die Schüler etwas lernen oder eben nicht lernen. Unterricht ist immer ein Versuch, ich probiere es, so gut ich kann … und wenn ein Schüler sich bemüht und es trotzdem nicht rafft, dann versuche ich, weder ihm noch mir böse zu sein. Eigentlich gibt es immer etwas, das wichtiger ist als der Stoff, an dem wir gerade arbeiten.«*

c. *»Hoppla, ich muss nicht von allen geliebt werden. Ich helfe gerne, aber wenn ich mich ausgenutzt fühle, dann sage ich es auch. Zunächst gewissermaßen durch die Blume und wenn das nichts hilft, dann auch direkt. Früher habe ich es nicht getan, mit dem Erfolg, dass sich solche Konstellationen ewig hinziehen: ›Warum gibst du es mir heute nicht, vor einer Woche hast du doch?‹ Heute mache ich es direkter. Lieben müssen mich, ich meine sollten mich, mein Mann und meine Kinder. Kollegen sind eigentlich Zufallsbekanntschaften. Da gibt es oft sehr Nette, mitunter aber auch weniger Nette.«*

Wenn Sie nun vergleichsweise Ihre im Alltag gelebten Empfindungen und Reaktionen in Bezug auf Schule ansehen, wo liegen Sie im Spektrum der zuerst interviewten Kollegen und den quasi »idealen« Lösungen?

Womit wir fast automatisch auf den **»Normal«-Punkt** gestoßen sind: Welche Reaktionen sind normal im Sinne von »*anderen geht es genau so*«, »*es liegt nicht an mir, sondern am System*«? Was ist denn schon »normal«?

Stressreaktionen können, wie dargelegt, individuell sehr unterschiedlich sein. »Normale« Reaktionen mag es statistisch geben im Sinne von: Die meisten Menschen würden so und so reagieren. Aber inhaltlich gesehen hilft das niemandem auch nur einen Schritt weiter! Es ist eben nicht »normal«, im Sinne von »unvermeidlich«, sich über anklagende Schülereltern zu ärgern, angesichts nicht die Lernziele erreichender Schüler an seiner eigenen, vermeintlichen Unfähigkeit zu verzweifeln oder um des lieben Friedens willen immer klein beizugeben und alle von Kollegen ungeliebten Aufgaben zu übernehmen. Was nicht heißt, dass man es so machen muss und immer so machen kann, wie die hier als Ideal-Beispiele zitierten Kollegen.

Jede Stressreaktion hat zum einen Hintergründe – die liegen absehbar in Ihnen, in Ihrer eigenen Lerngeschichte und Persönlichkeit. Im Kapitel »Stressverstärker« werden wir uns intensiv damit beschäftigen (▶ Kap. 5). Zum anderen hat jede Stressreaktion und jedes in solchen Situationen gezeigte Verhalten Vor- und Nachteile: Vorwürfe von Schülereltern scharf zurückzuweisen, das mag das Selbstwertgefühl verbessern. Sich für Schüler-Versagen selbst die Schuld zu geben, hält Größen-Ideen aufrecht (»*Es ist für die Lernfortschritte der Schüler extrem wichtig, wie ich meinen Unterricht gestalte!*«). Und Konflikte im Kollegium herunterzuschlucken, dient dem lieben Frieden und der eigenen Reputation als liebenswerter Mensch …

Kommt Ihnen einiges davon, aus dem eigenen Erleben heraus, bekannt vor?

Falls wir hier sehr persönliche Aspekte von Ihnen zu offensiv und direkt angesprochen haben sollten, bitten wir um Pardon! Nein, AGIL-Autoren können und wissen durchaus nicht alles besser. Auch uns sind entsprechende »Stressverstärker« nicht fremd. Aber wir können und wollen gemeinsam mit Ihnen entsprechende Muster reflektieren, auch wenn es mitunter weh tut. Dabei können (und müssen letztlich) bei Ihnen zuweilen Gefühle »aufstoßen«, von uns kritisiert und angegriffen zu werden. Solange Sie dann das Buch nicht zuschlagen oder es an die Wand werfen, ist alles okay. Mit eigenen, weniger hilfreichen, teils irrational erscheinenden Mustern konfrontiert zu werden, tut oftmals weh. Schließlich sind eben diese Muster ein Teil von Ihnen und uns, ein Teil Ihrer und unserer Persönlichkeit. Solche Muster ein wenig zu modifizieren – viel mehr geht sowieso nicht –, bedeutet »Reifung«. Darüber hinausgehende Effekte sind realiter nicht zu erwarten. Aber wir lassen uns gerne überraschen!

Möglicherweise kurzfristig beim Lesen auftretende Reaktionen (etwa »*Was Sie da geschrieben haben, das finde ich kränkend bzw. beleidigend!*«) sind Ihrerseits Stressreaktionen, womit wir wieder beim Thema wären und Sie gleich weiterüben können!

Jetzt bitte nicht den Kopf schütteln: Halten Sie fest, was Sie in unseren Aussagen getroffen hat, welche Hintergründe in Ihrer Lern- und Lebensgeschichte das haben könnte, und dann, wenn Ihnen das soweit klar geworden ist, dann dürfen Sie mit einem charmanten Lächeln quittieren, wie schnell und sicher Ihre Stressreaktionen funktionieren. Warum mit einem Lächeln? Weil AGIL mit Humor um Dimensionen besser funktioniert!

Keine Sorge, mit der Frage, was Ihren individuellen Stressreaktionen zugrunde liegt, werden wir uns in den folgenden Kapiteln noch intensiv befassen. Halten Sie Ihre Schlussfolgerungen griffbereit!

2.4 Stressoren und Stressreaktionen interagieren

Warum haben wir uns mit der formalen Einteilung in Stress- bzw. Belastungsebenen und Ihren Stressreaktionen beschäftigt? Wir hoffen, dass damit deutlich wurde: Alle Belastungsebenen bzw. Stressoren auf allen Ebenen sind für Lehrerkräfte relevant. Diese sind jedoch, entsprechend dem Pfeil links in ▶ Abbildung 1, in sehr unterschiedlichem Maße beeinflussbar. Wenn es darum geht, sich zu entlasten, dann ist es sinnlos, zu versuchen, de facto unbeeinflussbare Stressoren zu verändern. Energieschonender und eleganter ist es, einen entsprechenden Umgang mit diesen Stressoren zu pflegen. Ein Schlüssel dazu ist: Akzeptanz.

Haben Sie schon darüber nachgedacht, dass es ein Privileg Ihres Berufes ist, auf den unterschiedlichsten Ebenen mit der Zeit und den Menschen, in der bzw. mit denen wir leben, eng vernetzt zu sein? Zudem ist der Lehrerberuf eine immanent interaktionelle Angelegenheit. Alles lässt sich von mehreren, zumindest aber von zwei Seiten betrachten. Selbst die von uns dargelegte und in ▶ Abbildung 1 vorgeschlagene formale klare Trennung a) zwischen den Belastungsebenen und b) zwischen Stressor und Stressreaktion ist im Alltag oftmals nicht oder nur theoretisch möglich:

a. Wenn Schüler, weil sie Nachmittage lang vor dem Internet sitzen, Hausaufgaben vergessen bzw. diese irgendwo »herunterladen«, ohne die Inhalte verstanden zu haben, dann hat dieses Problem einerseits mit den gesellschaftli-

2.4 Stressoren und Stressreaktionen interagieren

chen Entwicklungen zu tun (also Systemebene, ganz oben; ▶ Abb. 1). Es ist aber gleichzeitig ein Problem, das Ihnen in der Person dieses Schülers begegnet, der einen Namen, mehr oder weniger Intelligenz, Charme und Sympathie hat. Sie könnten dem Schüler bzw. der ganzen Klasse auf der Systemebene darlegen, wie schädlich exzessive Internet-Nutzung für das individuelle Lernen sein kann. Und/oder Sie könnten den Schüler, auf individueller Ebene, für seine Vernachlässigung schulischer Pflichten bzw. seine mangelnde Standhaftigkeit den Verlockungen des Internets gegenüber tadeln.

Übrigens hat Ihre Verortung des Problems auch unmittelbare Auswirkungen auf Ihr Befinden: Wenn Sie das Problem als ein gesellschaftsimmanentes ansehen, bleibt es eine übergeordnet-anonyme Problematik. Wenn Sie sich vom Verhalten des Schülers persönlich gekränkt fühlen, weil für diesen das Internet offenbar wichtiger ist als Ihr Unterricht, dürfte Ihre emotionale Betroffenheit erheblich heftiger sein. Stressorebenen (▶ Abb. 1) sind somit nur bedingt von außen vorgegeben, sondern eine Frage Ihrer Zuordnung!

b. In Systemen hat das Verhalten eines Mitgliedes jeweils Auswirkungen auf das Verhalten der anderen. Das Verhalten der Schüler (hier: vergessene Hausaufgaben angesichts exzessiven Internetkonsums) beeinflusst Ihr Empfinden (negativ) und Ihr Verhalten. Ihre Reaktionen haben wiederum Auswirkungen auf das Verhalten der Schüler. Das ist eine banale Feststellung und gleichzeitig ein in der Praxis unendlich vielschichtiges Thema.

Wenn Sie die Sache als Spiegelbild gesellschaftlicher Entwicklungen verstehen, dann werden Sie vermutlich eher versuchen, Schüler zu unterstützen, sich diesbezüglich zu behaupten. Wenn Sie den Schüler als Faulpelz angehen, dann hat die Szene eine komplett andere Ausrichtung. Je persönlicher wir ein Problem erleben, umso emotionaler werden wir reagieren. Das Extrem wäre hier, was so natürlich einer souveränen Lehrkraft nie über die Lippen käme: »*Was glaubst du eigentlich, warum ich das hier mache, mich zu Hause stundenlang für den Unterricht vorbereite, wenn du dann die Hausaufgaben ›vergisst‹, weil ihr den ganzen Nachmittag ja doch nur am Computer hängt …!*« Dass dies absehbar zu nichts bzw. zu weiteren pädagogischen Problemen führt, lehrt die Praxis. Letztlich hängt es jenseits der Sachargumente davon ab, mit welcher Autorität Sie Ihren Standpunkt vertreten bzw. inwieweit Sie angesichts des Schülers Autorität haben. Im günstigsten Fall ändert sich das Schülerverhalten dank dessen Einsicht (und/oder Ihrer hohen Autorität) in positivem Sinne. Im ungünstigen Fall haben Schüler und Klasse das Vergnügen, einen hilflos agierenden Lehrer zu erleben.

Es stellen sich somit angesichts unserer relativ einfachen Übungssituation mehrere Fragen:
- Wie haben Sie die skizzierte Situation, etwa wenn für den Schüler das Internet wichtiger ist als Ihr Unterricht, spontan erlebt?
- Wie würden Sie darauf reagieren?
- Welche Auswirkungen hätte dies auf das System »Klasse«?

Spielen wir dies doch noch einmal durch und versuchen, eine gewisse Systematik hineinzubringen!

Die Situation: Ein Schüler macht die Hausaufgaben nicht, weil er den Nachmittag »online« war. Im Folgenden finden Sie Möglichkeiten, wie diese Situation erlebt und bewertet werden kann, zum einen emotional – also entsprechend dem Gefühl, das sich bei Ihnen in dieser Situation spontan einstellt –, zum anderen rational, also die Bewertung, die Sie mit einigem Abstand von der Situation, quasi mit dem Verstand, treffen würden. Selbstverständlich hängt das immer von vielen Aspekten ab, vom betreffenden Schüler, von der jeweiligen Situation. Wenn es Ihnen schwerfällt, die Aufgabe auf allgemeiner Ebene, im Sinne von *»so ist es bei mir üblicherweise«*, zu beantworten, dann könnten und sollten Sie in der nächsten Woche angesichts realer Ereignisse der genannten Art Ihre Reaktionen und Bewertungen beobachten und kurz protokollieren.

Übung

Ein Schüler macht die Hausaufgaben nicht, weil er den Nachmittag »online« war
Diese Situation erlebe ich ...

- ... als Spiegelbild der aktuellen gesellschaftlichen Entwicklungen
  emotional-gefühlt zu ____ Prozent / rational zu ____ Prozent.
- ... als das Problem eines bestimmten Schülers
  emotional-gefühlt zu ____ Prozent / rational zu ____ Prozent.
- ... als eine persönliche Kränkung
  emotional-gefühlt zu ____ Prozent / rational zu ____ Prozent.

> PS: Wie geht es Ihren Kolleginnen und Kollegen in nämlichen Situationen?
> Vermutlich ziehen Sie ein ähnliches Fazit wie wir: Stress ist ganz offensichtlich eine komplexe Angelegenheit!

Zurück zur konkreten Situation: Welche Einschätzung und welche Reaktionen wären hier – mit Blick auf Ihren eigenen Stress – »die richtigen«?

Falls bei Ihnen angesichts der Fragen ein gewisser Unmut hochgekommen sein sollte, etwa *»Als Lehrer weiß man, dass Schüler heute so und nicht anders sind. Man muss .../man kann sowieso nichts machen«*, dann sind dies – mit Verlaub – letztlich Selbstreflexion abwehrende Behauptungen jenseits der psychologischen Realität (also paralysierende Vorurteile). Sicher geben solche Ansichten dem zuweilen gefühlten Chaos im Kopf eine gewisse Orientierung. Andererseits machen sie uns in erheblichem Maße unflexibel. Zumal es den Menschen, mit denen Sie es zu tun haben, ähnlich geht. Auch Schüler, Eltern und Kollegen haben eine für sie jeweils felsenfest »normale« Sicht der Dinge und vertreten diese ebenso als »selbstverständlich«, wie Sie es tun. So könnte z. B. ein Elternteil denken: »Sie *mögen meinen Sohn nicht, deshalb sind Sie ihm gegenüber ungerecht.«* Solange auch Sie autoritär den Kopf über Wasser halten, sind für alle Beteiligten wenig hilfreiche, im Ergebnis unkonstruktive und für Sie »stressige« Auseinandersetzungen absehbar.

Die Verortung eines Problems hat somit für Sie und Ihr Stresserleben immanente praktische Konsequenzen. Wenn man das Problem auf Systemebene verortet, besteht der Vorteil darin, dass man *nicht* wie ein »Don Quijote« gegen Windmühlen kämpfen muss. Man ist emotional weniger unter Druck, weil objektiv wenige bis keine Einflussmöglichkeiten vorhanden sind. Der Nachteil ist, dass man sich hilflos fühlt. Wenn man das Problem aber auf individueller Ebene verortet und als persönliche Kränkung auffasst, dann ist der emotionale Gehalt gewaltig. Vermeintlich vorteilhaft daran ist, dass man seinem Ärger unmittelbar Ausdruck verleihen kann! Das kann durchaus befreiend sein, aber auch Konflikte eskalieren lassen und eine angemessene Lösung erschweren. Und, aus einer anderen Perspektive heraus betrachtet: Während der eine angesichts solcher Konfliktkonstellationen so oder anders nach außen hin »agiert«, wird der andere solche Kränkungen »in sich hineinfressen«. Welche dieser möglichen vielfältigen Reaktionsweisen wäre am »gesündesten«?

Merke

Zur Erinnerung
Die AGIL-Leitfrage war und ist: »Was kann ich tun, um meinen Stress als Lehrkraft zu reduzieren und AGIL zu bleiben?«

Diese Frage wird uns angesichts ihrer Vielschichtigkeit das ganze Buches hindurch – und weit darüber hinaus – beschäftigen.

Zurück zu unserem Beispiel des Ihren Unterricht offenbar gering schätzenden(?) Schülers. Wie reagieren Sie bzw. wie lautet nun Ihre (vorläufige) Antwort?

Es hat absehbar etwas mit einer ausgewogenen Haltung zu tun. Irgendwie müsste man ein Gleichgewicht zwischen Akzeptanz und Handlung herstellen können.

Was das für Sie bedeutet, bleibt auszuloten!

An dieser Stelle müssen wir gestehen, dass es die ultimative Lösung für Ihr Problem nicht gibt und schon deshalb nicht geben kann, weil Sie und die Menschen, mit denen Sie es jeweils zu tun haben, einzigartige Individuen sind. Sie alle interagieren miteinander und ändern dadurch permanent das System, in dem Sie sich bewegen. Man weiß eben nicht, was kommt. Vermeintlich »weise« Antworten, etwa die Forderung nach »Authentizität«, helfen da auch nicht weiter. Es sind letztlich nicht mehr als rhetorische Schnörkel. Was hat Authentizität mit gesellschaftlichen Entwicklungen oder dem Problemschüler oder mit Professionalität zu tun? Im Zusammenhang mit Stress gilt es eher, eine innere Haltung und eine Reihe günstiger Verhaltensweisen zu finden, die es Ihnen erlauben, gesund zu bleiben. Entscheidend dabei ist, sich – wie gesagt – zunächst bewusst zu machen, dass viele der Probleme, mit denen es Lehrkräfte in ihrem Beruf zu tun haben, unterschiedliche Ebenen betreffen. Man kann sich, wenn man souverän damit umgeht, aussuchen, auf welcher Ebene man wie reagiert. Und das ist dann genau der Punkt, wo AGIL praktisch beginnt.

> **Merke**
> Je höher die Ebene, auf der Sie »meinen Stress« verorten, umso geringer sind de facto Ihre Einflussmöglichkeiten.

Das hat durchaus eine philosophische Komponente, im Sinne von: »*Glücklich ist, wer vergisst, was doch nicht zu ändern ist.*« Aspekte, auf die man keinen oder kaum Einfluss hat, müssen letztlich akzeptiert werden, wenn man sich nicht in fruchtlose Grübeleien (▶ Kap. 5.4) versticken und selbst paralysieren will.

2.5 Vom akuten zum chronischen Stress: Hintergründe des Stress-Phänomens

Stressoren können auf verschiedenen Ebenen liegen. Die Unterscheidung von Stressoren und Stressreaktionen ist die Grundlage für einen souveränen Umgang mit »Stress«. Dazu ist es wichtig, hinter die Kulissen des »Stress-Phänomens« zu blicken. Was hat die physiologische und psychologische Forschung zu diesem Thema in den letzten 100 Jahren erarbeitet? Keine Sorge, es ist durchaus spannend!

Der Physiologe Hans Selye (1907–1982) beobachtete Tiere (meist Ratten), die sich in maximal-bedrohlichen Situationen befanden. Hierzu setzte er seine Versuchstiere in ein Wasserbecken, aus dem diese nicht entkommen konnten – womit der »Wassereimer« für die Ratten zu einem echten »Stressor« wurde. Die Ratten schwammen unter Einsatz aller Kräfte um ihr Leben und versuchten, ihrer misslichen Lage zu entrinnen. Selye beschrieb die Stressreaktion, die dabei im Körper der Ratten ablief, präzise: Zunächst wurden Adrenalin und Noradrenalin ausgeschüttet. Diese Stresshormone sorgten dafür, dass das Rattenherz schneller schlug und der Blutdruck anstieg. Damit waren die Tiere in der Lage, kurzfristig maximale Leistungen bezüglich Flucht (oder Kampf) zu bringen. Später konnte Selye im Körper der Ratten die Ausschüttung von Kortikosteroiden messen, die kurz- und dann mittelfristig die Freisetzung von Zucker bzw. die Erhöhung des Blutzuckerspiegels bewirkten. Diesen Nährstoff benötigen Muskelzellen, um mehr als ein paar Augenblicke lang kämpfen bzw. fliehen zu können. Nach diesem hormonellen »Supergau«, der durchaus eine Weile anhalten konnte, waren die Tiere dann erschöpft und ergaben sich ihrem Schicksal … bis der große Forscher sie schlussendlich rettete.

Bei Menschen sieht die Stressreaktion, was die physiologische Ebene anbelangt, ganz ähnlich aus.

2.5 Vom akuten zum chronischen Stress: Hintergründe

Im weiteren Verlaufe der Forschung wurde zunehmend deutlich, dass es in der Realität unseres menschlichen Alltages erheblich komplexer zugeht. Wir sind keine Ratten und unsere Umwelt ist in der Regel vielschichtiger als ein Eimer mit kaltem Wasser (auch wenn sich Schule mitunter so anfühlen mag). Zudem zeichnet sich der Alltag zumeist weniger durch umschriebene, lebensbedrohliche Stressoren aus, sondern eher durch eine Summation von kleineren Ärgernissen, Kränkungen, Erschwernissen ..., die sich wie eine Kette durch den Alltag ziehen.

Wie sieht eine solche »Stress-Kette« aus? Hierzu ein Beispiel:

> **Fallbeispiel**
> **Stress-Kette = chronischer Stress**
> Sie stehen etwas zu spät auf, weil Sie noch am Vorabend länger gearbeitet haben (also die Zeit »läuft« Ihnen schon jetzt weg).
> - Das Auto springt nicht an.
> - Ihr Zug hat Verspätung.
> - Sie rennen, um noch pünktlich in die Schule zu kommen.
> - Auf dem Flur kommt Ihnen der Schulleiter entgegen und hat noch eine Frage.
> - Dann fällt Ihnen ein, dass Sie vergessen haben, Unterlagen für die kommende Stunde einzupacken.
> - Die Klasse ist irgendwie nicht ruhig zu kriegen.
> - Ihnen schießt durch den Kopf: »*Ich schaffe es heute nicht, am Nachmittag meinen Unterricht für morgen vorzubereiten, die Kinder pünktlich abzuholen, meine Mutter zu versorgen ...*«
>
> Die erste Stunde ist noch nicht zu Ende, es wäre demnach etwa 9.00 Uhr, und der stressreiche Arbeitstag hat eben erst begonnen (▶ Abb. 2, untere Kurve).

Der Unterschied zum »klassischen« Stress-Phänomen der armen Versuchsratte ist, dass die obigen Stressoren zwar nicht »maximal lebensbedrohlich« sind, aber doch hinreichend groß, um den Stresshormonpegel ansteigen zu lassen. Durch die dichte Folge solcher Ereignisse gelingt es uns oft nicht mehr, »herunterzufahren«, sowohl was – auf psychologischer Ebene – das Gefühl, »im Stress zu sein«, als auch die Stresshormone anbelangt. Hätte man einige Minuten Ruhe, würde sich die Anspannung von alleine lösen, aber eben diese Minuten hat man nicht (oder nimmt sie sich nicht). Typisch für stressgeplagte Menschen der Gegenwart ist somit die Aufsummierung der Stressoren. Auf Stunden, Tage, Wochen und Monate hochgerechnet ergibt sich, durchaus vorhersagbar, ein leicht- bis mittelgradiger Stress-Dauerzustand, der seinerseits diverse psychische und körperliche Folgeprobleme nach sich ziehen kann. Je nach Veranlagung kann dies dazu führen, dass z. B. der Blutdruck oder auch der Blutzucker erhöht ist. Und hieraus können sich langfristig gesehen wieder chronisch-degenerative Erkrankungen wie z. B. Hypertonie oder Diabetes entwickeln. Auf psychischer Ebene begünstigt anhaltender Stress – im Sinne eines »Risikofaktors« – unter anderem die Manifestation von Depressionen, Angststörungen oder Suchterkrankungen.

Wir hoffen, dass Ihnen diese Informationen nicht zu sehr »Stress machen«. Auch weil Abschreckung als Mittel zur Prävention sowieso nicht funktioniert. Denken

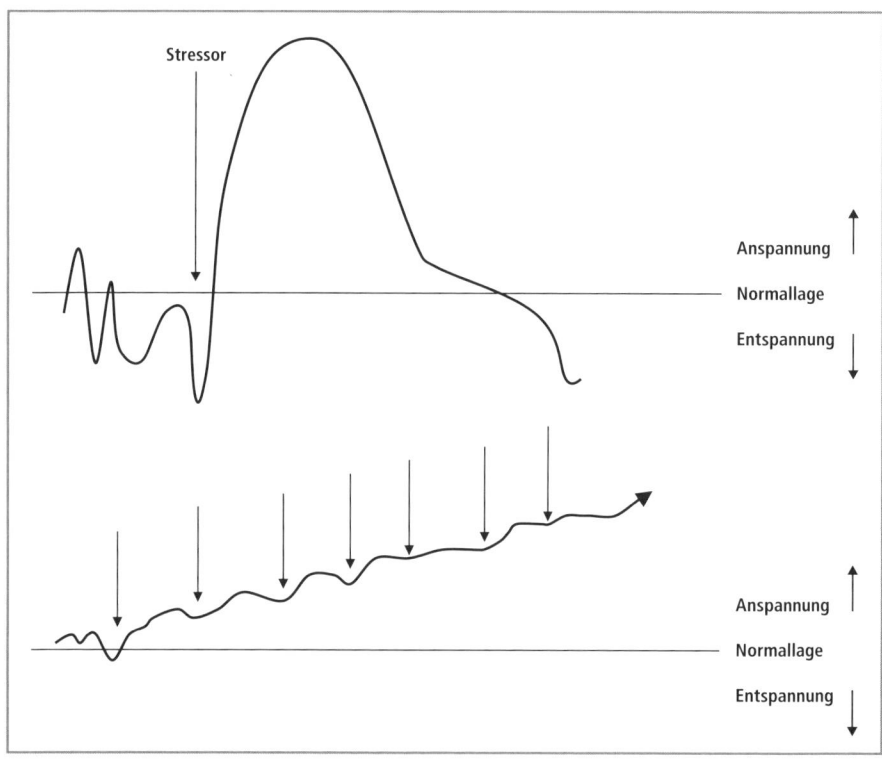

Abb. 2 Verlauf von Stressreaktionen: akuter und chronischer Stress

Sie beispielsweise an die (gemessen an ihrem Zweck, nämlich Menschen vom Zigarettenkonsum abzuhalten, sinnlosen) Schreckensbanderolen auf den Zigarettenpackungen …

Für den **Umgang mit Stress** bleibt festzuhalten:
- Kurzfristiger Stress ist in aller Regel kein Problem, solange der Stressor nicht tatsächlich lebensbedrohlich ist. Unser Körper reagiert, indem bestimmte Hormone stimuliert werden und der Blutdruck steigt … Die Situation normalisiert sich kurzfristig wieder, sobald die belastende Situation vorüber ist.

> **Die Forderung nach einer »stressfreien Schule« ist mehrdimensional realitätsfremd.** Positiv betrachtet würzt Stress unser Leben und unseren Alltag. Stress ist lebensnotwendig und kann durchaus, je nach Perspektive, Spaß machen: »Flow«-Erlebnisse – also das, was unser Leben lebenswert spürbar macht – beruhen auf demselben Stressmechanismus, nur dass man sich dem Stressor nicht unterlegen fühlt und keine Angst hat, quasi von der Welle überrollt zu werden. Wenn ein Surfer vor einer Welle Angst hat, ist er ein bedauernswertes Opfer. Wenn er sich der Sache gewachsen fühlt und »heiß« auf die Welle ist, dann ist es vermutlich das Schönste, was er sich wünschen und vorstellen kann, auf eben dieser Welle zu surfen.

2.5 Vom akuten zum chronischen Stress: Hintergründe

- Hinsichtlich der Gesundheitsthematik ist lang anhaltender, chronischer Stress das eigentliche Problem. Stresshormone fallen nicht ab, sondern werden durch immer neue Stressoren (▶ Abb. 2, untere Kurve) immer wieder stimuliert. Kortikosteroide erhöhen den Blutzucker, gleichzeitig reduzieren sie die Immunabwehr. Kurzfristig ist beides sinnvoll und wichtig. Langfristig erhöht es, je nach individueller Veranlagung, unter anderem die Wahrscheinlichkeit von hohem Blutdruck und einer gestörten Immunabwehr. Auf ein (vereinfachtes) Modell gebracht führt langfristiger Stress dazu, dass sich Ressourcen erschöpfen (was mit dem viel diskutierten Burnout-Phänomen aber nur bedingt etwas zu tun hat; ▶ Abschn. 2.6) und das Risiko für gesundheitliche Folgeschäden steigt (▶ Abb. 3).

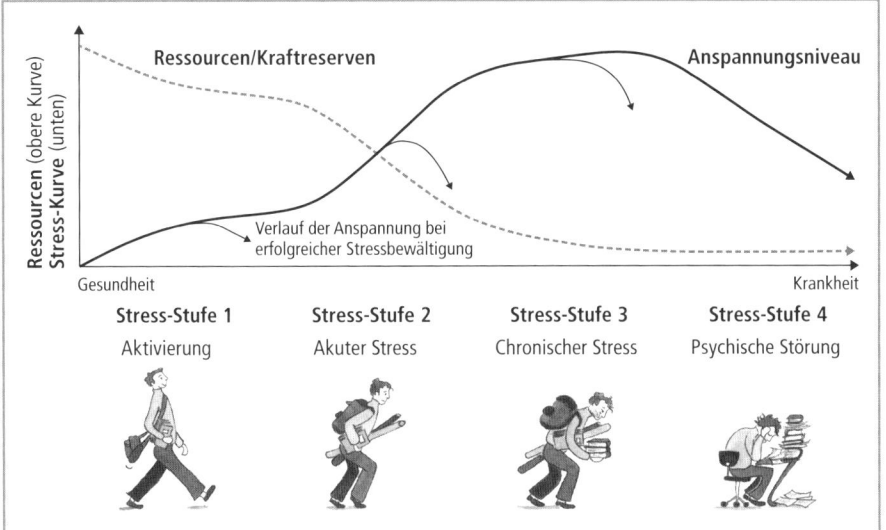

Abb. 3   Stressphasen: vom akuten Stress bis zu stress(mit)bedingten Erkrankungen

Mit dem transaktionalen Stressmodell von Richard S. Lazarus (1922–2002) kommen wir der Realität in der Schule einen großen Schritt näher. Die Stressoren in unserer Informationsgesellschaft sind in aller Regel »relativ«, also weder Wassereimer noch Säbelzahntiger. Ob ein Schüler die vor ihm liegende Mathe-Arbeit als Stress, als Belanglosigkeit oder als Spaß erlebt, hängt nicht zuletzt davon ab, wie fit er sich in Mathe einschätzt und wie wichtig ihm der Test ist.

Lehrkräften geht es ähnlich. Wenn wir eine Situation wahrnehmen, nimmt unser Gehirn automatisch einen Abgleich mit ähnlichen, von uns früher erlebten Situationen vor (▶ Kap. 5). Wenn wir die Situation als neu, schwierig und unsere Fähigkeiten, diese zu bewältigen, als niedrig einschätzen, wird eben diese Situation zum Stressor … mit entsprechend heftiger Stressreaktion. Wenn wir hingegen dem aggressiv-auftretenden Schülervater lächelnd entgegentreten können, weil wir Ähnliches schon oft souverän gelöst haben, relativiert sich die Sache sofort. Nicht, dass es gleich ein Vergnügen werden muss, aber es ist eben kein als solcher erlebter »Stress«. Die Art und Weise, wie wir eine Situation bewältigen, wird dann in unserem Gehirn als Erfahrung abgespeichert und dient als Bewertungsgrundlage für die nachfolgenden Situationen.

Wenn Ihnen die in den letzten Abschnitten skizzierten Zusammenhänge und Aspekte klar sind, dann ... kann es praktisch losgehen!

Merke
Wer Stress professionell bewältigen will, muss wissen und berücksichtigen:
Stress ist weder gut noch schlecht, sondern ein in jeder Hinsicht normales Phänomen. Gesundheitsschädlich wird erst chronisch-anhaltender Stress.
Im Schulalltag resultiert Stresserleben dann, wenn die Konstellationen, denen man sich gegenüber sieht, als zusätzlich (oder unsinnig) belastend und vor allem als kaum bis nicht bewältigbar erlebt bzw. eingeschätzt werden. Stressreduktion ist folglich entweder durch eine Veränderung der Situationen bzw. der Rahmenbedingungen möglich (womit wir in vielen Fällen wieder auf der systemischen Ebene [▶ Abb. 1] angekommen wären) oder durch den Einsatz wirksamer Strategien, die uns dabei helfen, mit nicht veränderbaren Stressoren besser umzugehen.

PS: Auch »Stresserleben« ist keine Selbstverständlichkeit! Es gibt Lehrer, die – wenn man die Stresshormone misst – erheblich »gestresst« sind und davon nichts merken, und gelegentlich auch den umgekehrten Fall. Ob man von erhöhten Stresshormonen ausgelöste »Körpersignale« als solche wahrnimmt oder nicht, hat etwas mit der persönlichen Sensibilität bzw. »Achtsamkeit« zu tun, mit der wir uns in einem eigenen Kapitel eingehend beschäftigen (▶ Kap. 4).

Zusammenfassung

Gibt es eine endgültige, ideale, konsequente ... Möglichkeit, Lehrerstress zu reduzieren?

Nun ja, man könnte den Beruf wechseln oder in Frühpension gehen ... wobei zumindest Letzteres die betreffenden Kollegen auch nicht unbedingt glücklicher und gesünder macht. In den meisten Fällen wird es bessere, entspanntere Lösungen geben.
Die AGIL-Inhalte sind das Ergebnis umfangreicher Vergleiche, und zwar zwischen Lehrkräften, die in ihrem Beruf langfristig gesund geblieben sind und Spaß an ihrem Beruf haben, mit solchen, die sich überfordert, gestresst und ausgebrannt fühlen und sich aufgrund psychischer Probleme in stationäre Behandlung begeben mussten. Wenn die Rahmenbedingungen, die Gesellschaft, die Besoldung sowie die Probleme mit Schülern und Eltern in beiden Gruppen vergleichbar sind, unterscheiden die jeweils eingesetzten Strategien im Umgang mit den potenziellen Stressoren gesunde von kranken Lehrern. Dass dies in der Lehrerausbildung bislang kaum berücksichtigt wird, ist eine Tatsache. Wenn Sie sich mit AGIL beschäftigen, dann werden Sie zum einen die Bestätigung erhalten, dass viele Ihrer spontan angewendeten Strategien gut bis herausragend sind. Ergänzend dazu stellen wir Strategien vor, die nachweislich wirken und als Anregungen dienen, was Sie möglicherweise noch verbessern können.
Das Gute (auch) am Lehrerberuf ist: Man lernt nie aus! Andererseits: Wer meint, nichts mehr lernen zu müssen, weil er schon alles zu wissen und zu können glaubt, läuft absehbar Gefahr, in Sackgassenkonstellationen zu geraten.

Die Frage wäre dann: AGIL oder Krankschreibung bzw. Frühpensionierung?
Was würden Sie einem gestressten Kollegen empfehlen?

2.6 Burnout: Was ist das?

Lehrkräften mag diese Frage zunächst banal anmuten: Burnout gilt seit Jahrzehnten als »*typische Lehrererkrankung, die vor allem besonders engagierte KollegInnen trifft*« (vgl. Hillert und Marwitz, 2006, S. 27 ff.). Weil diese Vorstellung verbreitet ist und zudem mitunter paralysierenden Charakter hat, kommen wir nicht umhin, uns eingehender mit der Thematik zu beschäftigen.

»Burnout« (»ausgebrannt«) ist zunächst einmal ein starker Begriff! Für sich genommen evoziert das Wort prägnante, emotionale Bilder.

Übung

Burnout

Schließen Sie für ein paar Momente Ihre Augen und sprechen Sie mehrfach langsam das Wort »ausgebrannt« aus. Welche Gedanken, Bilder und Gefühle löst in Ihnen der Begriff »Ausgebrannt« aus?
Meine Assoziationen zum Begriff »Burnout« in Wort und Bild:

_____

_____

_____

Das kleine Experiment ist wichtig, weil es – wenn man sich darauf einlässt – unmittelbar zeigt, welche Macht starke Bilder haben! Erinnern Sie sich an das ähnliche Experiment mit dem Begriff »Stress« (▶ Abschn. 2.2)? Die Macht der »starken Bilder« ist gewaltig, im Positiven wie im – gerade selbst-paralysierenden – Negativen. Durch Bilder können komplexe Probleme »auf den Punkt« gebracht werden. Andererseits entwickeln Bilder eine recht verstörende Eigendynamik, die zur Falle werden kann.

Was halten Sie von dem folgenden (hier sprachlich verankerten) »Bild«: »*Wer je ein ausgebranntes Haus gesehen hat, der weiß, wie verheerend so etwas ist.*«

Mit diesem Satz begann im Jahre 1974 die Geschichte des Burnout-Begriffes in der Bedeutung, wie wir ihn heute kennen: als ein Phänomen, das seelische bzw. psychische, körperliche und soziale Folgen von längerfristiger Überlastung insbesondere im Beruf beschreiben soll. Zuvor bezeichnete man mit »Burnout« bzw. »Ausgebranntsein« vor allem technische Gegebenheiten: ausgebrannte Öllampen, ausgebrannte Häuser, ausgebrannte Kernbrennstäbe aber auch »ausgebrannte« Lepra-Patienten.

Zu letzterem Beispiel: Lepra-Bakterien führen unter anderem zu starken Entstellungen des Körpers. Menschen, bei denen die Bakterien durch Antibiotika abgetötet werden, bleiben entstellt, sind aber nicht mehr infektiös. In diesem Sinne ist die Erkrankung »ausgebrannt«. In seinem Roman »A Burnt-Out Case« (Ersterscheinung im Jahre 1960) berichtet der amerikanische Autor Graham Greene von einem erfolgreichen Architekten, der im afrikanischen Urwald in der Betreuung von Lepra-Kranken den Sinn des Lebens sucht.

Burnout, auf Menschen übertragen, hatte und hat offenkundig immanent existenzielle Qualität! Man fühlt sich anhaltend kraftlos. Dahinter steckt mehr als »gesunde Erschöpfung«. Letztlich erleben sich Betroffene in einer Art »Sackgasse« (auch das ist ein starkes Bild!), aus der sie, so fürchten sie zumindest, aus eigener Kraft und mit den bisherigen Strategien nicht mehr herauskommen. Zumal oft äußere Umstände als Ursache erlebt werden.

Herbert Freudenberger (1929–1999), der »Entdecker« des Burnout-Phänomens im psychologischen Kontext, wurde in Frankfurt am Main geboren. Aus einer jüdischen Familie stammend, gelang ihm in der Zeit des Nationalsozialismus in Deutschland – als einzigem seiner Kernfamilie – über die Schweiz die Ausreise nach Amerika. Er lebte dann bei entfernten Verwandten in New York, studierte Psychologie und wurde Psychotherapeut. Allerdings »entdeckte« Herbert Freudenberger Burnout nicht in seiner beruflichen Funktion als Psychotherapeut bei seinen Patienten, sondern beobachtete das Phänomen bei sich selbst als Betroffenem. Eben das beschrieb er 1974 in dem Aufsatz »Staff Burn-Out«. Herbert Freudenberger erlebte berufliche Überlastung, insbesondere durch äußeren Druck durch Vorgesetzte und Institutionen, als Ursache seines Problems. Dass es auch etwas mit ihm bzw. seiner Persönlichkeit und Biografie zu tun haben könnte, meinte er ausschließen zu können. Wie plausibel war das, von außen betrachtet? Um seine eigene Familie, Frau und drei Kinder, ernähren und absichern zu können, behandelte er über zehn Stunden am Tag Patienten. Das letztlich in seiner Jugend vom Verlust der Familie und der Flüchtlings-Thematik »geprägte« Gefühl von wirtschaftlicher wie existenzieller Unsicherheit konnte er zeitlebens nicht ablegen. Nach »Feierabend« war Herbert Freudenberger ehrenamtlich in sozialen Institutionen tätig, wobei er sich unter anderem in der Betreuung ehemaliger Drogenabhängiger engagierte. Auf der Flucht aus Nazi-Deutschland war er, genauso wie seine Schützlinge auch, auf Unterstützung anderer Menschen angewiesen. Herbert Freudenberger wollte auf diese Art etwas zurückgeben. So zumindest hat er es in Interviews geäußert.

Und Sie? Was treibt Sie an? Arbeiten Sie vielleicht noch mehr und engagierter als Herbert Freudenberger? Also mehr als zehn Stunden am Tag, sechs Tage die Woche?

Falls Sie die Frage mit »Ja« beantwortet haben und Sie langfristig mehr und/oder intensiver arbeiten, als Ihnen guttut, … warum tun Sie es?

Herbert Freudenberger selbst, obwohl es von außen betrachtet nicht zu übersehen ist, wusste es, auf seine eigene Person bezogen, offenkundig nicht!

In welcher Zwickmühle steckte er bzw. stecken Sie?

2.6.1 »Burnout« lässt sich erleben, aber nicht diagnostizieren!

Herbert Freudenberger hatte das Gefühl von anhaltender Verausgabung und Müdigkeit. Er litt häufig unter Virus-Infekten, Kopfschmerzen, Magen-Darm-Problemen, Schlaflosigkeit und Kurzatmigkeit, ohne dass Ärzte dafür eine Ursache finden konnten. Für ihn standen körperliche Beschwerden im Vordergrund. Darüber hinaus fiel ihm auf, dass er im Kontakt mit Kollegen schnell zu emotionalen Ausbrüchen und leichter Reizbarkeit neigte. Anfangs meinte er, alles besser zu wissen. Später wurde ihm klar, dass er im Denken rigide, unflexibel und kaum in der Lage war, konstruktive Lösungen zu finden. Mit Blick auf sich und viele andere Betroffene konstatierte er, dass die Symptomatik, die als »Burnout« erlebt wird, vielfältig und bei jedem Betroffenen anders sein kann.

Eben dies wurde später leider oft übersehen. Es gibt zahlreiche Burnout-Schriften, in denen Symptome aufgelistet werden, anhand derer Burnout quasi als Diagnose gestellt werden soll. Als häufigste Symptome werden genannt:
- Erschöpfung, Energiemangel, Schlafstörungen …
- Konzentrations- und Gedächtnisprobleme, Insuffizienzgefühle, Entscheidungsunfähigkeit …
- verringerte Initiative und Fantasie, Gleichgültigkeit, Langeweile, Desillusionierung, Neigung zum Weinen, Schwächegefühl, Ruhelosigkeit, Verzweiflung …
- größere Distanz zu Klienten, Betonung von Fachjargon, Vorwürfe gegen andere, Verlust an Empathie, Zynismus, Verlust von Idealismus, Bitterkeit …
- Partnerschafts- und/oder Familienprobleme
- Gefühl mangelnder Anerkennung
- körperliche Symptome wie Engegefühl in der Brust, Atembeschwerden, Rückenschmerzen, Übelkeit, vermehrtes Rauchen, gesteigerter Alkoholkonsum …

In einigen Büchern zum Thema werden darüber hinaus weit mehr als 100 »Burnout-Symptome« aufgeführt. Das Problem ist: Alle diese Symptome sind sehr häufig und absolut unspezifisch! Jeder von uns war absehbar bereits erschöpft, erlebte Energiemangel und Konzentrationsprobleme …

Der Begriff »Burnout-Syndrom« impliziert, es gäbe charakteristische Symptom-Konstellationen, die eine solche Diagnose erlauben würden. Erschöpfung, das Gefühl von Überforderung, Schlafstörungen, vermehrte körperliche Beschwerden … Energiemangel und alle anderen der oben genannten Symptome können Folge von Überlastung sein. Nachdem wir in unserer Gesellschaft alle viel Stress erleben, liegt es sicher »gefühlt« nahe, Symptome der genannten Art eben auf »Stress« zurückzuführen und sich entsprechend als »Burnout-Opfer« zuerleben. Die Symptome können aber genauso gut im Rahmen einer sich anbahnenden Grippe, einer Schilddrüsenunterfunktion oder zahlreicher anderer körperlicher und auch psychischer Erkrankungen auftreten. In starker Ausprägung gleichen die Symptome auch einer behandlungsbedürftigen Depression. Typische oder gar Burnout »beweisende« Symptome gibt es nicht! Wer längerfristig unter erheblichen, die Lebensqualität einschränkenden Symptomen, welcher Art auch immer, leidet, kommt am Besuch eines Arztes oder Psychologen zur diagnostischen Abklärung nicht vorbei!

2.6.2 Burnout-Biografien beginnen selten »hochengagiert«

Herbert Freudenberger ging davon aus, dass sich Burnout anhand des charakteristischen Verlaufprofils »diagnostizieren« lässt. Die Symptome für sich allein waren ja zu unspezifisch.

Die Idee war, dass Burnout vor allem hochmotivierte und engagierte, in sozialen Berufen tätige Menschen betreffen müsse. Im Rahmen frustrierender Arbeitsbedingen und z. B. der ständigen Verausgabung für Schüler würden sich diese Menschen erschöpfen und »ausbrennen« – also quasi von einem hohen Energieniveau über verschiedene Burnout-Stufen immer weiter nach unten, in energielose Zustände, geraten. Am Ende resultiere ein mit Depressionen vergleichbarer Zustand.

Diese Idee wurde von vielen Wissenschaftlern sowie von den sich als Burnout-Opfer erlebenden Menschen aufgegriffen. Auch die größte deutsche psychiatrische Fachgesellschaft vertritt in einer programmatischen Schrift eine ähnliche Auffassung: Burnout sei demnach eine Vorstufe von körperlichen und/oder psychischen Erkrankungen. Derweil bestand bezüglich der Zahl der Burnout-Stufen bzw. -Stadien nie Konsens. Einige Autoren sprechen sich für zwei, andere für bis zu zwölf verschiedene Stufen aus. Jörg Fengler (1991) schlug beispielsweise zehn Stufen vor:

1. Freundlichkeit und Idealismus
2. Überforderung
3. geringer werdende Freundlichkeit
4. Schuldgefühle darüber
5. vermehrte Anstrengung
6. Erfolglosigkeit
7. Hilflosigkeit
8. Hoffnungslosigkeit
9. Erschöpfung, Distanzierung, Wut
10. Burnout

In Fallgeschichten, die sich in Lehrer-Zeitschriften in großer Zahl finden, lassen sich solche Stufenmodelle gut darstellen, etwa: »*Anfangs war ich eine hochengagierte junge Lehrerin, ich habe versucht, allen gerecht zu werden, nach und nach ...*« Zudem: Wer war nicht schon gelegentlich »geringer freundlich« oder erfolglos? Die Frage ist nur, ob sich ein solcher, ausgehend vom Modell einer ihre Energie verlierenden Batterie konsequent erscheinender Verlauf bei real existierenden Menschen nachweisen lässt? Jeder fühlt sich gelegentlich »hoffnungslos« oder »erschöpft«; ab wann wäre man aber in einem solchen Stadium bzw. einer entsprechenden Stufe? In Verlaufsstudien ließen sich regelhafte Verläufe im Sinne der Burnout-Stadienmodelle nicht nachweisen! Wenn es sie denn gibt, dann sind diese eher eine Ausnahme von der Regel. Vielmehr zeigte sich, dass Menschen relativ stabile persönliche Muster haben, mit Belastungen in der Arbeitswelt umzugehen. Gerade hochengagierte und in vielen Hinsichten fitte Menschen bleiben in ihrem aktiven »Modus« in der Regel auch langfristig gesund. Am anderen Ende des Spektrums gibt es Menschen, die sich schon in der Ausbildung als »mit dem Rücken zur Wand«, also als überlastet, von Konflikten überfordert und bezüglich ihrer Lebensqualität beeinträchtigt fühlen. Leider sind auch diese Muster recht stabil.

Erholung alleine reicht angesichts solcher Konstellationen nicht aus, um davon Betroffenen nachhaltig zu helfen! Für sie wäre AGIL besonders wichtig.

2.6.3 Exkurs: Was messen Burnout-Fragebögen?

Welche Symptome man entwickelt, wenn man langfristig »im Stress ist«, hängt von mehreren Aspekten ab: von der individuellen Veranlagung, der eigenen Lerngeschichte und von dem, was in der Umwelt bzw. in der Gesellschaft kommuniziert wird.

Aktuell scheinen sehr viele Menschen unter »Stress« zu leiden. Nicht zuletzt deshalb wird Stress fast zwangsläufig als Ursache ganz unterschiedlicher Probleme dargestellt.

Hierin liegt auch das zentrale Problem der Burnout-Fragebögen. Man kann »Burnout-Symptome« abfragen und man kann fragen, ob Betroffene diese als Folge (beruflicher) Belastungen erleben. Ob bzw. in welchem Maße berufliche Belastungen tatsächlich ursächlich sind, kann de facto kein Betroffener »objektiv«, sondern nur im Sinne seines persönlichen »Krankheitsmodells« beantworten. Um in solchen Fragen objektiv sein zu können, müssten wir uns distanziert neben uns stellen, unsere Muster und die spezifischen Belastungsfaktoren abstrahieren und vieles mehr. Selbst wenn das gelingen sollte: Bis heute gibt es keine wissenschaftlich tragfähige Definition von »Burnout«, mit der wir das Ergebnis einer solchen Selbstanalyse abgleichen könnten. »Ich bin ausgebrannt« ist und bleibt somit eine Burnout-Selbstidentifikation – nicht mehr und nicht weniger, egal wie man es erfragt.

Der bis heute bekannteste und vielfach abgewandelte Burnout-Fragebogen wurde von der Psychologin Christina Maslach entwickelt. Im »**Maslach Burnout Inventory**« (MBI) geht die Autorin davon aus, dass Burnout ein Syndrom aus

1. emotionaler Erschöpfung,
2. Depersonalisierung (womit das Erleben einer hohen inneren Distanz zu Patienten, Klienten oder Kunden gemeint ist) und
3. reduzierter persönlicher Leistungsfähigkeit
   sei.

Diese Aspekte werden jeweils mit mehreren Fragen abgebildet, die mittels einer Skala von 0 = nie bis 6 = täglich beantwortet werden sollen.

Hierfür jeweils ein Beispiel:
1. Ich fühle mich von meiner Arbeit ausgelaugt (Skala »Emotionale Erschöpfung«).
2. Bei manchen Klienten interessiert es mich eigentlich nicht, was aus ihnen wird (Skala »Depersonalisierung«).
3. Ich fühle mich voller Tatkraft (Skala »Reduzierte Leistungsfähigkeit«).

Sich ausgelaugt zu fühlen ist per se unspezifisch. Natürlich kann es subjektiv evident erscheinen, sich etwa nach massiven Konflikten im Beruf eben dadurch »ausgelaugt« zu fühlen. Jede Antwort bleibt gleichwohl zwangsläufig ein »subjektives Störungsmodell«. Der Faktor »Depersonalisierung« wiederum ist vieldeutig. Inwieweit müssen Lehrer die Probleme ihrer Schüler »wirklich« interessieren? Es kann geradezu eine gesunde Selbstschutz-Strategie sein, eben nicht alle Probleme seiner Schüler zu seinen eigenen zu machen (zudem, was sind »manche« und was ist »wirklich«?). »Depersonalisierung« kann so zwischen »Burnout-Symptom« bis zur »professionellen Strategie zur Stressreduktion« alles sein, was die Bewertung des Faktors vage erscheinen lässt. Dass Fragen zur reduzierten Leistungsfähigkeit eng – nur quasi von der anderen Seite her gesehen – mit emotionaler Erschöpfung zusammenhängen, verwundert nicht.

Je kränker sich ein Mensch fühlt und je mehr er dies auf berufliche Probleme zurückführt, umso eher wird er sich in seiner Vorstellung, an einem Burnout-Syndrom erkrankt zu sein, auch bestätigt fühlen. Die in der medialen Öffentlichkeit geführte Debatte trägt nicht unerheblich zur Verfestigung dieser Überzeugung bzw. dieses Krankheitsmodells bei. Statistisch gesehen weisen Burnout-Fragebögen sowohl mittelhohe Korrelationen mit Fragebögen auf, die Depressionen erfassen, als auch mit Fragebögen, die Arbeitszufriedenheit und Arbeitsmotivation messen.

Insofern bleiben die Ergebnisse von Burnout-Fragebögen, egal wie hoch die Werte sind, die ein Proband darauf erzielt, immer unspezifisch bzw. mehrdeutig und können somit nicht zur Klärung unklarer Konstellationen beitragen. Erschwerend kommt hinzu, dass es bis heute keine an der Normalbevölkerung erhobenen repräsentativen Vergleichswerte zum »Maslach Burnout Inventory« gibt. Wir wissen also noch nicht einmal, welcher Testwert »durchschnittlich hoch« und welcher bereits »überdurchschnittlich hoch« ist. Aus all diesen Gründen haben wir auf einen Burnout-Fragebogen im AGIL-Buch verzichtet (und würde jedem, der sich mit Lehrergesundheit beschäftigt, zu anderen Fragebögen raten; ▶ Kap. 5.2, »Stressbeschleuniger«).

2.6.4 Sollte hohes Engagement im Lehrerberuf verboten werden?

In mehreren Studien wurde gezeigt, dass sich bereits ein Drittel aller Lehramtsstudenten ausgebrannt fühlt. Unerfreulicherweise erweist sich diese Quote durch die Altersstufen hinweg als stabil. Das bedeutet, dass unabhängig vom Alter der untersuchten Lehrerinnen und Lehrer etwa ein Drittel der Befragten »ausgebrannt« ist. Oder spezifischer: Eine Lehrkraft, die sich z. B. im Alter von 40 Jahren als »ausgebrannt« erlebt, hat sich oftmals bereits im Referendariat sehr belastet und überbeansprucht gefühlt.

Wenn die landläufigen Burnout-Konzepte stimmen würden, wonach es »nur die besonders engagierten trifft«, dann müsste Engagement im Lehrerberuf strafrechtlich verboten werden. Schulleitung und das Kultusministerium müssten dann engagierte Kolleginnen und Kollegen, notfalls unter Androhung von Strafmaßnahmen, dazu zwingen, ausschließlich »Dienst nach Vorschrift« zu machen. Nur so ließe sich dann Lehrergesundheit nachhaltig fördern …

Wenn es Sie reizen sollte, Ihre Fantasie spielen zu lassen, dann ließe sich aus einem solchen Szenario eine absehbar intensiv-bedrückende Geschichten schreiben: »Als das Engagement von Lehrkräften verboten wurde …«. Vermutlich kommen darin bei Ihnen nicht nur gesunde und glückliche Lehrkräfte vor. Eine Kollegin entwarf George Orwells »1984« in den Schatten stellende Visionen: engagierte Lehrkräfte im Untergrund, die mit Schülern (denen, um »Burnout-Kids« zu vermeiden, ebenfalls Engagement verboten wurde) in verlassenen Tunnelschächten überaus inspirierenden Unterricht machen …

Engagement soll Lehrkräfte langfristig krank machen?

Das Gegenteil ist der Fall (wobei natürlich alles seine Grenzen hat)!

Lassen Sie uns klarstellen: Sich in seinem Beruf zu engagieren, im Wissen darum, etwas Sinnvolles zu tun, und das idealerweise mit angemessenen Strategien, ist ein Faktor, der langfristig die Gesundheit fördert! Wenn Sie sich im Beruf »richtig« aufgehoben fühlen, heißt das, dass Sie wissen, dass Ihr »Job« Ecken und Kanten hat, dass man mitunter Ellenbogen und Durchhaltevermögen braucht, bei Ihnen aber der Spaß an der Sache – die Interaktion mit Schülern und Kollegen – die alltäglichen Widrigkeiten überwiegt. In diesem Sinne können Sie (im Großen und Ganzen) genauso weitermachen. Ihr Risiko, im Beruf krank zu werden, ist nicht erhöht! Jedenfalls nicht aufgrund Ihres Engagements.

So überzeugend das Burnout-Batterie-Modell auf den ersten Blick erscheinen mag (z. B. »*Meine Batterien sind einfach leer, da geht nichts mehr*«): Menschen sind keine Batterien! Wir sind komplizierter! Wäre es anders, ließe sich AGIL mit wenigen Sätzen abhandeln. Wir bräuchten auch kein Buch, keine Überlegungen und Übungen, sondern ausschließlich eine Energie-Aufladestation und vielleicht noch eine nahestehende Person, die Sie erfolgreich daran hindert, sich im Beruf zu engagieren.

> PS: Das mit der »Energie« haben mittlerweile auch schon einige Pharmafirmen erkannt und bieten Energie in Form von Tabletten an. Zumeist handelt es sich um Vitamine. Auch mit Nahrungsergänzungsmitteln und angeblich Burnout entgegenwirkenden Diäten wird viel Geld verdient. Den Herstellern nützt es, den Kunden absehbar nicht bzw. bestenfalls im Sinne von »Placebos«.

Wir hatten uns bereits darüber Gedanken gemacht, dass hohe Leistungsanforderungen, eigene Ansprüche, gesundheitliche Einschränkungen, dauerhafte Überlastung und/oder Kränkungen im Beruf im Sinne von Teufelskreisen zu anhaltendem Stresserleben führen können. Was war aber zuerst da, die unrealistischen Ansprüche oder die bleierne Müdigkeit? Was letztlich die »eigentliche Ursache« des Problems und des resultierenden Zustandes ist, gerät schnell zur »Henne-und-Ei-Diskussion« und damit zur Glaubensfrage. Je politischer und für das betroffene Individuum existenzieller, umso schwieriger ist es, die jeweiligen Erklärungsmodelle – z. B. Burnout – zu hinterfragen.

Nun dürfen Sie sich zu Recht fragen: Wie viel Arbeit ist gesund und ab wann besteht tatsächlich ein Risiko, krank zu werden? Psychologen und Ärzte können – selbst nach zahllosen Studien zum Thema – nicht trennscharf darlegen, wo hier, also ab wie vielen Stunden Arbeit pro Tag oder Woche, objektiv die Grenzen liegen. In jedem Fall ist es mehr als ein Mengenproblem! Wenn man einige zentrale dazu vorliegende Untersuchungen zusammenfasst, ergibt sich folgendes Bild:
- Wenn Arbeit Spaß macht, als erfüllend und kreativ erlebt wird, dann kann man (zumindest mittelfristig) weit mehr als 40 Stunden pro Woche arbeiten, ohne krank zu werden.
- Wenn Arbeit als aufgezwungen, frustrierend und kränkend erlebt wird, dann sind bereits wenige Stunden pro Woche zu viel. Die betroffene Person hat dann ein erhöhtes Risiko, psychisch und/oder körperlich zu erkranken.

Zusammenfassung
»Burnout« ist ein aktuelles, heute für viele Menschen spontan als stimmig erlebtes »subjektives Störungsmodell« und zudem ein »generalisiertes Kommunikationsmedium«. Jedem ist irgendwie klar, was mit »Burnout« gemeint ist, auch wenn man Schwierigkeiten hat, dies konkret zu definieren. Burnout-Erleben »erklärt« Betroffenen ihren Zustand. Es entschuldigt darüber hinaus sich betroffen fühlende Individuen und macht ansonsten schwer kommunizierbare Probleme kommunizierbar. Burnout trifft entgegen landläufiger Meinung nicht bevorzugt ehemals stabile Leistungsträger, sondern eher Menschen, die sich dauerhaft überfordert und nicht hinreichend wertgeschätzt fühlen. Ob die sich als ausgebrannt erlebenden Menschen schließlich psychisch krank werden oder nicht, ob sie eine professionelle Behandlung, konkrete Unterstützung bei der Lösung ihres Problems und/oder »nur« Erholung benötigen, muss auf andere Weise geklärt werden.

2.7 Depressionen und andere psychische Erkrankungen

2.7.1 Was sind psychische Erkrankungen? Von theoretischen Konzepten zu praktischen Diagnosekriterien

Was eine körperliche Erkrankung ist, ist vergleichsweise leicht zu erklären. Nehmen wir als Beispiel den Beinbruch. Eine medizinische Diagnose setzt voraus, dass man entweder die Ursache der gesundheitlichen Problematik konkret erfassen (der Beinbruch ist somit eine direkte Folge einer die Stabilität des Knochens überschreitenden Krafteinwirkung) oder aber die Erkrankung anhand möglichst eindeutiger Symptome abbilden und abgrenzen kann.

Bei seelischen »Erkrankungen« ist sowohl das eine wie das andere Erklärungsmodell schwierig anzuwenden. Die Frage, was seelische Erkrankungen ausmacht, beschäftigt die Menschen seit Langem. Wenn es darauf eine Antwort gibt, dann läuft diese darauf hinaus, dass die Ursachen psychischer Erkrankungen vielfältig sind und die Symptome von Mensch zu Mensch unterschiedlich ausgeprägt sein können. In schweren Fällen, etwa wenn ein Mensch antriebslos und apathisch vor uns sitzt, ist (wenn keine relevanten körperlichen Krankheiten vorliegen) eine psychiatrische Diagnose, z. B. die einer Depression, naheliegend.

So eindeutig ist die Sache bei psychischen Erkrankungen bzw. Störungen jedoch selten. Gerade bei mittelgradigen oder leichten Fällen ist die Grenzziehung zwischen seelisch gesund und krank schwierig. Entscheidend ist, welche Referenz- bzw. Norm-Maßstäbe angelegt werden. Und die sind in jeder Epoche und sogar in jeder Gesellschaft anders.

> **Merke**
> Krankheiten – zumal seelische – sind in vielen Fällen Konstrukte, die soziale Werte und Normen spiegeln. Entsprechend verändern sich diesbezügliche Diagnosekriterien im Laufe der Zeit. Die Hypothese, wonach hinter den anhand von Symptomen gestellten psychiatrischen Diagnosen, ähnlich körperlichen Erkrankungen, konkrete Fehlfunktionen etwa in umschriebenen Teilen des Gehirns zugrunde liegen (z. B. »Serotoninmangel«), konnte bislang nur in ganz wenigen Fällen plausibel begründet werden. Bezogen auf Depressionen wird es absehbar ganz unterschiedliche genetische, neurophysiologische und lerngeschichtliche Konstellationen geben, die zu ähnlichen Symptomen führen.

Vor diesem Hintergrund haben Experten unter anderem im Auftrag der Weltgesundheitsorganisation (WHO) psychische Erkrankungen bzw. Störungen anhand charakteristischer Symptome und deren Verlauf in Form diagnostischer Kriterien definiert. Diese diagnostischen Kriterien und die dazugehörigen Diagnosen finden sich in der »International Classification of Diseases« (ICD), die aktuell in der 10. Revision (ICD-10) vorliegt. Alle Diagnosen werden mit mehrstelligen Codes versehen, die, wie im nachfolgenden Beispiel für die Depression dargestellt, stets mit einem Buchstaben beginnen. Alle psychischen Störungen werden dem Kapitel 5 der ICD-10 zugeordnet und beginnen mit einem F. Nachfolgende Zahlen verweisen auf einzelne Unterkapitel bzw. diagnostische Spezifizierungen.

> **ICD-10: F32 Depression**
> Bei der typischen depressiven Episode leidet der betroffene Patient unter einer gedrückten Stimmung und einer Verminderung von Antrieb und Aktivität. Die Fähigkeit, Freude zu empfinden, das Interesse und die Konzentration sind deutlich vermindert. Ausgeprägte Müdigkeit kann nach jeder kleinsten Anstrengung auftreten. Der Schlaf ist meist gestört, der Appetit meist deutlich vermindert. Selbstwertgefühl und Selbstvertrauen sind fast immer beeinträchtigt. Sogar bei der leichten Form kommen Schuldgefühle oder Gedanken über eigene Wertlosigkeit vor. Die gedrückte Stimmung verändert sich von Tag zu Tag wenig, reagiert nicht auf Lebensumstände und kann von »somatischen« Symptomen begleitet werden. Dazu gehören typischerweise das morgendliche Früherwachen, das Morgentief, deutliche psychomotorische Hemmung oder Agitiertheit, starker Appetit- und Gewichtsverlust sowie Verlust der Libido. Abhängig von Anzahl und Schwere der Symptome wird eine depressive Episode als leicht (F32.0), mittelgradig (F32.1) oder schwer (F32.2 und F32.3) bezeichnet. Die Depression kann nach einer beschwerdefreien Zeit wiederkehren und wird dann als rezidivierend bezeichnet. Ferner gibt es zahlreiche ähnliche »Spielarten« dieser psychischen Störung, z. B. Dysthymie oder chronische Depression.

Wenn die Ursachen psychischer Störungen (etwa als Nebenwirkungen bestimmter Medikamente) nicht eindeutig fassbar sind, spielen sie bei der Diagnose keine Rolle. Damit hat sich die WHO auch von Überlegungen verabschiedet, wonach Depressionen entweder Folge »einer schweren Kindheit« (»neurotische Depression«) oder »genetischer Veranlagung« (»endogene Depression«) seien. De facto ließen sich die alten – an den vermuteten Gründen »aufgehängten« – Diagnosen kaum je klar auseinanderhalten. Was ist eine »schwere Kindheit«? Indem nun aber die Ätiologie einer seelischen Störung praktisch keine Bedeutung mehr hat, kann (und will) die ICD-10 die viele Betroffene bedrängende Frage, was in ihrem Fall die spezifische Ursache ihrer Krankheit ist, grundsätzlich nicht beantworten. Insofern ist die ICD-10 ein für Experten sicher hilfreiches System. Betroffene wissen, wenn bei ihnen z. B. eine »Depression« diagnostiziert wurde, aber nicht mehr, als dass ihre Symptome aus Sicht von Experten-Konsenskonferenzen als krankheitswertig erachtet werden.

Zur Erklärung der Depression legt man heute ein »biopsychosoziales« Modell zugrunde. Demzufolge interagieren die genetische Veranlagung, die individuelle und familiäre Lerngeschichte, die Persönlichkeit sowie aktuelle und soziale Ereignisse miteinander. Wer von der Veranlagung her stabil ist, tragfähige soziale Beziehungen und genügend Stressbewältigungsstrategien gelernt hat, der bleibt demnach in Situationen eher gesund. Die weniger stabilen bzw. durch ihre Lerngeschichte weniger begünstigten Menschen haben ein höheres Risiko, an Depressionen o. Ä. zu erkranken.

Heute glauben viele Menschen an die Macht der Gene. Sicher üben diese einen sehr bedeutenden Einfluss auf uns aus. Neuere Forschungen zeigen aber, dass diese nicht zwangsläufig unser Schicksal bestimmen. Selbst ein eineiiger Zwilling, dessen Geschwister an einer Depression erkrankt ist, kann gesund bleiben, entweder weil ihm Belastungen erspart bleiben und/oder weil er gelernt hat, da-

2.7 Depressionen und andere psychische Erkrankungen

mit anders umzugehen. Welche der auf den Chromosomen gespeicherten Erbinformationen tatsächlich »abgerufen« werden, hängt dementsprechend auch von unseren Lernerfahrungen ab (»Epigenetik«)!

Das »biopsychosoziale« Modell erklärt somit im Einzelfall zunächst einmal nichts. Es konkretisiert aber den Rahmen, in dem die im individuellen Fall relevanten Aspekte – hypothetisch – identifiziert werden können. Hiervon ausgehend lassen sich dann oft Präventions- und Behandlungsstrategien ableiten, wobei der Erfolg oder Misserfolg eines solchen Vorgehens die jeweiligen Ursachenvermutungen bestätigen oder widerlegen kann. In schweren Fällen, vor allem wenn die genetische Belastung vordringlich zu sein scheint, kann eine Behandlung z. B. mit Psychopharmaka indiziert sein. Diese beeinflussen die Kommunikation zwischen Nervenzellen im Gehirn, unter anderem in Zentren, die für die emotionale Stabilität verantwortlich sind. Allerdings setzt die Wirkung speziell der »Antidepressiva« typischerweise erst nach zwei bis drei Wochen ein. Viele Nebenwirkungen (je nach Substanz Antriebssteigerung/innere Unruhe oder aber Müdigkeit, Verdauungsprobleme, trockener Mund etc.) treten hingen meist sofort auf. Wichtig ist, dass die Medikamente in ausreichender Dosis und lange genug eingenommen werden.

Oft, aktuellen wissenschaftlichen Daten nach in der Mehrzahl aller Fälle, können und sollten depressive Patienten mit Psychotherapie behandelt werden. Ein zentraler Ansatz hierbei ist es, mit den Symptomen anders umzugehen und, auch wenn es schwerfällt, so gut es geht den Tagesrhythmus beizubehalten und aktiv zu bleiben.

Parallel dazu liegt es nahe, die individuelle Lerngeschichte zu reflektieren: Welche Belastungskonstellationen waren möglicherweise der Auslöser der depressiven Episode? Welche Muster aufseiten des Patienten haben dies begünstigt? Und umgekehrt: Welche Strategien sind geeignet, die aktuellen Probleme zu lösen?

Sowohl Prävention als auch die Therapie psychischer Erkrankungen laufen auf die Reflexion und Veränderung der individuellen Muster hinaus. Das Problem für Betroffene – und für uns alle – liegt darin, dass etablierte Bewältigungsmuster als Teil der eigenen Persönlichkeit erlebt werden. Sie haben uns in der Vergangenheit Sicherheit gegeben, auch wenn sie – von außen betrachtet – erhebliche Nachteile gehabt haben sollten. Beispielsweise kann man Konflikte vermeiden, wenn man alle im Kollegium anstehenden Zusatzaufgaben übernimmt. Solche Muster zu verändern bedeutet zunächst einmal »Stress«. Schließlich muss man mit den Konflikten umgehen, die sich dann ergeben, wenn man aus dem skizzierten Muster »aussteigt«. Umgekehrt stellen sich die Erfolge erst ein, wenn die anfänglichen Verunsicherungen und Turbulenzen überstanden und bewältigt wurden.

Die ICD-10-Kriterien haben neben den bereits angedeuteten Nachteilen auch Vorteile. So lässt sich mit ihrer Hilfe relativ trennscharf feststellen, wie häufig unter anderem Depressionen in einer Gesellschaft sind. Repräsentative statistische Erhebungen zeigen, dass psychische Erkrankungen generell häufig und auch

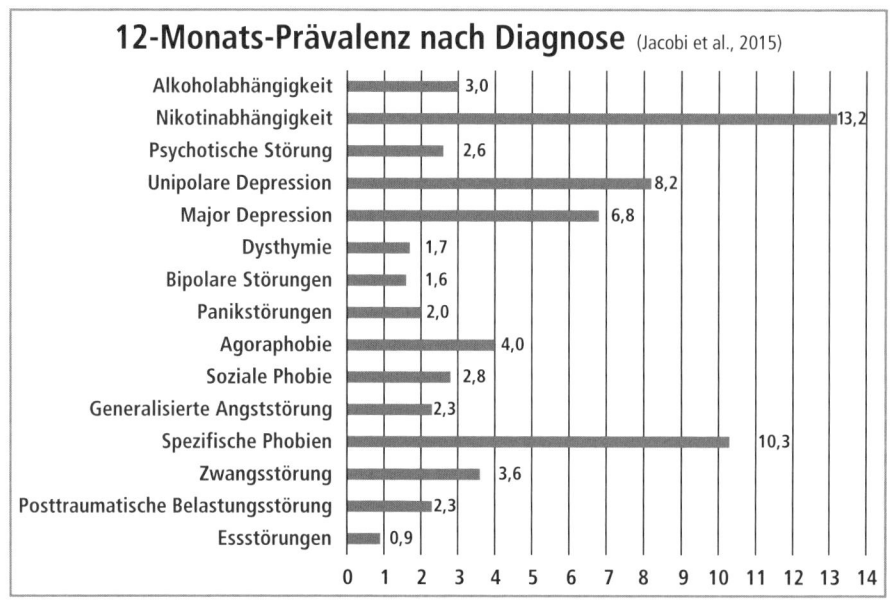

Abb. 4 Häufigkeiten psychischer Erkrankungen in der erwachsenen deutschen Bevölkerung

weltweit verbreitet sind. So erkranken etwa 8,5 % aller Erwachsenen jedes Jahr an einer zumindest zwei Wochen dauernden Episode einer Depression. Kaum die Hälfte der Betroffenen sucht jedoch einen Arzt oder Therapeuten auf. Entgegen weitläufigen Medienberichterstattungen und dem offenkundigen Zusammenhang mit dem Phänomen des »zunehmenden Stresses in der Arbeit« hat sich die Zahl der depressiven Erwachsenen in den vergangenen Jahren nicht signifikant vergrößert. Depressionen kommen zudem in annähernd gleicher Häufigkeit in allen Gesellschaften vor, was die Vermutung relativiert, wonach vor allem »Stress in der Arbeit« für das Auftreten von Depressionen verantwortlich sei (▶ Abb. 4).

Wenden wir uns noch einmal dem Burnout-Phänomen zu. Die Diagnose einer seelischen Erkrankung im Sinne der WHO setzt voraus, dass man die Symptomatik klar definieren kann oder aber eine eindeutig fassbare Ursache vorliegt. Burnout hat unspezifische Symptome, die Ursachen sind eine Frage des Standpunktes. Schon deshalb war und ist Burnout keine Krankheit. Im Diagnosemanual ICD-10 findet sich Burnout daher als – undefinierte (!) – Zusatzkodierung (Z), also als Grund, den Menschen benennen, wenn sie z. B. zum Hausarzt gehen und um Rat fragen (Z273.0): »*Ich fühle mich ausgebrannt, Bitte helfen Sie mir!*« Ob der Betroffene z. B. Kriterien einer Depression erfüllt, muss dann vom Arzt oder Therapeuten geklärt werden.

Übrigens: Die oft geäußerte Vermutung, wonach Lehrer aufgrund ihres »Stressberufes« häufiger an psychischen Störungen leiden, lässt sich empirisch nicht belegen. Dies zeigte sich unter anderem in einer großen Online-Studie, an der knapp 40 000 Personen aus unterschiedlichen Berufsgruppen, darunter mehr als 3500 Lehrkräfte, teilnahmen (▶ Abb. 5).

2.7 Depressionen und andere psychische Erkrankungen

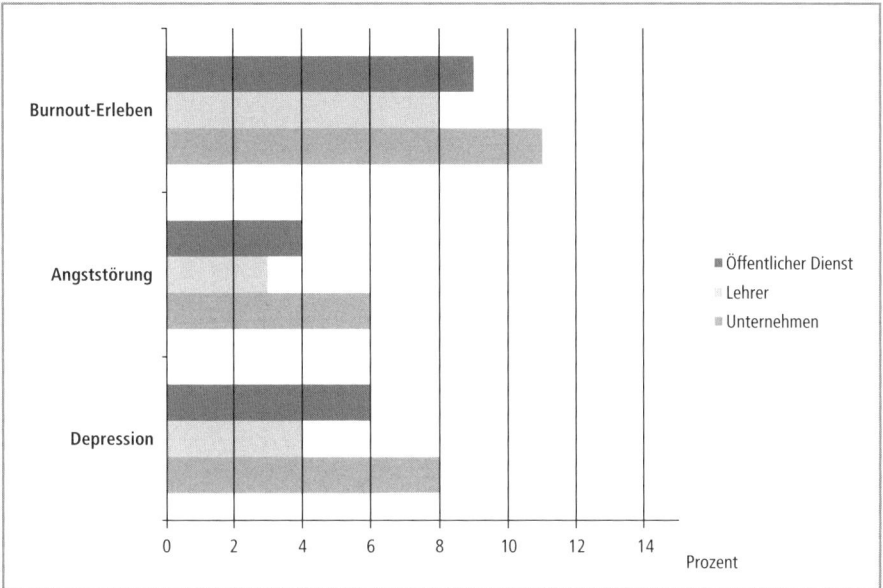

Abb. 5 Depression, Angststörung und Burnout-Erleben – Vergleich Lehrer, Öffentlicher Dienst und Unternehmen (nach Stressmonitor 11/2012 – 02/2017; n = 37 890; Hillert et al., 2016a)

Die Gründe hierfür liegen auf der Hand. Zum einen sind auch Menschen in anderen Berufen erheblichen Stressbelastungen ausgesetzt, zum anderen werden Personen, die früh psychisch erkranken, vor allem wenn es um Verbeamtung geht, gar nicht erst Lehrer werden. Und drittens hat der Beruf, etwa was die Arbeitsplatzsicherheit anbelangt, erhebliche, existenziellen Stress reduzierende Qualitäten. Diese statistischen Kennzahlen sollen natürlich nicht das persönliche Leid der Betroffenen – egal in welcher Berufsgruppe – herunterspielen! Psychische Belastungen werden in der Regel als tief greifende Einschnitte in der persönlichen Biografie erlebt. Die Untersuchungsergebnisse zeigen aber, dass es eben keineswegs zwangsläufig und unausweichlich ist, im »stressigen Lehrerberuf« krank zu werden. Die AGIL-Spielräume sind erheblich, auch deshalb macht es Sinn, AGIL für sich zu nutzen!

2.7.2 Wie hängen Depression und Burnout zusammen?

In der bereits erwähnten Online-Studie (▶ Abb. 5) wurden zum einen die Kernsymptome von Depressionen und zum anderen »Ich fühle mich ausgebrannt/habe Burnout« erfragt. Es zeigte sich, dass etwa jeder fünfte Befragte, der sich »ausgebrannt« fühlt, auch diagnostische Kriterien einer Depression erfüllt. Gleiches galt für jeden Zweiten, der sich mit dem »Burnout-Syndrom« assoziierte! Das englische Wort wird in Deutschland offenbar mit einer schwerwiegenderen Problematik in Verbindung gebracht. Burnout/Ausgebranntsein heißt, dass ein

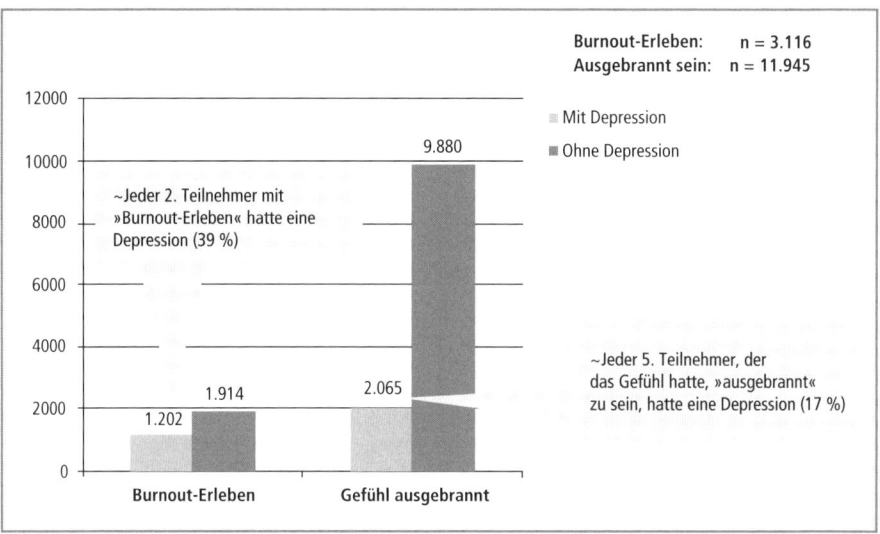

Abb. 6 »Burnout-Erleben« und »Ausgebrannt sein« mit und ohne Anzeichen einer Depression (nach Stressmonitor 11/2012 – 11 – 2012; n = 30 439)

Mensch sich überlastet, am Ende seiner Kräfte und Möglichkeiten erlebt. Medizinisch gesehen ist aber nur ein Teil dieser Betroffenen »krank«. Warum diese Differenzierung wichtig ist? Nun, »nur« belastete, streng medizinisch gesehen nicht erkrankte Personen müssen z. B. nicht krankgeschrieben werden und benötigen auch keinen Psychotherapeuten, sondern Unterstützung bezüglich des Umgangs mit Stress (▶ Abb. 6).

Natürlich können Betroffene nicht einfach ausgehend vom eigenen Erleben unterscheiden, ob sie in einer Überlastungs-Sackgasse (mit Burnout-Erleben) stecken und/oder bereits eine behandlungsbedürftige Depression haben. Daher unser Rat: Wenn die Einschränkungen im Alltag erheblich sind (etwa weil der Antrieb gering, die Stimmung anhaltend gedrückt und der Schlaf schlecht sind), empfiehlt es sich, einen entsprechend geschulten Arzt oder Psychologen bzw. Psychotherapeuten aufzusuchen, um diese Frage zu klären. Und keine Angst vor Stigmatisierung! Die meisten Patienten kommen viel zu spät in die Behandlung. Oft dauert es viele Jahre, bis der Entschluss, einen Gesundheitsexperten aufzusuchen, überhaupt gefällt ist. Das ist wertvolle Lebenszeit! Zumal das Übersehen einer psychischen Erkrankung fatal sein kann. Dadurch, dass »altbewährte Bewältigungsmuster« und Sätze wie »*Entspannen Sie sich, denken Sie mal positiv …*« nicht mehr greifen, setzen sich die Betroffenen oft selbst unter Druck, eine »Entscheidung« herbeizuführen – bis hin zu Selbstmordgedanken. Es muss nicht soweit kommen! Auf der anderen Seite ist es auch wenig hilfreich, nicht erkrankte, sich »nur ausgebrannt« fühlende Lehrkräfte durch Krankschreibungen und nicht indizierte Behandlungen (nicht selten auch mit Medikamenten) in eine Situation zu bringen, die sie daran hindert, sich aktiv und selbstverantwortlich mit der Lösung ihrer Probleme auseinanderzusetzen. Diagnostik geht immer vor Intervention!

Zusammenfassung

Wir haben uns in diesem Kapitel ausführlich mit dem Phänomen Stress beschäftigt: Stressoren auf unterschiedlichen Belastungsebenen wurden identifiziert, psychische und körperliche Stressreaktionen betrachtet und mögliche Ansätze zur individuellen Stressreduktion – nicht zuletzt durch die Selbstreflexion und unterschiedliche Bewertungen von Stressoren – aufgezeigt.

Ergänzend dazu haben wir das Burnout-Phänomen diskutiert und festgestellt, dass es sich hierbei nicht um eine Erkrankung handelt, sondern um ein subjektives Störungsmodell (im Sinne von »es ist mir alles zu viel«). Ferner sind wir der Frage nachgegangen, wie Stress – im Rahmen eines biopsychosozialen Ansatzes – Einfluss auf die psychische Gesundheit haben kann, wobei wir uns mit dem relativ häufigen psychischen Krankheitsbild »Depression« beschäftigt haben.

Somit hätten wir nun eine tragfähige Basis, von der aus wir uns in weitere AGIL-Abenteuer stürzen können! Ihnen stehen weitere Selbsterkenntnisse, eine differenzierte Reflexion Ihrer Arbeit und die Suche nach Ihren auf den Lehrer-Alltag bezogenen Überlebensmuster bevor. Die folgende, bereits vertraute Frage wird Sie auf dieser Reise begleiten:

»Was kann ich tun, um meinen Stress zu reduzieren und AGIL zu bleiben?«

3 Die vier AGIL-Module: Das infernalische Quartett

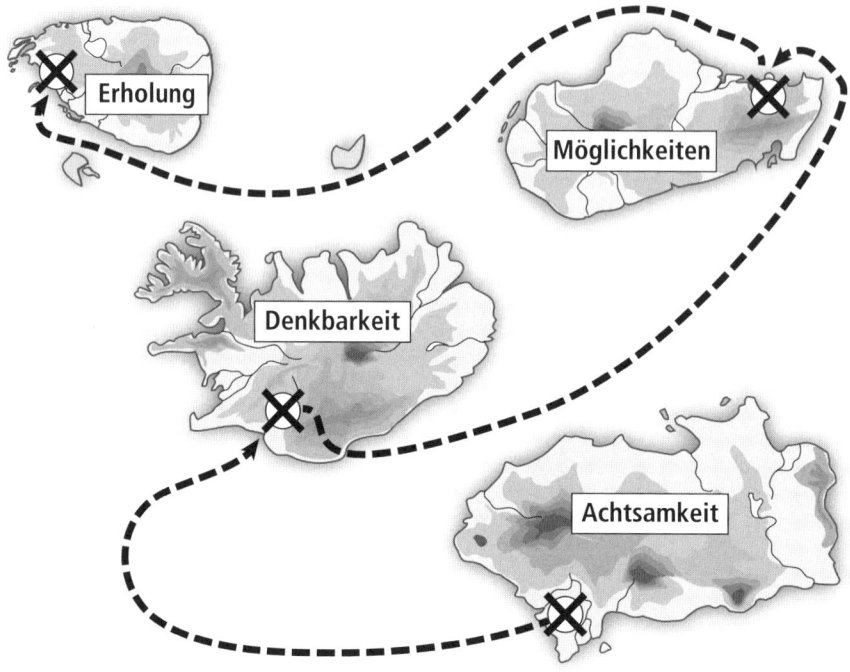

Was ist das zentrale Anliegen des Kapitels?

Was unterscheidet Lehrer, die in ihrem Beruf langfristig gesund bleiben, von Kollegen, die angesichts vergleichbarer Belastungen extremen Stress erleben und psychische bzw. körperliche Symptome entwickeln? Die Antwort auf diese Frage wird im »infernalischen Quartett« der Stressentstehung zusammengefasst: Wenn einer oder mehrere der hierin beschriebenen Faktoren einer Chronifizierung von beruflichem Stress für Sie zutrifft, ist Ihr Risiko erhöht, den Lehrerberuf eher als Qual denn als Erfüllung zu erleben. Das vorgestellte »infernalische Quartett« der Chronifizierung von Stress im Lehrerberuf hat sich in der Prävention und Therapie beruflicher Überlastung sehr bewährt und strukturiert die im weiteren Verlauf des Arbeitsbuches dargestellten Schritte des AGIL-Programms.

Wer sollte sich angesprochen fühlen?

Jeder, der im Lehrerberuf tätig ist. Von der »Un-Achtsamkeit« zur »Achtsamkeit,« von der »Un-Denkbarkeit« zur »Denkbarkeit«, von der »Un-Möglichkeit« zur »Möglichkeit« und von der »Un-Erholung« zu »Erholung«: In persönlich angemessener Gewichtung ergeben sich wis-

3 Die vier AGIL-Module: Das infernalische Quartett

senschaftlich nachgewiesene und praktisch bewährte Ansatzpunkte, die für Gesundheit und Wohlergehen im Lehrerberuf hilfreich sein können.

Wie sieht der Fahrplan aus? Was sind die wichtigsten Inhalte dieses Kapitels?
Das »infernalische Quartett« wird vorgestellt und anhand praktischer Beispiele erläutert. Ausgehend von Aspekten, in denen Sie persönlichen Verbesserungsbedarf erkennen, ergeben sich Ihre eigenen »Entlastungswege« und Ihr »persönliches Entlastungsprojekt«. Eine abschließende »Ressourcensammlung« veranschaulicht Ihre hierzu nutzbaren Stärken und Unterstützungsquellen.

Was den Umgang mit Stress anbelangt, haben Sie – ansonsten hätten Sie den Lehrerberuf nie ergreifen und zudem nicht zumindest einige Zeit in diesem »funktionieren« können – Erfahrungen und »Ressourcen«, also effektive Möglichkeiten, mit deren Hilfe sie (zumindest) »den Kopf über Wasser halten« konnten bzw. können.

Merke
Lehrer ohne Stressbewältigungskompetenz gibt es nicht!

Diese Feststellung ist derart elementar und wichtig, dass sie nicht oft genug wiederholt werden kann, also: Lehrer ohne Stressbewältigungskompetenz gibt es nicht! Lehrer ohne Stressbewältigungskompetenz gibt es nicht! Schon deshalb ist AGIL kein Stressbewältigungs- bzw. Schwimmkurs für Anfänger, sondern ein Trainingsprogramm und Meisterkurs für Kolleginnen und Kollegen, die bereits über ein respektables Repertoire an Stressbewältigungsstrategien verfügen. Dass Ihnen Ihre Strategien und Fähigkeiten als solche nicht unbedingt spontan bewusst sind, mag sein … das lässt sich aber ändern!

Bevor man sich daran macht, neue Strategien zu (ver-)suchen, mit denen Stressbewältigung möglicherweise noch besser funktioniert, ist es unabdingbar, sich über die Strategien, die einem bisher »das Überleben gesichert« haben bzw. mit denen der Beruf (hoffentlich) über weite Strecken ein Vergnügen war, Klarheit zu verschaffen:
- Welche Strategien im Umgang mit Stressoren praktizieren Sie bereits?
- Wo haben Sie diese gelernt, welche Vor- und gegebenenfalls Nachteile haben diese Strategien?

Wenn Sie sich, angeregt durch das auf den nächsten Seiten dargestellte »infernalische Quartett«, mit diesen komplexen Fragen beschäftigen und Antworten suchen, wäre das prima! Zuvor und als Einstieg müssen wir nur noch die folgende elementare Feststellung diskutieren:

Es gibt vieles, was angenehm und der Gesundheit förderlich ist. Aber was konkret brauchen Sie, um in Ihrer Situation voranzukommen und unmittelbar anstehende Probleme zu lösen?

Entspannungstechniken zu praktizieren, sich gesund zu ernähren, mit dem

Fahrrad zur Arbeit fahren ... hilft das? Womit wollen Sie anfangen? Nun gibt es bekanntermaßen viele Menschen, die weder autogenes Training machen, vorzugsweise Currywurst mit Pommes essen, aus Prinzip nicht Fahrrad fahren (schließlich können sie sich ein Auto leisten) und sich trotzdem überhaupt und auch als Lehrkraft »pudelwohl« fühlen.

Worin unterscheiden sich Lehrkräfte, die ihren Beruf langfristig und bei bester Gesundheit ausüben von solchen, die angesichts der dem Lehrerberuf immanenten Belastungen und daraus resultierendem, anhaltenden Stress erkranken?

Diese Fragen waren Ausgangspunkt des AGIL-Projektes (▶ Kap. 1). Weit über die eigenen Untersuchungen hinaus gibt es, als Ergebnis langjähriger Forschungen vieler Kolleginnen und Kollegen aus Pädagogik, Psychologie und Medizin, substanzielles Wissen darüber, welche äußeren Bedingungen und welche persönlichen Merkmale speziell bei Lehrerinnen und Lehrern chronische Stressentstehung besonders fördern. Aktuelle Ergebnisse belegen, dass es auf der persönlichen Ebene, also der Dimension, auf die wir direkten Einfluss haben (▶ Abb. 1), zwar viele Gründe für die Entstehung und Aufrechterhaltung von beruflichem Dauerstress gibt. Diese Gründe lassen sich aber vier Kategorien bzw. Faktoren zuordnen. Wir bezeichnen diese Faktoren somit – aus guten Gründen – als das »infernalische Quartett der Stressentstehung« (▶ Abb. 7)! Wenn demnach eine Lehrkraft unter anhaltendem Stress und daraus erwachsenen Problemen leidet, dann sind mit an Sicherheit grenzender Wahrscheinlichkeit einer oder mehrere eben dieser »Stressverstärker« beteiligt.

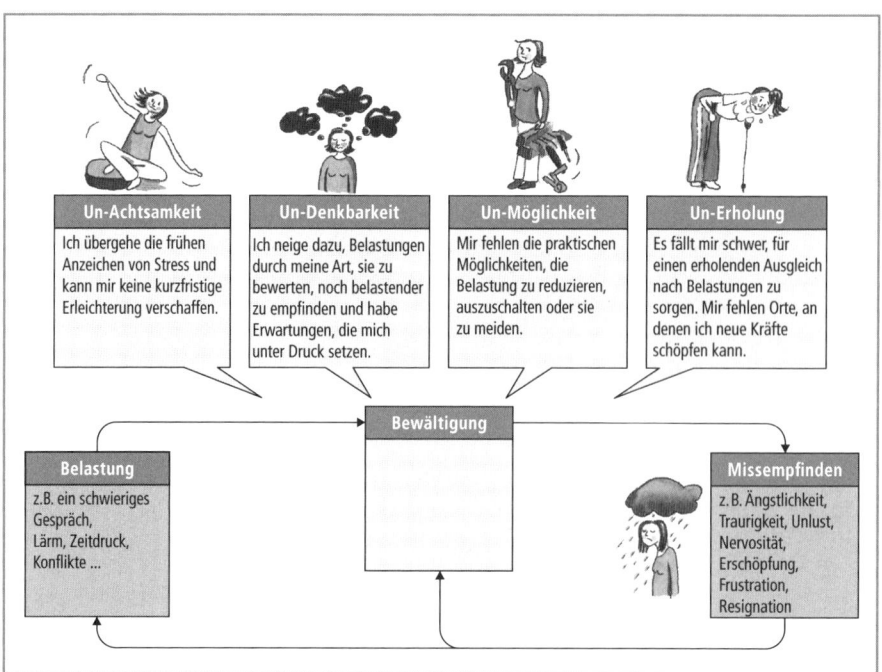

Abb. 7 Das infernalische Quartett der Stressentstehung

Um seine Stressbewältigungskompetenz möglichst wirkungsvoll zu verbessern, ist es hilfreich, anhand dieser Kategorien seine eigenen Stressverstärker zu identifizieren, um dann in einem weiteren Schritt bzw. im Sinne eines »persönlichen Entlastungsprojektes« gewissermaßen den Fuß in die Tür setzen zu können.

3.1   Das infernalische Quartett

Wie funktionieren Stressverstärker?

Dies lässt sich gut anhand des unteren Teils der ▶ Abbildung 7 nachvollziehen. Ob und in welchem Maße äußere Belastungen zu Stresserleben und zu einer Beeinträchtigung des Wohlbefindens führen und auf diese Weise mittel- bis langfristig zu einem Risiko für die Gesundheit werden, hängt ganz im Sinne des (transaktionalen) Stressmodells (▶ Kap. 2.5) davon ab, wie diese Belastungen »bewältigt« werden. »Belastungsbewältigung« ist also, wie im unteren Teil der ▶ Abbildung 7 dargestellt, die zwischen Belastung und deren Auswirkungen vermittelnde – höchst persönliche – Variable. Das Gelingen von Bewältigung ist somit entscheidend für unser Wohlbefinden oder unser Missempfinden und hat darüber hinaus potenziell Einfluss auf die Entwicklung körperlicher und seelischer Erkrankungen. Umgekehrt: Gesundheitsgefährdender Stress entsteht und gedeiht unter den folgenden vier Bedingungen am besten:

1. **Un-Achtsamkeit:** Unachtsamkeit ist gleichbedeutend mit dem Übersehen von Stresssignalen (▶ Kap. 4.3, Übersicht »Meine StressMerkMale«) und damit den kurz- oder langfristigen Bedürfnissen Ihres Körpers und Ihrer Psyche. Die Folgen unbemerkter bzw. übersehener, nicht als solche wahrgenommener Stressbelastung summieren sich und werden zur Dauerbelastung. Wir haben dieses Phänomen als »Unachtsamkeit« bezeichnet.
2. **Un-Denkbarkeit:** Negative Gedanken können das Stresserleben massiv verschärfen! Die Unfähigkeit, sich von solchen Gedanken, die zumeist auf negative Bewertungen hinauslaufen, zu distanzieren und neue, hilfreichere bzw. entlastende Gedanken zuzulassen, fördert Stress auf hocheffektive Weise. Diese erkennen Sie z. B. an Selbstabwertungen angesichts perfektionistischer Ansprüche oder am notorischen Bedürfnis, sich selbst an alledem, was im Unterricht schlecht laufen mag, schuldig zu fühlen. Die sich dahinter verbergende kognitive Unflexibilität, etwa das Festhalten an selbstwertschädigenden Gedanken unter Belastung, nennen wir »Undenkbarkeit«.
3. **Un-Möglichkeit:** Wenn die individuellen Ressourcen zur kurz- oder langfristigen Problemlösung nicht ausreichen oder aber erschöpft sind und/oder das Verhalten nicht mehr angemessen an den realen Anforderungen ausgerichtet werden kann und/oder kurzfristig zwar angenehme, langfristig aber potenziell schädigende Verhaltensweisen zur Anwendung kommen, dann steigt der Stresslevel mittel- bis langfristig sukzessive an. Dies stellen Sie an ineffektivem Zeitmanagement, der Vermeidung von Problemen durch Rückzug, strategischen Krankschreibungen und zeitweise erhöhtem Alkoholkonsum fest. Wir

haben dieses Phänomen »Unmöglichkeit« genannt – also im Sinne von »Unmöglichkeit zum strategisch angemessenen Handeln«.
4. **Un-Erholung:** Eine vierte Möglichkeit der Stressverschärfung ist die Vernachlässigung bzw. die Unfähigkeit, sich zu erholen. Dies bedeutet auch den teilweise »bewussten« Verzicht auf Erholung, Regeneration und Ausgleich zum beruflichen Alltag. Diesen Zustand, diese Dynamik bzw. diese Haltung gegenüber sich selbst und den eigenen Bedürfnissen bezeichnen wir als »Unerholung«.

Sind Lehrer immer »im Dienst«?
»Un-Achtsamkeit« ... müsste das nicht ohne Bindestrich geschrieben werden?!
»Un-Erholung«, das mag zwar verständlich sein, ist aber in der deutschen Sprache ein Unding. Sollte ein Schüler einen solchen Begriff in einer Klassenarbeit verwenden, müssten Sie dies nicht sofort rot anstreichen?
Sie haben recht. Die hier von uns verwendeten Begriffe entsprechen nicht den Regeln der deutschen Rechtschreibung. Vielleicht sind sie gerade deshalb im Rahmen von AGIL-Kursen so prägnant und für viele Teilnehmer hilfreich. Wenn etwas nicht unseren Erwartungen entspricht, wird dies typischerweise als eklatanter Regelverstoß erkannt und umso prägnanter im Gedächtnis abgelegt. Und genau das haben wir mit den vier für Ihre Gesundheit zentralen Begriffen des »infernalischen Quartetts der Stressentstehung« beabsichtigt.
Falls für Sie diese Wort-Neuschöpfungen aus grundsätzlichen sprachlichen Gründen dennoch nicht akzeptabel sein sollten, bitten wir um »Pardon!« und freuen uns über sprachlich korrekte Alternativvorschläge!

Zusammenfassung

Abschließend, und dabei auch auf das verweisend, was wir bereits zuvor (▶ Kap. 2.5) bezüglich der Stress-Thematik überlegt haben, bleibt festzuhalten: Akuter Stress als Form einer körperlichen und geistigen Aktivierung ist zunächst gut und lebenswichtig. Stress kann gesundheitsgefährdend werden, wenn zu viele Stressereignisse aufeinanderfolgen (Stichwort: erhöhte Vulnerabilität) und für uns persönlich bedeutsam sind. Die Stress-Lawine erhält dabei durch Aspekte Unachtsamkeit, Unmöglichkeit, Undenkbarkeit und Unerholung zusätzlichen Antrieb. Zusammengenommen bilden diese Phänomene das »infernalische Quartett der Stressentstehung«.

3.2 Entlastungswege

Der Vorteil des »infernalischen Quartetts der Stressentstehung«, so wie wir es auf ▶ Abbildung 7 kennengelernt haben, liegt darin, dass es unmittelbar aufzeigt, wo im Falle möglicher Stressverstärker eine angemessene Lösung liegt. Man muss nur das jeweils vorangestellte »Un-« wegstreichen, dann zeigen sich Wege auf, wie potenziell gesundheitsschädlicher Stress reduziert und einer chronischen Überlastung entgegengewirkt werden kann. Aus der Umkehrung des infernalischen Quartetts ergeben sich damit die folgenden vier Entlastungswege:
1. **Achtsamkeit:** Wer kein Gespür dafür hat, wo seine eigenen Belastungsgrenzen liegen, der wird gegebenenfalls angezeigte Stressbewältigungsstrategien schon deshalb nicht zum Einsatz bringen können. Unter Achtsamkeit verstehen wir

hier die Fähigkeit, sich des täglichen Lebens, der eigenen Gefühle und Befindlichkeiten sensibel und aufmerksam gewahr zu sein. Achtsamkeit ist darüber hinaus gewissermaßen ein Modus des »Seins«, in dem man sich selbst auf nichtwertende Weise beobachtet – übrigens ohne darüber hinaus sofort handeln zu müssen. Ziel ist ein Zustand wacher, aktiver und gerichteter Aufmerksamkeit. Wir sind dann kein passives oder mühsam um unsere Position im Getriebe der Welt kämpfendes Rädchen, sondern erleben uns als das, was wir sind: als vieldimensionale, aus Gedanken und Gefühlen bestehende, insofern in sich ruhende Persönlichkeit. Im Zustand der Achtsamkeit übergehen wir uns nicht und damit auch nicht mögliche Frühwarnzeichen von Stress. Entsprechend können wir, wenn nötig, schneller und angemessener reagieren, womit dem Phänomen Stress ein Teil seiner gesundheitsschädlichen Eigendynamik genommen wird. Achtsamkeit kann man lernen, indem man sie übt.

2. **Denkbarkeit:** Der zweite Entlastungsweg bezieht sich unmittelbar auf »stressverschärfende Gedanken«. Es geht um Sätze wie *»Das schaffst du sowieso nicht …«*, die, wenn sie uns in schwierigen Situationen in den Kopf kommen, alles nur noch schlimmer, belastender und mitunter unlösbar machen. Solche Gedanken sind eben keine rationalen oder gar notwendigen Einschätzungen, sondern ein Problem für sich! Wie lässt sich damit umgehen? Zum Beispiel lassen sich solche stressfördernden Selbstinstruktionen zu positiven, aufmunternden Selbstgesprächen umformulieren. Was wäre z. B. ein in einer konkreten Stresssituation günstigeres persönliches Motto? Was wäre eine realistischere Zielsetzung? Wie müssten hilfreiche gedankliche Kurskorrekturen aussehen, etwa im Umgang mit dem »inneren Kritiker« oder beim nächtlichen Grübeln?

3. **Möglichkeit:** Der dritte Entlastungsweg besteht darin, Belastungen aktiv zu reduzieren. Hierzu bieten sich sowohl kurz- als auch langfristige Strategien an, mit denen sich belastende Situationen entschärfen bzw. Probleme systematisch lösen lassen. Sicher haben Sie schon einiges über das Zeitmanagement gehört oder über die Notwendigkeit der Klärung und Lösung innerer Konflikte, über die Verbesserung des eigenen Kommunikationsverhaltens und der sozialen Kompetenzen, z. B. bei Konfliktgesprächen.

4. **Erholung:** Im vierten Entlastungsweg schließlich geht es darum, einen möglichst direkten Zugang zur »Erholungswelt« zu finden. Die Frage ist, wie man sich von den täglichen Belastungen erholen und regenerieren, Kraft schöpfen kann. Dass Erholung sich nicht darauf reduzieren lässt, nach der Arbeit »nichts zu tun«, also sich auf das Sofa zu legen und Fernsehen zu schauen, werden Sie aus eigener Erfahrung wissen. Erholung hat tatsächlich etwas mit »Abschalten« zu tun. Zum anderen aber auch mit darüber hinausgehenden Aspekten wie der Frage nach den persönlichen Bedürfnissen, die in der Arbeitswelt wenig bis keinen Platz haben. Musik hören oder selbst musizieren, sportliche Betätigung, Basteln oder Kochen können Beispiele sein. Nicht selten finden wir diese Seiten des Lebens in einem dem Diktat von »Pflichten« unterworfenen Alltag verkümmert. Es geht nicht nur darum, mithilfe von AGIL (oder wie

auch immer) unsere tagtäglichen Belastungen und Probleme noch besser zu bewältigen, um dann noch mehr Aufgaben übernehmen zu können. Eigentlich geht es darum, Hindernisse bei der Distanzierung von Belastung wie auch in der Aufrechterhaltung von Ausgleichsaktivitäten aufzuzeigen und, wenn möglich, zu minimieren. Erholung ist nicht allein ein passives Aufladen erschöpfter Energiequellen (leider sind bzw. funktionieren Menschen auch diesbezüglich erheblich komplizierter), sondern auch eine aktive Suche nach alternativer Anregung.

Kommen Sie mit, alles klar soweit?

Prima! Dann können Sie gleich weiter zum nächsten Kapitel.
Alles klar, aber das alleine kann es doch nicht sein?

> Stimmt, Sie haben insofern recht, als sich Stressbewältigung bzw. die Frage, wie sich ein Beruf angemessen bewältigen lässt, nur teilweise auf strategische Aspekte – wie sie in den vier Stressverstärken bzw. den entsprechenden Entlastungswegen konkretisiert wurden – reduzieren lässt! Im Hinblick auf »Erholung« haben wir es bereits angedeutet, dort, wo es um die »Suche nach alternativen Anregungen« ging. Es geht letztlich um viel mehr als um Strategien: Es geht um Sinn und Zweck, Ziel und Sein ...

Wie immer man es dreht und wendet, die in AGIL im Vordergrund stehenden strategischen Aspekte sind gewissermaßen die Basis für alle nachfolgenden Schritte: Wer bezüglich Achtsamkeit, Denkbarkeit, Möglichkeiten und/oder Erholung schlecht aufgestellt ist, wird absehbar wenig Freude im Beruf haben. Dass umgekehrt durchaus nicht jeder Lehrer, der hinsichtlich der vier Aspekte souverän ist, ein erfülltes Lehrer-Leben führt, ist sicher auch richtig. Warum es einem, und speziell Ihnen, wichtig ist, gerade diesen Beruf auszuüben, welche Lebensziele damit für Sie einhergehen, was für Sie und uns überhaupt ein sinnvoll erfülltes Leben ausmacht, welche Werte zentral sind ... – das sind Themen, über die es sich mehr als nachzudenken lohnt. Wir leben längst nicht mehr in einer statischen Welt, in der solche Aspekte per se vorgegeben sind, etwa weil sie uns von unseren Eltern verbindlich vorgelebt wurden. Spätestens seit der Aufklärung und erst recht im Zeitalter der Postmoderne lassen sich letztlich alle Wert-Aspekte diskutieren. Entsprechend kommt niemand umhin, seine diesbezüglichen Standpunkte zu reflektieren und zu konkretisieren. AGIL, zumal in Form eines Buches, kann aber einige Anregungen geben (▶ Kap. 6.6, »Leitbilder«). Wer wäre jedoch mit dem Anspruch, dies alles umfassend diskutieren zu wollen, absehbar nicht überfordert?

Konkret: Wenn Sie sich mit guten Gründen mit AGIL, also quasi einem Pflichtprogramm zum Thema Lehrergesundheit, beschäftigen, dann ist dies als Grundlage für Ihr Kürprogramm, Ihr Lehrer-Leben, gemeint. Wer mit dem Pflichtprogramm Probleme hat, wird absehbar keine überzeugende Kür abliefern. Wir Autoren wären vollauf damit zufrieden, Ihnen Hinweise und Perspektiven bezüglich Ihrer elementaren, stressbezogenen Strategien vermitteln zu können. Soweit in einem Buch möglich, werden wir immer wieder auch auf darüber hinausweisende Aspekte stoßen, zumal wenn es um »Ziele im Lehrerberuf« bzw. den Umgang damit geht. Versprochen!

3.3 Ressourcensammlung

Erinnern Sie sich an den Satz: »Lehrer ohne Stressbewältigungskompetenz gibt es nicht«?

Ausgehend hiervon war die Frage, wie Ihr diesbezügliches Repertoire aussieht. Bevor wir uns quasi die Ärmel hochkrempeln und uns an die Arbeit, auf den Weg zu einem persönlichen Entlastungsprojekt machen, ist eine Bestandsaufnahme Ihres bereits praktizierten, absehbar breiten Repertoires an Stressbewältigungsstrategien unabdingbar. Dabei hatten und haben Sie die Möglichkeiten, Ihre diesbezüglichen Leistungen zu reflektieren und anzuerkennen.

Spätestens angesichts der ▶ Abbildung 7 werden Ihnen bereits einige Ideen gekommen sein, auf welche Weise Sie in der Vergangenheit diverse Belastungen und Stress in- und außerhalb der Schule kompetent bewältigt haben.

Übung

Meine Anti-Stress-Strategien: Bestandsaufnahme

Von mir regelmäßig angewendete Strategien zur Stressreduktion sind:

_____

_____

_____

_____

Welchen Entlastungswegen bzw. Modulen lassen sich diese Strategien zuordnen?

Bei den meisten AGIL-Teilnehmern fallen die mit Abstand am häufigsten spontan genannten Entlastungswege in der Kategorie »Erholung«! War bzw. ist es bei Ihnen auch so?

Das wäre weder schlimm noch verwunderlich, spiegelt sich doch hier die spätestens seit den Anfangszeiten der Industrialisierung etablierte Unterscheidung in Arbeit versus Freizeit wider. In der Freizeit erholen wir uns von der Arbeit ... Nun ja, es soll ja Lehrkräfte geben, die sich quasi von Freizeit zu Freizeit und von Ferien zu Ferien retten, was absehbar (▶ Kap. 7) längerfristig nicht ausreicht, um Spaß im Lehrerberuf haben zu können. AGIL-Profis haben Spaß (und die nötigen Erholungsmomente) im laufenden Betrieb. Um dahin zu kommen (soweit Sie noch nicht dort angekommen sind), ist es wichtig, etwas näher hinzuschauen.

Übung

Imaginationsübung I: Meine alltäglichen Belastungen im Schulalltag

Stellen Sie sich bitte eine oder mehrere belastende Situationen vor, die Sie in der letzten Zeit rund um das Thema Schule erlebt haben, und versuchen Sie, Ihre Antworten wie folgt zu kategorisieren:

Meine alltäglichen Belastungen im Schulalltag sind:

Bezogen auf schwierige Situationen	Da habe ich keine relevanten Probleme	Da habe ich Probleme, und zwar …
… mit Schülern		
… mit Schülereltern		
… mit Klassen		
… mit Kollegen		
… mit Vorgesetzten		
… andere		

Gab es darüber hinaus in den vergangenen vier Wochen Belastungen, die sich nicht in den genannten Kategorien unterbringen lassen? Wenn ja, welche waren das?

___

___

___

Bei welchen Aspekten haben Sie imaginär oder real mit Bleistift ihren Haken bei »Da habe ich keine relevanten Probleme« gemacht? Schön und alle Achtung, dass Sie diese für viele andere Lehrkräfte schwierigen Bereiche souverän meistern! Manchmal hat es etwas mit Glück zu tun, wenn man z. B. fleißige und interessierte Schüler, kooperative Eltern, nette Kollegen oder eine gute Schulleitung hat. Andererseits, und das ist eher die Regel, spiegeln solche »problemlosen« Konstellationen auch Ihre Kompetenzen wider! Seine Schüler als primär fleißig und interessiert wahrzunehmen und gelegentliche Ausrutscher in der Klasse (die es immer gibt) übersehen zu können, setzt viel voraus. Was zeichnet, Ihrer Erfahrung nach, Kollegen aus, denen das kontinuierlich gelingt? Und ein nettes Kollegium zu haben heißt noch lange nicht, dies auch als solches erleben und genießen zu können. Diesbezüglich könnte das folgende authentische Fallbeispiel aufschlussreich sein:

3.3 Ressourcensammlung

Fallbeispiel
»Von netten Kollegen gemobbt«
Anita B., 56 Jahre, ist Realschullehrerin. Mit der Klasse 9b hat sie massive Disziplinschwierigkeiten, wobei sie von zwei »Rädelsführern« ausgeht, die die anderen »anstecken«. Im Lehrerzimmer spricht sie dies zögernd an. Die Kollegin Petra C. meint dazu: »*Du hast recht, die Klasse ist wirklich schwierig. Aber die beiden Schüler X und Y sind eigentlich gar nicht so schlimm. Ich habe mir angewöhnt, die beiden zu Beginn der Stunde anzulächeln und zu fragen, ob sie es diesmal wohl schaffen werden, ihr Kommunikationsbedürfnis auf den Unterrichtsstoff zu konzentrieren … und abgesehen von kleinen Ausrutschern gelingt das den beiden dann meist recht gut.*«
Anita B. fühlt sich von der Kollegin nicht ernst genommen. Das Gefühl, »die will nur nicht zugeben, dass sie auch hilflos ist«, drängt sich ihr auf. Natürlich ist das so, schließlich kennt sie die Kollegin. Auch dem Schulleiter Stefan P. gegenüber äußert sie, dass sie in der 9b Probleme hat. »*Ach, weißt du, Anita, da haben bereits mehrere Kollegen berichtet, dass es in der 9b nicht gut läuft. Ich setze mich bei dir in die nächste Stunde und anschließend besprechen wir, was du machen könntest.*«
Am nächsten Tag hat sich Anita B. krankschreiben lassen: »*Das ist Mobbing! Ich bin mehr als 30 Jahre Lehrerin! Der Schulleiter will mich beobachten und mir die Schuld dafür in die Schuhe schieben, dass die Klasse problematisch ist. Das lasse ich mir nicht gefallen!*«

PS: Dieser Fall ist real und kein Einzelfall. Darauf angesprochen, dass der Schulleiter nach alledem, was Anita B. berichtete, sie offenbar unterstützen wollte, reagierte Anita B. schroff: »*Sie glauben mir nicht? Ich kenne den Schulleiter genau, ich weiß genau, warum er es so gesagt hat. Es war demütigend!*« Sie kennen Anita B. bzw. ähnlich kategorisch reagierende und damit polarisierende Kollegen? Wie könnte man im Kollegium – entschärfend – mit solchen Konstellationen umgehen?

Mit anderen Menschen, seien es Schüler, Eltern oder Kollegen, im gesunden Ausgleich von Geben und Nehmen tragfähige soziale Beziehungen gestalten zu können, erfordert verschiedene soziale Fähigkeiten. Leider verfügt nicht jeder darüber. Auch ein »guter« Schulleiter muss umgekehrt das Glück haben, mit einem Kollegium zu arbeiten, das seine Qualitäten schätzt und ihm gelegentliche unvermeidliche autoritäre Maßnahmen (etwa die »ungerechten Stundenpläne«) nicht persönlich ankreidet. Falls Sie, im ungünstigsten und unwahrscheinlichen Fall, zu *allen* Aspekten der o. g. »Problem-Tabelle« Probleme vermerkt haben sollten, dann stellt sich die Frage, wie Sie es bisher geschafft haben, mit den von Ihnen aufgeführten Belastungen umzugehen. Mit welchen Strategien gelingt es Ihnen, die Belastungen in den von Ihnen als weniger problematisch erlebten Bereichen herunterzuregulieren? Parallel dazu dürfte deutlich geworden sein: AGIL ist genau das, was Sie brauchen!

Übung

Imaginationsübung II: Meine Belastungsbewältigung im Schulalltag

Mein Umgang bzw. meine Bewältigung alltäglicher Belastungen im Schulalltag:

Bezogen auf schwierige Situationen	Hier habe ich Probleme	Hier habe ich keine relevanten Probleme, weil …
… mit Schülern		
… mit Schülereltern		
… mit Klassen		
… mit Kollegen		
… mit Vorgesetzten		
… andere		

Diese Übung ist nicht ganz einfach: Warum hat man mit bestimmten potenziellen Belastungsfaktoren keine Probleme? Zumal dann, wenn man die – vermeintlich – noch nie hatte … Im Folgenden finden Sie zur Orientierung eine Liste von Entlastungsstrategien, die Teilnehmer von AGIL-Kursen geschildert haben. Welche dieser Strategien praktizieren Sie auch bzw. welche sind denen von Ihnen praktizierten ähnlich?

Und wenn Sie sich darüber hinaus Gedanken machen könnten, welchen Entlastungswegen – Achtsamkeit, Denkbarkeit, Möglichkeiten und Erholung – sich die jeweiligen Strategien zuordnen ließen, wäre das prima! Unsere Vorschläge finden Sie jeweils in den Klammern am Schluss der Zitate:

»*Ich genieße ganz bewusst die Momente im Unterricht, wenn alles wie die Räder einer Uhr läuft.*« (Achtsamkeit)

»*Wenn es in der 7c wieder mal hoch hergeht, dann denke ich, du warst auch mal jung … und irgendwie ist mein Ärger dann sofort nur noch halb so groß.*« (Denkbarkeit)

»*In den zweiten Pausen gehe ich bewusst nicht in das Lehrerzimmer. Die Stimmung, die dort herrscht, zieht mich runter. Ich gehe lieber ein paar Schritte die Straße entlang, unter die großen Kastanien, und freue mich über den Frühling …*« (Achtsamkeit, Denkbarkeit und Möglichkeit)

»*Egal, wie viel Spannungen es wieder einmal im Lehrerzimmer gab. Ich verabrede mich mit einer Freundin zum Sport, wir Laufen regelmäßig abends …*« (Erholung)

»Ich habe mir angewöhnt, ganz systematisch nicht mehr wegzuschauen, wenn ein bestimmter Schüler Unsinn macht. Zunächst hat der mich zwar umso mehr ärgern wollen. Aber die Klasse hat gemerkt, dass ich mich von ihm nicht unterkriegen lasse.« (Möglichkeit)

»Wenn mein Schulleiter mich kritisiert, dann bin ich zunächst gekränkt und wie versteinert. Seit einiger Zeit schaffe ich es dann, zu denken, dass er seinen Job macht, und versuche, den Kern dessen zu finden, was er von mir will.« (Denkbarkeit)

»Wenn ich merke, dass ich immer schneller spreche …, dann weiß ich, jetzt wird es mir zu viel, dann atme ich tief durch.« (Achtsamkeit und Möglichkeit)

»Früher war ich gekränkt, wenn Schülereltern mich kritisierten. Aber ist es nicht prima, wenn Eltern für ihre Kinder sogar einen Konflikt mit einem Lehrer nicht scheuen?« (Denkbarkeit)

»Wenn ich andere um Hilfe bitte, dann gebe ich ihnen eine Chance, dass sie mich auch um etwas bitten können … Das hat mir meine Frau so gesagt, es funktioniert!« (Denkbarkeit)

»Ich bin Mitglied in einem Chor. Wenn ich singe, dann vergesse ich alles um mich herum, auch die Schule und den Ärger mit meinem Schulleiter.« (Erholung)

»Ich bitte eine Kollegin, die Fachleiterin für Physik ist, mir bezüglich der anstehenden Konzeption des neuen Unterrichtsstoffes zu helfen.« (Möglichkeit)

»Ich habe einen Kurs zum Zeitmanagement besucht. Mein Organisations-Chaos ist dadurch deutlich kleiner geworden.« (Möglichkeit)

»Wenn ich im Garten arbeite, zum Maulwurf werde, dann geht es mir gut … und die Chaoten-Klasse 7c ist ganz weit weg.« (Erholung)

Bitte erwarten Sie nicht, dass wir jede der o. g. und vor allem Ihre individuellen Strategien hier angemessen ausdiskutieren! Wir sind unvermittelt an der Komplexitäts-Grenze angelangt (bzw. haben diese bereits überschritten), die in einem Buch zu bewältigen ist. Hier kann und soll es nur darum gehen, dass Sie einen Überblick über die von Ihnen praktizierten Stressbewältigungsstrategien erhalten – wozu deren Zuordnung zu den vier Modulen hilfreich ist.

Je breiter Ihr Spektrum an Stressbewältigungsstrategien bzw. Entlastungsmöglichkeiten ist, umso größer wird die Wahrscheinlichkeit, auch angesichts neuer, unerwarteter Stressoren bzw. Belastungssituationen etwas im Repertoire zu haben, das passt, nach dem Motto: Ein guter Indianer hat viele Pfeile im Köcher. Erholungskompetenz ist gut, angesichts akuter Konflikte hilft es aber oftmals nichts. Ohne Achtsamkeit geht kaum etwas … Und ohne dass etwas »denkbar« ist, also mit eigenen Mustern kompatibel, ist die Wahrscheinlichkeit gering, dass etwas »möglich«, d. h. letztlich auch umgesetzt wird. Das alles muss man wissen und üben … Alles zusammen ist AGIL und Sie sind nun mitten drin bzw. dabei, sich entsprechend kompetent aufzustellen!

Übung

Bilanz: Meine Belastungsbewältigung im Schulalltag

Wie viele Entlastungsstrategien praktizieren Sie?

_____

_____

Wie viele Ihrer Strategien konnten Sie den jeweiligen Entlastungswegen zuordnen?

Achtsamkeit: _____

Denkbarkeit: _____

Möglichkeit: _____

Erholung: _____

Falls Sie Schwierigkeiten haben, die Entlastungswege »richtig« zuzuordnen: Eine konkrete Zuordnung ist nicht zuletzt deswegen schwierig, weil bestimmte Strategien mehrere Module umfassen. So ist z. B. Achtsamkeit in vielen Fällen überhaupt erst die Voraussetzung dafür, eine bestimmte Strategie einzusetzen. Und um etwas aus dem Bereich »Möglichkeiten« umzusetzen, muss dies zunächst einmal »denkbar« gewesen sein. Man muss sich trauen und darf es nicht für unangemessen erachten, beispielsweise eine Kollegin um Hilfe zu bitten. Abgesehen von solchen Feinheiten: Wie schon gesagt, bei den meisten AGIL-Teilnehmern finden sich die mit Abstand meisten der bereits praktizierten Entlastungswege in der Kategorie »Erholung«! Wie viele Ihrer Erholungsaspekte liegen in der Freizeit, wie viele in der Arbeitszeit? In ▶ Kapitel 7 werden wir uns damit beschäftigen, dass Erholung ein integrativer Teil der Arbeit sein muss, damit wir einen Schultag lang konzentriert arbeiten können.

Wie sieht Ihre Bilanz über alle vier Module hinweg aus? Wichtig ist es, die Bereiche zu identifizieren, die bei Ihnen noch vergleichsweise weniger gut aufgestellt sind. Welche wären das?

Genau hier sollte Ihr persönliches Entlastungsprojekt ansetzen!

3.3 Ressourcensammlung

Übung

Der erste Schritt zum persönlichen Entlastungsprojekt

Mein persönliches Entlastungsprojekt sollte vorzugsweise im Bereich der

Achtsamkeit – Denkbarkeit – Möglichkeit – Erholung

liegen.

(bitte den anvisierten Bereich unterstreichen)

Wenn Ihre Antwort eindeutig ist, könnten Sie unmittelbar im betreffenden Kapitel weitermachen. Ansonsten werden Sie im Laufe der nächsten Kapitel, die eines nach dem anderen den genannten Entlastungswegen gewidmet sind, unweigerlich darauf stoßen.

4 Modul Achtsamkeit

Achtsamkeit

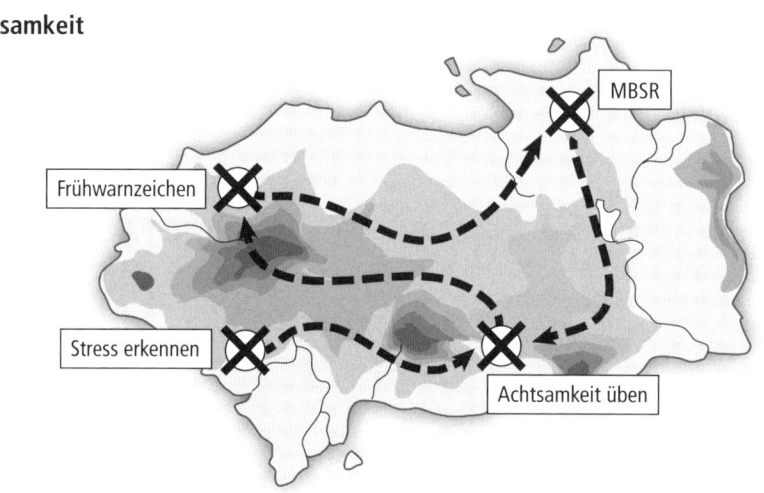

Was ist das zentrale Anliegen des Kapitels?

Wer nicht merkt, wann, in welchem Ausmaß und wie er belastet ist, der wird keine angemessenen Strategien einsetzen, um seine Belastung zu reduzieren. Im folgenden Kapitel geht es darum, theoretisch und durch praktische Übungen aufzuzeigen, was »Achtsamkeit« bedeuten und wie man sie trainieren kann.

Wer sollte sich angesprochen fühlen?

Jeder, der dazu neigt, über seine Belastungsgrenzen zu gehen und/oder Schwierigkeiten hat, diese im Alltag zu erkennen und vor sich und bedeutsamen Menschen des eigenen privaten und beruflichen Umfeldes zu benennen. Viele Probleme im Lehrerberuf sind nicht oder nicht unmittelbar beeinflussbar. Die vorgestellten achtsamkeitsbasierten Übungen können über den Einstieg in weitere Entlastungsmöglichkeiten hinaus hilfreich sein, die eigene Toleranz für belastungsbedingte Gedanken und Gefühle zu stärken.

Wie sieht der Fahrplan aus? Was sind die wichtigsten Inhalte dieses Kapitels?

Es gilt, seine persönlichen StressMerkMale herauszufinden, Achtsamkeit zu trainieren und langfristig einen achtsamen Umgang mit sich selbst zu pflegen. Eben dies ist die Basis, auf der andere in AGIL vermittelte Strategien wirkungsvoll aufbauen können.

Woran merken Sie, wenn Sie »Stress« haben bzw. »im Stress sind«?

»Sich angesichts einer wenig kooperativen, destruktiven Klasse angespannt zu fühlen, ist das nicht normal? Daran habe ich mich längst gewöhnt!« (Hauptschullehrerin, 52 Jahre)

4.1 Eigene Stresssymptome erkennen: Wie geht das bzw. was hindert uns daran?

Man kann noch so gut über »Stress« informiert sein und potenziell unendlich viele Lösungsstrategien in der Hinterhand haben: Wenn man nicht oder erst zu spät bemerkt, dass man über gelegentliche akute Stressreaktionen hinausgehend belastet ist, hilft das gar nichts.

> AGIL ist zu mehr als 95 % Praxis. Wichtige theoretische Grundlagen, also knapp 5 % von dem, was zu Ihrer höchstpersönlichen Lehrergesundheit erforderlich ist, versuchen wir in diesem Buch zu vermitteln. Und wenn Sie das alles oder Teile davon schon anderweitig gelernt haben, umso besser! AGIL-Praxis wiederum beginnt mit Achtsamkeit eigenen Körpersignalen und Stresssymptomen gegenüber.

Es gibt Lehrkräfte, die intuitiv den Grad ihrer Anspannung gut abschätzen und entsprechend reagieren können. Und es gibt Kollegen, die dies eben nicht so gut hinbekommen, weil sie Stresssignale übersehen oder aber nicht als solche wahrnehmen, etwa weil sie diese – wie es die oben zitierte Lehrerin auf den Punkt bringt – als (vermeintlich) »normal« ausblenden. Warum ist das so?

Unsere Fähigkeit, Stress-Phänomene sensibel oder weniger sensibel wahrzunehmen, resultiert in hohem Maße aus unserer persönlichen Lebens- und Lerngeschichte. Menschen, die in kargen emotionalen Verhältnissen aufgewachsen sind, haben es schwer, »Achtsamkeits-Antennen« zu entwickeln. Woher sollten Kinder, die kaum je in eingehenden Gesprächen mit mitfühlend-interessierten Eltern dazu angehalten wurden, ihre körperlichen Reaktionen, Gefühle und spontanen Gedanken als solche wahrzunehmen, wissen, wie Körpersignale, Verhalten, Gedanken und Gefühle zusammenhängen (*»Wie geht es dir ...? Als ich früher in deiner Situation war, da ging es mir ...«*)? Ohne es als solche zu benennen, wird in einfühlsamen Gesprächen dieser Art »Achtsamkeit« geübt! Wer solche Erfahrungen zu selten gemacht hat und zudem Leitsätze wie *»Indianer kennen keinen Schmerz«* oder *»Stell dich nicht so an«* die Erziehung prägten, dem fällt es erfahrungsgemäß schwer, Körper- und andere Stresssignale bei sich als solche wahrzunehmen.

Exkurs

Wenn Sie mit Ihren eigenen Kindern in intensivem Austausch sind und sie nach ihren Befindlichkeiten fragen
- über die Angst vor einer Schulaufgabe,
- über die Vorfreude auf eine Feier oder auch
- über den Streit oder gar den Kriegszustand, der gerade mit einer guten Schulfreundin herrscht,

und das, was da erlebt wird, mit Zeit, Muße und Mitgefühl reflektieren, dann ist das ein guter, allen Menschen zu wünschender Rahmen, in dem Achtsamkeit geübt wird.

Menschen, die nicht das Glück hatten, dies im Laufe Ihrer Entwicklung in ausreichendem Maße zu erleben, haben oft Defizite (»Scheuklappen dem eigenen Erleben und dem von Mitmenschen gegenüber«), die meist weniger sie selbst, dafür aber ihre Umwelt erleben. Kommunikationsprobleme sind vorprogrammiert ...

Hatten Sie als Kind jemanden, der sich für Ihre Befindlichkeiten interessierte und mit Ihnen gemeinsam nach Lösungen gesucht hat, wenn es Ihnen – warum auch immer – schlecht ging, Sie Ängste plagten oder Kopfschmerzen hatten und angesichts von unlösbar scheinenden Problemen schlecht einschlafen konnten? Können Sie sich an solche Situationen erinnern? Bitte erzählen Sie davon!

Merke
Die entscheidende Frage, im Hier und Heute und vor allem im Schulalltag, lautet:
Merken Sie, und wenn ja woran, wenn Sie »Stress« haben?

Im Folgenden werden wir die Achtsamkeits-Thematik systematisch angehen. Dazu ist es notwendig, vier Ebenen zu unterscheiden, auf denen Stressreaktionen auftreten und beobachtet werden können:
- Körper
- Verhalten
- Gedanken
- Gefühle

4.2 Achtsamkeits-Einstiegsübung

Sie werden von einer Autoritätsperson, beispielsweise von Ihrem Schulleiter, im Beisein von Kollegen kritisiert: »*Jeder Referendar wäre mit dem Problem souveräner umgegangen als Sie! Ist Ihnen klar, welche Folgen Ihre Versäumnisse haben?*«
- Wie reagiert Ihr Körper bzw. welche Signale Ihres Körpers nehmen Sie wahr?
- Wie Verhalten Sie sich in dieser Situation?
- Welche Gedanken gehen Ihnen dabei durch den Kopf?
- Welche Gefühle »kommen hoch«?

Es gibt Kolleginnen und Kollegen, denen es nicht schwerfällt, das Spektrum ihrer Stressreaktionen in Situation wie der oben skizzierten eingehend darzulegen.

Es gibt aber auch solche, denen dazu kaum etwas einfällt, etwa: »*Da ärgere ich mich. Aber gegen den Schulleiter kann man eh nichts machen.*« (Realschullehrerin, 52 Jahre)

Fallbeispiele zum Thema »Umgang mit Kränkungen«
Eine Grundschullehrerin, alleinstehend, 43 Jahre, hat vor Kurzem eine ähnliche Situation erlebt. Sie habe sich »*schrecklich geschämt*«, öffentlich kritisiert zu werden, obwohl der betreffende Vorwurf inhaltlich absolut unberechtigt war. In der Situation habe sie nur genickt. Und später spürte sie einen Druck in der Magengegend.

Ein demgegenüber spürbar durchsetzungsfähigerer Kollege, Gymnasiallehrer, verheiratet, 62 Jahre, habe wiederum in einer ähnlichen Situation »*normal*« reagiert. Was er damit meint? Dass er immer dann, wenn er sich kritisiert fühlt, umgehend und intuitiv zum Gegenangriff übergeht! »*Das lasse ich mir von niemanden gefallen, von Ihnen schon gar nicht …*«, und das derart vehement, dass dieser Lehrer in seiner Schule von Vorgesetzten, von Kollegen und Schülern kaum je kritisiert wird. Dass seine Reaktion durchaus nicht »*normal*« und nicht zwangsläufig »*optimal*« ist, wurde ihm im Verlauf der AGIL-Gruppengespräche nach und nach deutlich.

Ein weiterer Lehrerkollege, Gesamtschule, geschieden, 57 Jahre, berichtete, dass er in Situationen, in denen er angegriffen werde, immer ruhig und höflich bleibe. Im Lehrerberuf sei es »*normal*«, kritisiert zu werden. Er kann nachts nicht einschlafen und leidet unter hohem Blutdruck.

Konkret: Wie reagieren Sie, wenn Sie öffentlich kritisiert werden? Was sind für Sie typische »StressMerkMale« bezüglich Körper, Verhalten, Gedanken, Gefühlen?

Übrigens: Wenn Sie vom Vorgesetzten kritisiert werden, ist das für Sie
- eine »Katastrophe«,
- ein nicht weiter bemerkenswertes Alltagsgeschehen und/oder
- eine willkommene Gelegenheit, dem Vorgesetzten mal die Meinung zu sagen?

Ihre Antwort auf diese Frage spiegelt nicht zuletzt auch Ihre eigenen, von Ihnen antizipierten Möglichkeiten, mit einem solchen Konflikt umzugehen (▶ Kap. 6).

4.3 StressMerkMale: Wie andere – und Sie? – sie erleben

Die auf der nächsten Seite folgende Übersicht fasst zusammen, was Teilnehmer von AGIL-Kursen auf die Frage nach ihren Stressreaktionen bzw. StressMerkMalen geantwortet haben.
- Was fällt Ihnen angesichts der Übersicht auf?
- Finden Sie Ihre StressMerkMale darin wieder?
- Welche der genannten Stresssymptome entsprechen denen, die Sie spontan bei sich festgestellt hatten? Gibt es weitere StressMerkMale, die Sie bei sich – sensibilisiert durch die Erwähnung des betreffenden Aspektes in der Liste – gelegentlich beobachtet haben?

Es geht absolut nicht darum, dass man alle der in der Übersicht aufgelisteten Symptome kennen bzw. bei sich beobachten muss! Welche StressMerkMale bei einem Menschen im Vordergrund stehen, hat, wie erwähnt, viel mit seiner Konstitution, Lebens- und Lerngeschichte zu tun. Dabei ist es zum einen wichtig, seine individuellen StressMerkMale hinreichend gut zu kennen und, wenn sie auftreten, zu erkennen. Zum anderen ist es hilfreich, wenn man über StressMerkMale verfügt, die bei unterschiedlichen Stress-Intensitäten »anspringen«. Es gibt so gesehen nieder- bis hochschwellige StressMerkMale, die durch geringen, mittleren oder eben erst hochgradigen Stress ausgelöst werden.

Meine StressMerkMale

Im Bereich des Körpers
- Häufige Kopfschmerzen
- Nervosität, innere Unruhe
- Übermäßiges Schwitzen
- Trockener Mund, Schluckbeschwerden
- Gehäufte Verkühlungen, Infektionen, Fieberblasen
- Unerklärliche Ausschläge, Juckreiz, Gänsehaut
- Unerklärliche Allergieanfälle
- Häufige Blähungen
- Schlaflosigkeit
- Schwindel
- Schneller Puls und heftiges Herzklopfen
- Häufiger Harndrang
- Atemnot, häufiges Seufzen
- Rücken- und Genickschmerzen
- Unbeabsichtigte Gewichtsab- oder -zunahme
- Ständiges Schwächegefühl, schnelle Ermüdbarkeit
- Sodbrennen, Brechreiz, Magenschmerzen
- Durchfall oder Verstopfung
- Kalte und nasse Hände und Füße
- Zucken der Lippe, des Augenlides oder der Hände

Im Bereich des Verhaltens
- Kommunikationsschwierigkeiten
- Stottern und Stammeln
- Nervöses Verhalten
- Zähneklappern, Zähneknirschen
- Zunahme von »kleinen Unfällen«
- Verringerte Arbeitsleistung
- Hastiges Sprechen oder Nuscheln
- Impulsive Großeinkäufe
- Selbstmedikation
- Steigender Alkohol- und Nikotinkonsum
- Zunehmende Unpünktlichkeit
- Soziale Abkehr und Isolation
- Sich in die Arbeit stürzen, Mangel an Planung, Übersicht oder Ordnung
- Vermindertes sexuelles Verlangen
- Schlechte Leistungen werden mit Ausreden entschuldigt
- Schnelles Aus-der-Haut-Fahren, auch bei nichtigen Anlässen
- Übermäßiger Genuss (von Süßigkeiten, fetten Speisen, Alkohol, Zigaretten) oder Appetitlosigkeit

Im Bereich der Gedanken
- Abwertende Selbstgespräche, z. B. »Ich schaffe das nicht«, »Ich bin an allem schuld«
- Konzentrationsschwierigkeiten
- Vergesslichkeit, Konzeptlosigkeit
- Unentschlossenheit
- Albträume
- Weinkrämpfe, Suizidgedanken
- Übermäßiger Ordnungssinn, Pedanterie

Im Bereich der Gefühle
- Häufige Wutanfälle
- Launenhaftigkeit und depressive Verstimmungen
- Schuldgefühle, Schamgefühle
- Plötzlich ansteigende und sich wieder legende Angstgefühle
- Gefühle der Überforderung
- Gefühl der Einsamkeit und Wertlosigkeit
- Frustration und Gereiztheit
- Eine skeptische Haltung, Abwehrreaktionen

Übersicht »Meine StressMerkMale«

Übung

StressMerkMale bei unterschiedlicher Stressintensität wahrnehmen

Bitte schauen Sie unter diesem Aspekt nochmals die Liste Ihrer StressMerkMale durch: Welche davon treten bei Ihnen bereits bei geringem Stress auf, welche bei leicht über dem Alltagsniveau liegenden Problemkonstellationen und welche erst dann, wenn Sie erheblich unter Druck stehen?

Dass ich »Stress« habe, merke ich vor allem daran:

Bei leichtem Stress _____.

Bei mittlerem Stress _____.

Bei hochgradigem Stress _____.

Und schließlich gibt es sofort auftretende (bzw. von uns umgehend so wahrgenommene) Stresssignale und solche, die erst nach einiger Zeit, mit einiger Latenz als Hinweise auf Stress wahrgenommen werden. Atemnot tritt meist akut auf (»*da bleibt mir die Luft weg ...*«), während eines der markantesten, erst mit einiger Latenz als solches realisierten Stresssymptome die bereits erwähnten Schlafstörungen sind: anhaltende Ein- und Durchschlafstörungen sind verlässliche Hinweise darauf, dass irgendetwas nicht stimmt – was oftmals mit Überlastung/Überforderung zu tun hat.

Übung

StressMerkMale bei akutem und chronischem Stress

Dass ich akut »Stress« habe, merke ich vor allem daran:

_____

_____

_____

Wenn ich längerfristig unter Druck stehe, merke ich das vor allem an folgenden Symptomen:

_____

_____

_____

Wenn Sie in allen vier Bereichen – Körper, Verhalten, Gedanken und Gefühle – eines oder mehrere Symptome bei sich wahrnehmen können und Ihnen diese spätestens bei mittlerem Stressniveau und nicht erst langfristig auffallen, dann wäre das absolut okay!

Falls dem derzeit noch nicht so sein sollte, dann ... wäre es wichtig, dass Sie sich mit dem Phänomen »Stresswahrnehmung« eingehender – gerne auch im Sinne eines persönlichen Entlastungsprojektes – und vor allem praktisch beschäftigen: durch Experimentieren und Üben!

Exkurs

Zusatzinformation Stressreaktionen

Stressreaktion ist nicht gleich Stressreaktion! Anders ausgedrückt: Stress kann sich auf sehr unterschiedliche Art und Weise und bei jedem von uns anders äußern. Einige Menschen erleben vor allem auf den Körper bezogene Symptome, z. B. Magendrücken, Schwitzen oder Kopfschmerzen. Bei anderen wiederum macht sich Stress eher auf der Ebene der Emotionen, der Gedanken oder des Verhaltens bemerkbar. Wenn Sie noch einmal die obige Übersicht durchsehen, werden Sie feststellen, dass Stressreaktionen sehr individuell und vielgestaltig sein können. Das einzige, was allen gemeinsam ist, ist eine durch die Anforderungssituation getriggerte Adrenalin- bzw. Stresshormonausschüttung. Wie und wie intensiv ein Mensch auf diesen unterschiedlichen Ebenen reagiert, ob eher auf der Ebene der »Gefühle«, »Gedanken«, des »Verhaltens« oder des »Körpers«, hat unter anderem mit seiner genetischen Veranlagung, Erziehung und nicht zuletzt mit »Achtsamkeit« zu tun.

Zudem: Die physiologischen Stressreaktionen, also der Anstieg von Stresshormonen und damit einhergehende Symptome, etwa erhöhte Muskelanspannung, korrelieren durchaus nicht immer mit dem subjektiv erlebten »Stress« (was wieder etwas mit der »Veranlagung« und der persönlichen Lerngeschichte zu tun hat): Es gibt einerseits Menschen, die bei vergleichsweise moderater physiologischer Reaktion bereits sehr hohen Stress erleben (Biofeedback kann diesbezüglich aufschlussreich sein; ▶ Abschn. 4.6, Exkurs), und andererseits solche, die selbst exzessiv hohe physiologische Stressreaktionen quasi ausblenden.

4.4 Achtsamkeit: Übungen und Experimente

Bitte stellen Sie sich die im Folgenden skizzierten Situationen vor; alle gehen auf authentische Berichte von Kolleginnen und Kollegen zurück und dürften die meisten Lehrer, die solche »Szenen« erleben, unter Druck setzen. Dabei ist es wichtig, sich die Situationen möglichst plastisch vorzustellen, mit sich selbst, also mit Ihnen, in der Hauptrolle!

> So viel Fantasie haben Sie nicht? Sind Sie sicher? Aber selbst wenn, wäre das nicht schlimm. Auch Lehrer, die von sich behaupten, »total stabile Nerven« zu haben und sich Problemsituationen nicht vorstellen zu können, zeigen bei der Reflexion der folgenden Szenen, wenn man sie im Biofeedback »ableitet« (▶ Abschn. 4.6, Exkurs), fast immer Hinweise auf emotionale (Stress-)Reaktionen. Solche Reaktionen auch ohne Biofeedback-Gerät wahrnehmen zu können ist wiederum eine Frage der Achtsamkeit, die man wiederum auf diese Weise üben kann.

4.4 Achtsamkeit: Übungen und Experimente

Übung

Umgang mit Kritik: Übungen zum Einstieg

Bitte lesen Sie sich die folgenden Szenen langsam und laut vor – und beobachten Sie dabei, was mit Ihnen auf den vier Ebenen Körper, Verhalten, Gedanken und Gefühle passiert:
- »Mein Schulleiter hat mich ›genötigt‹, auch das nächste Schulfest zu organisieren.«
- »Ich stehe vor meiner Klasse. Die Klassenarbeit, die ich gerade zurückgegeben habe, ist schlecht ausgefallen. Ein leistungsstarker Schüler, der mir sympathisch ist, meldet sich und sagt laut und vernehmlich: ›Dass die Arbeit so schlecht ausgefallen ist, wundert mich nicht. Auch mein Vater sagt, dass bei Ihrem unstrukturierten Unterricht einfach keiner etwas lernen kann.‹ Die Mitschüler stimmen ihm zu. Sie klatschen und klopfen auf die Bänke.«
- »Ich habe mich ein Schuljahr lang intensiv um die Einrichtung des neuen Chemiesaals gekümmert. Ich war voll dafür verantwortlich und habe viele Stunden meiner Freizeit investiert. Es ist es mir gelungen, von mehreren Firmen finanzielle Unterstützung zu bekommen. Zur Eröffnung des neuen Chemiesaals gab es eine kleine Feier und eine Pressekonferenz. Mein Schulleiter hat den neuen Chemiesaal als seinen Verdienst dargestellt: ›Ich freue mich sehr, dass es mir gelungen ist, dass Schüler ab heute Chemie auf einem herausragenden Niveau lernen können!‹ Mein Schulleiter hat mich dabei mit keinem Wort erwähnt. Entsprechend sieht der Bericht aus, der heute in der Zeitung steht.«
- »Die Schulleiterin hat mich nach der sechsten Stunde ins Sekretariat bestellt, um mir mitzuteilen, dass eine von vielen Schülereltern meiner Klasse unterzeichnete Petition vorliegt. Demnach sei ich ›unfähig, hinreichend qualifizierten Unterricht zu geben‹. Mein Wissen sei nicht auf dem aktuellen Stand. Zudem würde ich Noten nach Sympathiewerten vergeben. Dass es Problem in der Klasse gab, wusste ich. Aber von dieser Aktion der Schülereltern hatte ich absolut nichts geahnt.«
- »Ich habe alles versucht. Ich schaffe es aber letztlich nicht, die Klasse 8d soweit zu disziplinieren, dass angemessener Unterricht möglich wird. Was soll ich tun?«

Fallen Ihnen weitere, besonders emotionale Beispiele ein?
Nach jeder dieser Szenen beantworten Sie bitte die folgenden Fragen:
- Wie reagiert mein Körper bzw. welche Signale meines Körpers nehme ich wahr?
- Wie hätte ich mich in dieser Situation tatsächlich/praktisch verhalten?
- Welche Gedanken wären mir dabei durch den Kopf gegangen?
- Welche Gefühle »kamen hoch«?

Vermutlich werden Ihnen Szenen, die Sie in ähnlicher Form selbst erlebt haben, erheblich mehr »unter die Haut« gegangen sein, als solche, die Sie – bezogen auf Ihre Person – für absolut fiktiv halten (und die es hoffentlich auch bleiben!). Zudem: Negative Emotionen erleben wir – wie die meisten Menschen – oft erheblich prägnanter und einschneidender als positive. Das ist leider so …

Merke

Ein psychologisches Grundgesetz: Kritik sticht Lob!
Wenn wir (oder ein Schüler) einmal kritisiert werden, dann müssen wir (bzw. der Schüler) dafür etwa sechs- bis achtmal gelobt werden, um die Kritik auszugleichen bzw. in etwa auf die gleiche emotionale »Dosis«, nun aber in positiver Form, zu kommen.
Fundamentale Kritik an einer Person ist insbesondere auch deshalb ein in pädagogischen Kontexten tunlichst zu vermeidendes Werkzeug!

Als Übungs-Szenen, um Stress zu provozieren, waren die negativen Szenarien aus dem nämlichen Grund gut geeignet. Nachdem Sie diesbezüglich einige Erfahrungen gesammelt und Achtsamkeit trainiert haben, folgt nun als krönender Abschluss eine weitere Szene – auch diese bitte laut lesen –, bei der der »Stress« aus einer ganz anderen Richtung kommt:

Fallbeispiel

Vier Jahre, nachdem Stefan M. seinen Abschluss gemacht hat, traf ich ihn zufällig in der Straßenbahn. Seinerzeit hatte ich ihn als unscheinbar erlebt, als ruhigen, eher zu leisen Schüler. In der Straßenbahn stand er auf und kam auf mich zu. Es freute ihn offensichtlich sehr, mich zu treffen: »*Schön, dass ich Sie treffe! Erinnern Sie sich noch an mich? Ich bin der Stefan M. aus Ihrer Klasse … Ich kann Ihnen gar nicht sagen, wie wichtig alles, was ich bei Ihnen gelernt habe, für mich heute ist. Letztlich verdanke ich es Ihnen, dass ich einen guten Job bekommen habe … Auch wenn ich nicht die besten Noten hatte, Ihr Unterricht hat mir viel Spaß gemacht. Vieles, was Sie mir beigebracht haben, erinnere ich bis heute und kann es in meinem Beruf gut gebrauchen …*«

Haben Sie so etwas schon erlebt? Wir wünschen Ihnen, dass es schon häufig der Fall war und noch viele Male folgen werden, es muss ja nicht immer in der Straßenbahn sein.

Auch wenn die Situation offensichtlich absolut erfreulich war, geht sie psychologisch und physiologisch gesehen mit »Stress« einher (er wird mitunter als »Eu-Stress« bezeichnet)!

Übung

Auch Lob kann Stress sein I

Welche StressMerkMale, welche Körpersymptome, welche Gedanken und Gefühle kamen Ihnen angesichts des Treffens mit Ihrem ehemaligen Schüler? Wie würden Sie reagieren bzw. haben Sie reagiert?

_____

_____

_____

Für den Fall, dass Ihnen die Szene peinlich gewesen sein sollte (*»und das vor Leuten, die einen vielleicht kennen …«*) und/oder Ihre spontane Reaktion war: *»Das war doch selbstverständlich …«*, dann sollten Sie umgehend, wenigstens aber eingehend, das Kapitel zum Thema Gratifikationskrise (▶ Kap. 6.2) lesen!

Und nun wäre es prima, wenn Sie die Liste der negativen Stresssituationen und das erfreuliche Wiedersehen in der Straßenbahn, ergänzt um Ihre eigenen Beispiele, nochmals durchgehen und die Fragen dazu, die keineswegs rhetorisch gemeint sind, beantworten.

Belastende Situationen, ähnlich den hier skizzierten, werden von AGIL-Teilnehmern und in Supervisionsgruppen häufig berichtet. Anhand dessen lässt sich Achtsamkeit üben. Darüber hinaus sind es Bausteine und Hinweise, welche die Selbstreflexion anregen. Darüber nachzudenken und mit anderen, die ähnliche Situationen möglicherweise ganz anders erleben, darüber zu reden, führt dazu, sich selbst besser kennenzulernen.

Einige AGIL-Teilnehmer reagierten in etwa so: *»Schrecklich, ich hoffe, dass mir so etwas nie (wieder) passiert!«* Es gab aber auch ganz andere Reaktionen, etwa: *»Was andere, insbesondere aber Schüler, von mir denken, ist mir egal. Schüler und Eltern, die haben schließlich keine zwei Staatsexamen als Lehrer absolviert und können die Qualität dessen, was ein Lehrer tut, sowieso nicht beurteilen!«* Die meisten Lehrerinnen und Lehrer reagierten irgendwo zwischen diesen beiden Extremen.

Vermutlich haben Sie es beim Lesen des letzten Zitates intuitiv gespürt: Genau das ist nicht das Ziel von AGIL! Es geht nicht darum, sich gegenüber Stress »ein dickes Fell« zuzulegen (was psychologisch gesehen, zumindest auf gesunde Art und Weise, auch gar nicht möglich ist), sondern mit belastenden Situationen souverän umgehen zu können. Das wiederum setzt einerseits hinreichende Sensibilität dem eigenen Erleben und den eigenen StressMerkMalen gegenüber voraus und verlangt zum anderen ein möglichst großes Spektrum an Strategien, um im gegebenen Rahmen gleichermaßen gelassen und kompetent reagieren zu können. Wenn eine renitente Klasse Ihnen Vorwürfe macht, mag es angemessen sein, diese »an sich abprallen zu lassen«. In anderen Fällen wäre es gegebenenfalls günstiger, zum einen die eigene Befindlichkeit und zum anderen die des Gegenübers wahrzunehmen und sich auf die Suche nach zugrunde liegenden, die Kommunikation belastenden Problemen zu begeben, um dann entspannte Lösungen zu finden (Denkbarkeit/Möglichkeiten; ▶ Kap. 5 und 6).

4.5 Überlegungen für Fortgeschrittene: Achtsamkeits-Meisterklasse I

Vielleicht haben Sie schon festgestellt, dass Situationen, denen Sie sich spontan »gewachsen« fühlen, in denen Sie entschieden auftreten würden und für die Sie eine ganze Reihe Verhaltensalternativen haben (etwa was den Umgang mit schwierigen Klassen anbelangt), in der Regel mit weniger StressMerkMalen einhergehen als solche, denen gegenüber Sie sich emotional betroffen bis hilflos fühlen würden?

> Es ist uns eine Ehre, dass gerade Sie sich mit AGIL beschäftigen und dieses Buch lesen – und spart viele Seiten Text!

Ihre Entdeckung bzw. Erkenntnis läuft darauf hinaus, dass die vier Module (▶ Kap. 3) nicht unabhängig voneinander sind und dynamisch miteinander interagieren. Wenn Lehrkräfte StressMerkMale frühzeitig und sensibel wahrnehmen, werden sie – auch wenn es zunächst ungewohnt und unangenehm sein sollte (jedes Verhalten, und das betrifft auch »Un-Achtsamkeit«, hat seine Vorteile, sonst würde man es nicht tun) – langfristig gesehen handlungsfähiger. Wenn ein Baustein eines Systems geändert wird, hat das absehbar auch Auswirkungen auf die anderen Elemente …

Achtung: Explosionsgefahr

»Was haben Sie in der Situation gefühlt … und gedacht?« Gedanken, die quasi automatisch in Stresssituationen hochkommen, laufen nicht selten darauf hinaus, dass man sich eine Frage zu stellen glaubt, etwa: *»Habe ich als Autorität versagt?«* De facto hat man sich damit allerdings bereits die Antwort gegeben, die als Aussage formuliert (*»Ich habe als Autorität versagt!«*) noch bitterer klingt als die vermeintliche Frage. Eigentlich möchte man so etwas gar nicht wahrhaben – das ist normal! Dabei sind wir auf eine gefährliche, Stress nicht selten weiter verstärkende bis potenzierende »Nebenwirkung« von Gedanken, die als Stresssymptome auftreten, gestoßen. Wenn solche Gedanken die eigene Position weiter untergraben, wenn Sie also tatsächlich auf Selbstvorwürfe hinauslaufen, werden aus solchen Symptomen unmittelbare »Brandsätze«, die unseren »Stress« potenzieren (▶ Kap. 5)!

Im Abschnitt, der den »Stressverstärkern« gewidmet ist (▶ Kap. 5.2), werden wir solchen Gedanken bzw. Annahmen wiederbegegnen und versuchen, Möglichkeiten zu finden, wie sich diese entschärfen lassen.

4.6 Vom Laborexperiment in die freie Wildbahn bzw. die Schule: Systematische Selbstbeobachtung

Bislang haben wir in diesem Kapitel hinsichtlich der Wahrnehmung von Stresssymptomen gewissermaßen »im Labor experimentiert«. Der nächste Schritt läuft darauf hinaus, dies auch im Alltag auszuprobieren, also auf »systematische Selbstbeobachtung«: Werden Sie Detektiv in eigener Sache!

Die diesbezügliche Standardmethode ist es, ein Tagebuch zu führen, entweder in freier Form (»Besondere Ereignisse des Tages und mein diesbezügliches Erleben«) oder strukturiert. Dabei kann der Fokus, je nach individueller Konstellation und Fragestellung, unterschiedlich sein: Geht es darum, das Auftreten bestimmter Symptome achtsam zu registrieren? Dann liegt es nahe, eben dafür

4.6 Systematische Selbstbeobachtung

eine Spalte einzurichten. Oder aber, wie im weiteren Verlauf von AGIL thematisiert, könnte es parallel dazu hilfreich sein, zu dokumentieren, ob und wie es einem gelingt, alternative Strategien – etwa im Umgang mit bestimmten Stressoren – einzusetzen.

Das folgende **Tagebuch-Muster** ist ein Vorschlag (mit gesundheitsbezogenen Hintergedanken) und fokussiert auf Zusammenhänge zwischen »besonderen Ereignissen und Gefühlen« sowie auf den Aspekt der Dankbarkeit (▶ Kap. 7.7.3).

Datum	Tagesablauf	Besondere Ereignisse und Gefühle	Wofür ich dankbar bin, dass ich es erleben durfte

Ein Tagebuch, also Hausaufgaben für Lehrkräfte? Ernsthaft?

Nicht selten wird der Hinweis »Tagebuch führen« mit einem Nicken und dem Gedanken »Passt schon« oder »Wenn ich mal Zeit habe« quittiert. Wer AGIL ernst nimmt und noch nie Tagebuch geführt hat, sollte es tun. Haben Sie möglicherweise Angst davor, sich selbst kennenzulernen? Oder ist es Ihnen die Sache nicht wert …? Schließlich bedeutet ja »Tagebuch führen«, sich als einen wichtigen Menschen zu behandeln, der die damit verbrachte Zeit, das Papier und die Tinte wert ist!

Das Risiko ist allerdings beträchtlich: Lehrer, die Tagebuch führen oder geführt haben, tun sich absehbar schwerer damit, beispielsweise Konflikte und das eigene Befinden im Rahmen dessen pauschal als »normal« oder »selbstverständlich« abzuhaken. Also: Wenn Sie sich der komplexen Realität, die Schule nun einmal ist, nicht stellen wollen, führen Sie kein Tagebuch! Nur dann können Sie die zwar naive, aber letztlich auch bequeme Ansicht beibehalten, wonach die Welt, zumindest aber die Schule, die Schüler, die Kollegen und die Schulleitung, genau so ist, wie Sie sie bislang erlebt haben. Dass langfristig AGILe Lehrkräfte anders ticken, dürfte offenkundig geworden sein.

Und für wirkliche Profis: Auch wenn Sie bezüglich der Stresssymptomwahrnehmung bereits gut unterwegs sind, gibt es absehbar immer noch einiges zu entdecken. Jede Situation ist anders, nehmen wir z. B. die letzte Konflikt- bzw. Stresssituation in der Klasse XY oder im Lehrerzimmer: Wenn Sie diese Situationen in Zeitlupe durchdenken, welches Gefühl, welche Gedanken stellten sich zuerst ein? Was haben Sie gegebenenfalls versucht, um bestimmte Gedanken (etwa: »*Das schaffst Du doch nicht …!*«) wieder aus dem Kopf zu bekommen, welche Gefühle hatten Sie, als die Situation vorbei war?

Biofeedback: Stress lässt sich nicht nur spüren, sondern auch messen

Gefühle und körperliche Stressreaktionen sind kein »Psychokram«, sondern messbare Realität! Ausgehend vom Lügendetektor, wie Sie ihn vielleicht aus alten amerikanischen Krimis kennen, wurde Biofeedback zu einer wichtigen präventiven und therapeutischen Methode: Mit Elektroden, die auf die Haut bzw. über Muskeln geklebt werden, lassen sich Reaktionen unseres Körpers unmittelbar messen und auf dem Bildschirm darstellen. Auch Menschen, denen es spontan schwerfällt, nachzuempfinden, ob sie unter Druck bzw. »im Stress« sind und/oder ob sie sich entspannen können, erhalten auf diese Weise unmittelbar aufgezeigt, wie ihre körperlichen Stressreaktionen ablaufen. Ausgehend davon lässt sich gezielt üben, StressMerkMale sensibler wahrzunehmen und dann, beispielsweise mit dem gezielten Einsatz von Entspannungstechniken, darauf Einfluss zu nehmen. Sich bewusst entspannen zu wollen *(»Ich muss ruhiger werden …«)*, führt dabei zunächst oft zum Gegenteil von dem, was beabsichtigt ist. Entspannung kann man nicht erzwingen sondern muss es geschehen lassen … was wiederum einfacher gesagt als umgesetzt ist.
Falls Sie Interesse am – ansonsten absolut ungefährlichen – Biofeedback haben sollten, auf der Homepage der Deutschen Biofeedback-Gesellschaft finden Sie Adressen von Therapeuten, die diese Methode einsetzen.

4.7 »Achtsamkeit«: Viel mehr als nur die Wahrnehmung von Stress

Es hat Zeiten gegeben, da fiel es der Seele leicht, mit dem, was im Alltag passierte, Schritt zu halten. Spätestens seit der im Internet allgegenwärtigen Informationsflut und den unbegrenzten Möglichkeiten, von denen wir die meisten zwangsläufig verpassen (hoffentlich nicht die wirklich wichtigen, z. B. AGIL), ist es anders. Viele (und/oder »die Gesellschaft«?) haben die Bodenhaftung verloren. Immer schneller, um wenigstens nicht den Anschluss zu verpassen? Die Antwort auf eine zunehmende Beschleunigung und »Entfremdung« wird längst in den Medien, die die Problematik offenkundig machen, diskutiert und offeriert: Entschleunigung, zurück zur Natur, zur Spiritualität, zum einfachen Leben, zu den wahren Werten … Ein derzeit besonders beliebter Weg in diese Richtung ist »Achtsamkeit« – nun allerdings viel umfassender verstanden, als wir es bislang diskutiert haben.

»Achtsamkeitsbasierte Verfahren« werden zur Stressbewältigung eingesetzt, wobei es primär gar nicht um Entspannung geht (wie bei den traditionellen Entspannungsverfahren), sondern darum, gedanklich ganz in der Gegenwart, im

»Hier und Jetzt«, bei sich selbst zu sein, Gedanken kommen und gehen zu lassen, ohne sie zu bewerten.

Das klingt einfach? Oder ganz unmöglich, unsinnig, Sekten-verdächtig?

Spontan ist es für uns schwer bis unmöglich, etwas wahrzunehmen, ohne es sofort zu bewerten und zumindest in Gedanken darauf zu reagieren. Hintergrund dessen ist die Tatsache, dass unser Gehirn eine »Problemlösemaschine« ist. Unser Gehirn ist ständig in einen Arbeitsmodus (»doing mode«). Sobald sich real oder in der Vorstellung Probleme ergeben, versucht es quasi automatisch, eben diese Probleme zu lösen. Im Laufe der Evolution hat unser Gehirn diesen Modus aus guten Gründen entwickelt. Wer ständig mögliche Gefahren und Probleme sucht, ist nicht überrascht, wenn sich diese wirklich zeigen und kann schnell reagieren … Der Nachteil dieses Modus ist, dass er sich nicht abstellen lässt, auch nicht in Situationen, in denen er eigentlich überflüssig und störend ist. Eine Situation oder auch Mitmenschen wahrzunehmen, ohne sie umgehend zu bewerten (»being mode«), ist deshalb praktisch kaum möglich.

Wenn wir meinen, etwas neutral wahrzunehmen, z. B.: *Für mich sind alle Kinder in der Klasse gleich sympathisch, ich bewerte da nicht …*« (Grundschullehrerin, 47 Jahre), dann ist das schlicht eine Selbsttäuschung. Wenn man mit objektiven Methoden das Interaktionsverhalten von Lehrern untersucht, etwa indem mehrere Kameras alles aufnehmen, was in der Klasse passiert, wird schnell deutlich, dass mit einigen Schülern Blickkontakt aufgenommen wird, mit anderen nicht, dass störendes Verhalten von einigen übersehen, von anderen unmittelbar angesprochen wird, dass einige Schüler erheblich mehr Beachtung durch den Lehrer finden als andere und auch der Rede-Anteil der Schüler sehr unterschiedlich sein kann.

Dazu noch ein anderes Beispiel: Wenn wir Bilder von Mitmenschen nur für den Bruchteil einer Sekunde sehen, was viel zu schnell ist, um zu realisieren, ob es sich um eine Frau oder einen Mann handelt, ob sie/er kurze oder lange Haare, blaue oder braune Augen etc. hat, dann haben wir dennoch umgehend ein Gefühl, ob uns diese Person sympathisch oder unsympathisch ist. Das liefe dann definitionsgemäß auf ein Vorurteil hinaus, das wir – wahrnehmungspsychologisch gesehen – ständig praktizieren, wiederum ohne uns dessen bewusst zu sein. Zeigt man uns später die betreffenden Fotos länger, versucht unser Verstand in der Regel eben das sachlich darzulegen, was das Gefühl längst entschieden hat. Entwicklungsgeschichtlich war es entscheidend, im sprichwörtlichen Augenblick Freund und Feind zu unterscheiden. Diese Muster wurden dabei derart »internalisiert«, dass wir nun weitgehend in diesem System gefangen sind und es in jeder Hinsicht für »normal« halten. Menschen, denen »alle Mitmenschen gleichermaßen sympathisch sind« und die »keine Vorurteile« haben, gibt es nicht bzw. solche Selbsteinschätzungen sind mit elementaren Wahrnehmungsmechanismen unvereinbar.

Was »Achtsamkeit« als einen Weg zur Stressbewältigung und Selbst-Vergewisserung anbelangt, geht es somit nicht darum, unvoreingenommen wahrzunehmen (was utopisch wäre), sondern darum, seine eigenen spontanen Bewertungen als solche zu reflektieren (was unter anderem in Supervisionsgruppen und zum Teil in AGIL versucht wird): Gedanken sind Gedanken, unabhängig davon, was die Inhalte sind. Je besser es gelingt, Gedanken als solche zu bewerten (und damit eben nicht deren Inhalte), umso schneller und leichter ziehen sie im Strom der Gedanken fort.

Solche Beobachtungen, deren Umsetzung »Meditation« ist, waren der Ausgangspunkt für das, was namentlich Jon Kabat-Zinn (2013) zur »Achtsamkeitsbasierten Stressreduktion« (Mindfulness-Based Stress Reduction, MBSR) entwickelte. Ausgehend von Konzepten, die sich insbesondere im Buddhismus bis weit in die vorchristliche Zeit zurückverfolgen lassen, geht es darum, sich innerlich von potenziell stressverschärfenden Bewertungsmustern zu distanzieren bzw. zu lernen, solche Gedanken, ohne sie zu bewerten, kommen und gehen zu lassen und die Wahrnehmung »achtsam« auf ausgewählte Aspekte, vom Essen einer Rosine über den Körper (»Body check«), und ein ungerichtetes Hier und Jetzt zu fokussieren.

4.8 Zwei unendlich einfache, unendlich schwere Grundübungen

Übung

Die erste unendlich einfache, unendlich schwere Übung
Setzen Sie sich ruhig auf einen Stuhl, möglichst entspannt, schließen Sie die Augen und beobachten Sie, was dann passiert.

Die zweite unendlich einfache, unendlich schwere Übung
Setzen Sie sich auf einen Stuhl, möglichst entspannt, schließen Sie die Augen, atmen Sie ruhig ein und aus und lassen Sie die Gedanken kommen und gehen. Bewerten Sie nichts, achten Sie nur auf Ihren Atem, Ihr Ein- und Ausatmen.

Wenn Sie die beiden Übungen machen, jede etwa fünf Minuten, merken Sie schnell, wie schwer es fällt, »nichts zu denken« und »nichts wahrzunehmen«. Es ist elementar paradox. Unsere Aufmerksamkeit richtet sich immer wieder spontan auf alles, was »bemerkenswert« erscheint, seien es Geräusche in der Umwelt oder bestimmte Auffälligkeiten unseres Körpers, etwa ein Jucken im großen Zeh, sei es unser Herzschlag.

Unsere Wahrnehmung unterliegt dabei einer fortlaufenden gedanklichen Bewertung. Eben dies trägt oftmals zur Aufrechterhaltung von Anspannung und Stress bei. Man sitzt ruhig auf einem Stuhl, ohne jede Absicht außer der, seine Gedanken schweifen und zur Ruhe kommen lassen zu wollen. Es gilt, auf den Atem zu achten, das tiefe Ein- und Ausatmen … Je nach Ausgangssituation kann das Gegenteil von Entspannung resultieren, wobei Sie sich doch unbedingt entspannen wollen! Und obwohl es das allerletzte ist, woran Sie dabei denken wollen, kommen Gedanken und Gefühle hoch, die unmittelbar etwas mit der Schule zu tun haben … bis hin zu exzessivem Grübeln und Sorgengedanken. Kennen Sie das inhaltlich fruchtlose, ständige Nachdenken, das Grübeln über Probleme (▶ Kap. 5.4 und 5.5).

Angesichts solcher Erfahrungen, die man in den keineswegs »kleinen« Übungen umgehend selbst machen kann, ist die Fähigkeit zur gedanklichen Distanzierung bzw. der Einnahme einer nichtwertenden Haltung gegenüber stressverschärfenden Gedanken – realistisch kann es jeweils nur um eine Annäherung daran gehen – wichtig und, wenn es gelingt, hilfreich, auch als Voraussetzung für Entspannung.

4.9 Mindfulness-Based Stress Reduction (MBSR): Ein neuer Trend und/oder eine uralte Idee?

Um Achtsamkeit im Sinne der »Achtsamkeitsbasierten Stressreduktion« (MBSR) zu erlernen, wurden verschiedene Übungen entwickelt (z. B. das achtsame Essen einer Rosine, der Body Scan, achtsames Sitzen, Gehen …). Eine freundlich-annehmende, idealerweise auch humorvolle Einstellung sich selbst gegenüber erleichtert den Zugang zur Achtsamkeit erheblich. Dies braucht man insbesondere dann, wenn unübersehbar wird, dass man sich bestimmte, stressverschärfende Gedanken nicht verbieten kann. Versuchen Sie es! (*»Ich will jetzt nicht an die Schule, an den Streit im Kollegium und die Probleme in der Klasse 8c denken!«*). Natürlich kann man sich solche Gedanken verbieten … nur werden sie dadurch noch intensiver. Sicher kennen Sie das Beispiel mit dem »rosa Elefanten«, an den man nicht denken soll. Es ist das gleiche Prinzip.

Wenn es nicht klappt, Gedanken zu verbieten, wie kann man sich sonst helfen?

Eigentlich ist unser Gehirn eine Problemlösemaschine. Seine Arbeit besteht unter anderem darin, ein Problem zu finden und das Problem zu bearbeiten. Stets ist es fleißig und bemüht, seine Arbeit gut zu machen. Und es ist kreativ, denn oftmals kreiert es sogar selbstständig neue Probleme! Allerdings heißt es nicht zwangsläufig, dass man das, was das eigene Gehirn so treibt, inhaltlich immer ernst nehmen muss. Um negative, problemschwangere Gedankenkreisläufe als solche zu erkennen und wieder ziehen lassen zu können, ist eine annehmende, wertschätzende Haltung dem Phänomen an sich und Ihrem Gehirn gegenüber durchaus zuträglich. Es ist grundsätzlich gut, dass sich unser Gehirn so viele Gedanken macht und alles umgehend bewertet. Vermutlich hat eben dies unseren Vorfahren und damit uns im Verlauf der Evolution das Überleben gesichert. Nachdem Säbelzahntiger ausgestorben und auch sonstige, akut lebensbedrohliche »Probleme« eher selten sind, bekommen wir nun die Nebenwirkungen dieses Mechanismus zu spüren: Wenn entsprechende Warnhinweis- und Problem-Gedanken einmal angelaufen sind, dann nimmt dies schnell eine Eigendynamik an. Achtsamkeit zielt darauf ab, Gedanken konsequent als das zu nehmen, was sie sind.

Als Gedanken, die quasi den Leerlaufmodus des Gehirns darstellen. Gedanken kommen und gehen. Der gelebte Augenblick dauert wenige Sekunden. Gedanken, die wir nicht festzuhalten und nicht wegzudrängen versuchen, diffundieren sekundenschnell …

Wer Achtsamkeit in diesem Sinne versucht, macht zwangsläufig neue Erfahrungen. Diese ermöglichen es, stressbezogenen Gedanken und Erwartungen (wie z. B. dem eigenen Grübeln über vermeintliche Probleme in der Schule) anders und vor allem entspannter zu begegnen. Achtsamkeit impliziert damit eine realisierende und freundlich-akzeptierende Grundhaltung. Wer dies so sehen und praktizieren kann, wird auch Entspannung erleben und eine vor Überforderungserleben schützende Gelassenheit erreichen. Wer hingegen Achtsamkeit gezielt als Entspannungs- und Leistungssteigerungsmethode einsetzt (*»Ich lerne gerade Achtsamkeit, um damit noch leistungsfähiger zu werden!«*), wird absehbar der unserem Gehirn eigenen Paradoxie-Dynamik zum Opfer fallen!

Achtsamkeit im dargelegten Sinn verweist bei alledem mittelbar auf Ihr persönliches Weltbild und Wertesystem – was sie in unserer, wie skizziert, Wert- und Sinnbedürftigen Gegenwart besonders attraktiv macht. Achtsamkeits-Kompetenz bedeutet, mit den immanenten Klippen charmant umzugehen, ein sinnvolles bis erfüllendes »Handwerkszeug« zu benutzen. Im Zusammenhang mit AGIL heißt das: Stressbewältigung in der Schule. Dabei geht es keineswegs darum, die in den entsprechenden Lehrbüchern und Ratgebern dargelegten Verfahren und Übungen buchstabengetreu zu exerzieren, sondern persönlich als wirksam erlebte Einzelaspekte der Achtsamkeit in den Alltag zu integrieren. Wer Achtsamkeit in sein Leben integrieren kann, gewinnt auf souveräne Weise Abstand von Problem-Dynamiken, und dass, ohne das Erleben von positiven Aspekten zu reduzieren. Wer angesichts dieses idealistischen Anspruches seinem Gehirn freundlich zulächelt (*»Meine liebe Problemlösemaschine mit integriertem Absolutheitsanspruch …«*), hat gute Chancen, auf diesem Weg ein gutes Stück voranzukommen.

Viel Spaß, Einsichten und Erfolg beim Üben, ab jetzt, gerne täglich, nicht als Hausaufgabe, sondern als neues Hobby?

5 Modul Denkbarkeit

Oder: »Jeder hat gute Gründe, sich zu überlasten, sonst würde er es nicht tun!«

Denkbarkeit

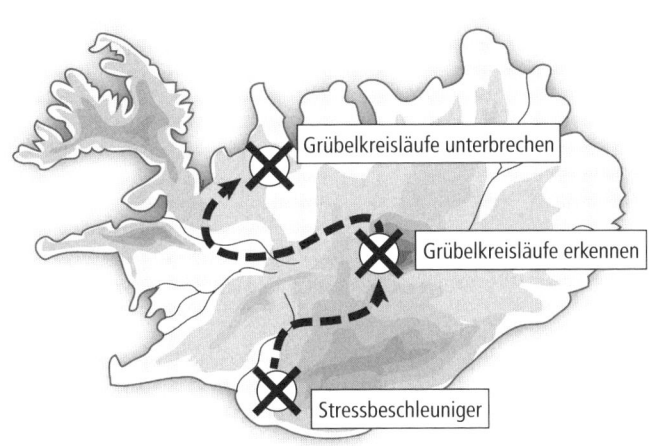

Was ist das zentrale Anliegen des Kapitels?

Warum bleibt Lehrer A angesichts eines massiv störenden Schülers entspannt, hat die Klasse auf seiner Seite und bleibt handlungsfähig, während Lehrer B vom gleichen Schüler geradezu paralysiert ist? Welche psychologischen Prozesse entscheiden mitunter in Sekundenbruchteilen darüber, ob wir mit bestimmten Problemen gelassen umgehen können oder aber von diesen getriggert massiv unter Stress geraten? Wie sehen unsere eigenen diesbezüglichen »Stressbeschleuniger« aus? Und wie lassen sie sich entschärfen? Darüber hinaus werden anhand des »Grübelkreislaufs« zentrale Merkmale einer von vielen Lehrkräften als äußert quälend erlebten gedanklichen Weiterbeschäftigung nach belastenden Situationen des Schulalltags erklärt und Möglichkeiten, Grübelkreisläufe zu durchbrechen, vorgestellt.

Wer sollte sich angesprochen fühlen?

Lehrer ohne »Stressbeschleuniger« gibt es nicht! Eigene stressverschärfende Gedanken und Einstellungen zu kennen gehört zur elementaren Professionalität im Lehrerberuf, um auf dieser Grundlage auch in persönlichen Belastungsspitzen handlungsfähig bleiben zu können. Insofern: Wenn Sie es mit AGIL ernst meinen, ist dieses Kapitel unvermeidlich.

Wie sieht der Fahrplan aus? Was sind die wichtigsten Inhalte dieses Kapitels?

Das Phänomen der »Stressbeschleuniger« wird unter anderem anhand eines Fallbeispiels vorgestellt. Mithilfe des Stressbeschleuniger-Fragebogens lassen sich eigene stressverschärfende Gedanken und Einstellungen identifizieren und in Form von Thermometern darstellen. Ausgehend davon werden Ansatzpunkte und praktische Übungen vorgestellt mit dem Ziel, persönlich besonders relevante und absehbar beeinflussbare Stressbeschleuniger zu entschärfen. Lassen Sie sich außerdem von verschiedenen direkten oder auch paradoxen Möglichkeiten des Umgangs mit eigenem und kollektivem Grübeln überraschen!

Es ist »normal«, dass man sich in unangenehmen Stresssituationen nicht gut fühlt. Sich mit Stresskonstellationen eingehender zu beschäftigen, ist alles andere als ein Vergnügen.

Eben deshalb lässt man es besser sein. Schließlich will man seinen Stress ja reduzieren!

Clever retourniert, Augen zu und durch! Nur dass eben hier – an solchen Punkten bzw. mit dieser Dynamik des sich Unwohl-Fühlens, des nicht wirklich Hinschauens und des halbherzigen vor sich hin Arbeitens – das Stressproblem vieler Lehrkräfte anfängt. Rein praktisch muss man sich natürlich oft »durchwursteln«, Spannungen und Kränkungen aushalten und eben weitermachen. Aber nur wenn man dabei auch erkennt und versteht, was in einem passiert und an welchen Fäden und Mustern die eigenen Reaktionen hängen, bleibt man mittel- und langfristig Frau bzw. Herr im eigenen Haus. Nur dann hat man die Möglichkeit, bewusst zu entscheiden, wie man reagieren will.

Das läuft auf die heikle Frage hinaus, ob man sich eher als Opfer – etwa der Umstände, der schwierigen Klasse, der aufsässigen Schüler und des unsensiblen Schulleiters – oder eben als handelnde, steuerungsfähige Person sieht. Es ist zugegebenermaßen oftmals einfacher und bequemer, sich als prädisponiertes bzw. reales Opfer zu erleben. Vermutlich kennen Sie das von einigen Schülern (oder aus Ihrer eigenen Schulzeit?), wenn schlechte Noten mit dem Satz: *»Bei XY versteht sowieso niemand etwas«* oder *»XY hat eben etwas gegen mich«* anscheinend hinreichend erklärt werden. Wir alle haben diese Tendenz – Lehrkräfte nicht ausgenommen –, die »Schuld« bei den anderen oder den Umständen zu suchen. Das kann durchaus gesund sein, denn es schützt Ihren bzw. unseren Selbstwert. Man trägt für den Missstand keine Verantwortung und hat das moralische Recht abzuwarten bzw. zu fordern, dass die anderen das Problem lösen. Bis dahin leidet man; Letzteres ist das Unangenehme an der Sache.

Sollen die Politiker doch mal selbst Inklusion im Unterricht realisieren!

Kennen Sie diese Thematik? Diskussionen darüber werden unendlich oft in Lehrerzimmern geführt. Kurzfristig gesehen haben solche Gespräche eine »psychohygienische« Funktion: Das Kollegium kommt sich näher, denn es gibt meist einen »gemeinsamen Feind«. Alle haben eine absehbar ähnliche oder sogar die gleiche Meinung, man bestätigt sich, gibt sich recht und macht sich dabei (leider auch) immer intensiver klar, wie hilflos man ist. Langfristig haben solche Gespräche jedoch oft die Qualität eines »kollektiven Grübelns« (▶ Abschn. 5.5.5). Man zieht sich in der Hilflosigkeit systematisch runter.

5 Modul Denkbarkeit

Wir sprachen eben über Verantwortlichkeit – ist das Verantwortung?

Verantwortungsübernahme ist und bleibt eine anstrengende Angelegenheit, zumal dann, wenn es natürlich in Ihrem und letztlich in jedem Beruf Aspekte gibt, die einem quasi übergestülpt werden, mit denen man sich arrangieren muss und die gleichwohl suboptimal bis desolat sind. Wie soll man angesichts großer Klassen, mehrerer Problemschüler in einer Klasse, unhöflicher bis aggressiver Schülereltern und sich optimal abgrenzender Kollegen guten Unterricht machen? Unter solchen Bedingungen sind Sie doch nicht Lehrkraft geworden … Und war früher nicht alles anders und letztlich besser?

Relativ dazu ist die Frage, welche Gedanken und Gefühle einem in welcher Reihenfolge und Intensität angesichts eines Konfliktes kommen, nun wirklich nicht relevant. Lenken Sie nicht von den wirklichen Problemen unseres Schulsystems ab, verehrtes AGIL-Autorenteam!

Hoppla, da wird anscheinend gerade gehörig abgeschweift … was wiederum, psychologisch gesehen, absolut normal und uns allen seit den eigenen Schülertagen bekannt ist. Es ist im Übrigen auch gar nicht schlimm. Die Frage ist nur, wie wir uns jetzt wieder sammeln. Was würden Sie einem Kollegen, der im Lehrerzimmer die soeben formulierten Aussagen macht (*»Lenken Sie nicht von den wirklichen Problemen unseres Schulsystems ab, verehrtes AGIL-Autorenteam!«*), entgegnen?

Diese Frage ist übrigens keine Standardübung in einem Manual, die man ein wenig andenken und dann der Einfachheit halber überlesen sollte, sondern sie läuft auf einen wichtigen Aspekt Ihrer höchstpersönlichen Standortbestimmung als Lehrkraft hinaus.

Ihre Antwort beinhaltet dabei (zumindest) zwei Ebenen:
- Auf der **Sachebene** bietet es sich an, auf die Belastungsebenen im Lehrerberuf hinzuweisen (▶ Abb. 1). Die soeben geführte Diskussion war ja letztlich nichts anderes, als von der möglicherweise als ungemütlich empfundenen persönlichen Ebene quasi auf höhere Ebenen, auf die Schulleitung und die Gesellschaft, auszuweichen. Natürlich kann man darüber unendlich lange reden, nur verändern können wird man da absehbar zunächst einmal nichts. Es läuft somit, bei allem Verständnis, auf eine systematische Paralyse der eigenen Handlungsmöglichkeiten hinaus. Man kann, wenn das Auto nicht fährt, über den aberwitzigen Trend zur Übertechnisierung schimpfen, über die nachlässige Werkstatt und deren viel zu hohe Rechnungen. Näher läge es, so gut es eben geht zu klären, wo das Problem liegen könnte, und – entsprechend den eigenen Möglichkeiten – entweder die Motorhaube zu öffnen und nachzusehen oder den ADAC zu rufen … Was beim Auto selbstverständlich ist, sollte es auch im realen Lehrer-Leben sein!
- Auf der **persönlichen Ebene** läuft es auf die Frage hinaus, wie man sich als Lehrkraft positioniert und welche Verantwortung man dabei für seine Handlungen übernimmt. Einerseits erleben Lehrkräfte die Verantwortung, die auf

ihnen lastet, oftmals mit großer Intensität: Man ist verantwortlich für die Lernfortschritte der Schüler und, gerade auf Klassenfahrten, deren Unversehrtheit. Einer solchen Verantwortung, wobei darüber zu diskutieren bliebe, welchen Einfluss Lehrer realiter im Einzelfall nehmen bzw. haben können, lastet ungeachtet dessen umso schwerer, als je weniger handlungsfähig man sich erlebt. Wer seinen Blick (siehe oben) systematisch auf Ebenen richtet, in denen er de facto keinen Einfluss hat, mag es als persönliche Auszeichnung erleben, eine sehr verantwortungsvolle Lehrkraft zu sein. Substanziell und realiter verantwortungsbewusst wird es erst dann, wenn man die – erheblichen – Spielräume nutzt, die man auf der höchstpersönlichen Ebene hat. Eben das wäre ein professioneller Umgang mit den Herausforderungen des Lehrerberufs. Vermutlich werden Sie Ihre persönliche Ebene im Lehrerzimmer zwischen Alltagsgeschäft und Pausenende nicht eingehender kommunizieren. Gleichwohl, diese Ebene selbst zu reflektieren und eine entsprechende Standortbestimmung vorzunehmen, ist unabdingbar. Nur auf einer solchen Grundlage funktioniert AGIL!

Anmerkung: Falls Sie das Gefühl haben, wir, die Autoren, kommen Ihnen mit der einen oder anderen Aussage dann doch zu nahe und bei Ihnen ist es aus guten Gründen ganz anders, dann werden Sie einerseits recht haben. Andererseits kommen Sie nicht umhin, wenn Sie im Sinne von AGIL Ihre Strategien so verändern wollen, dass es langfristig entspannter wird, kurzfristige Komfortzonen als solche zu erkennen und – zumindest einige davon – zu verlassen. »*Jeder hat gute Gründe sich zu überlasten, sonst würde er es nicht tun*« – das ist keine Frechheit, wie sie nur unbesonnen daherredenden Psychotherapeuten einfallen kann, sondern ein psychologisches Grundgesetz! Viele der uns in Überlastungskonstellationen hineinführenden Muster haben zunächst einmal die Funktion, uns vor antizipiert noch größeren Problemen/Ängsten zu schützen. Wer sich nicht traut, seinem Schulleiter zu sagen, dass er eine bestimmte Zusatzaufgabe nicht übernimmt, dem bleibt nichts anderes übrig, als selbige zu erledigen … Es werden uns im Laufe des Buches noch diverse Beispiele für alternative Handlungsmöglichkeiten begegnen (▸ Kap. 6).

Also: Nichts für ungut! Selbstverständlich wollen wir Ihnen nicht zu nahe treten. Aber wenn wir Ihnen nicht nahetreten, dann bleibt AGIL für Sie absehbar belanglos und folgenlos. Dass dieser Balanceakt in einem Buch noch schwieriger ist, als wenn wir es persönlich – im Rahmen eines AGIL-Kurses – miteinander zu tun hätten, liegt in der Natur der Sache. Es bleibt uns allen nur, unser in diesem Rahmen Möglichstes zu versuchen! Für Sie heißt das: Wenn Sie sich von unseren Aussagen getroffen bis beleidigt fühlen sollten, dann Pardon, so war es sicher nicht gemeint. Gleichwohl könnte Ihre Reaktion ein prägnanter Hinweis auf einige Ihrer Muster sein, die längerfristig einer AGILen Bewältigung Ihres Schulalltags entgegenstehen.

Also: hinschauen, Ärmel hochkrempeln …

5.1 Hintergrund und Ziele

Nachdem Sie in den ersten Kapiteln Ihre Motivation und Veränderungsbereitschaft reflektieren und überprüfen konnten, sollte es nun konkret darum gehen, sich mit den eigenen Zielen und Wünschen auseinanderzusetzen. Im Modul »Denkbarkeit« werden wir versuchen, Ansatzpunkte der individuellen Stressbewältigung zu erarbeiten.

Konkret geht es um die Identifikation und die Entschärfung potenziell stressfördernder Gedanken. Solche Gedanken kennen wir alle, sie sind Frucht unserer Erziehung und vielfach überlebenswichtig, etwa: »*Nur wer sich anstrengt, hat auch Erfolg!*« – hiervon ausgehend bereiten wir uns am Nachmittag excessiv auf den folgenden Arbeitstag vor und am nächsten Tag läuft alles wie am Schnürchen. Das Problem ist nur, dass apodiktische Gedanken bzw. Leitsätze dieser Art oft überdosiert sind, uns mit ihrem generellen Anspruch unflexibel machen und uns damit zusätzlich unter Druck setzen – mitunter ohne dass wir es merken! Häufig sind uns derartige Gedanken so vertraut und geradezu ein elementarer Bestandteil unserer Persönlichkeit, dass wir sie ohne bewusste Aufmerksamkeitslenkung gar nicht mehr registrieren. Unsere damit verbundenen Einstellungen und Überzeugungen (z. B. »*Im Schulsystem nimmt keiner Rücksicht, wie es uns Lehrern persönlich geht*« oder »*Ich kann doch eh' nichts ändern*«; siehe oben) wirken dann wie ein Filter: Erfahrungen, die sie bestätigen, werden weiterverarbeitet. Ihnen widersprechende Erfahrungen werden jedoch mit einiger Wahrscheinlichkeit in diesem Filter hängen bleiben. Solange ein stressverstärkender Gedanke nicht als solcher erkannt wird, stecken wir hilflos in der eigenen Stressfalle. Entsprechend ist es zunächst einmal wichtig, die »Urheber« für solche Konstellationen, also Ihre Stressverstärker, zu identifizieren, um sie dann in einem nächsten Schritt entkräften zu können.

> **Fallbeispiel**
> **Stefani S. entdeckt ihre »gedanklichen Stressverschärfer«**
> Stefani S., 31 Jahre, ist Lehrerin an einem Gymnasium und ledig. Sie fühlt sich seit vielen Monaten erschöpft, »ausgelaugt« und antriebslos. Angesichts der schulischen Verpflichtungen hat sie praktisch kein Privatleben mehr. Die Wochenenden verbringt sie am Schreibtisch bei Korrekturen und Vorbereitungen. Ihr Partner hat sich eben deshalb vor einem halben Jahr von ihr getrennt: »*... Für mich hast Du ja sowieso keine Zeit.*«
> Als Auslöser ihrer Beschwerden sieht Frau S. in erster Linie ihre berufliche Überlastung. Dass sie eine »hohe Leistungsorientierung« hat, ist ihr seit Langem bewusst. Trotz vollem Lehrdeputat und diversen Zusatzaufgaben will sie immer alles »sehr gut« machen.
> Als sie schließlich mit der Diagnose »depressive Störung, gegenwärtig mittelgradige Episode« in stationäre Behandlung kommt, fällt es Stefani S. anfangs sehr schwer, sich in der Gruppe zu öffnen. In der dritten AGIL-Gruppe bricht sie in Tränen aus und »sprudelt« mit ihrer Geschichte heraus, als sie mit ihren Stressbeschleunigern konfrontiert wird, insbesondere »Bitte niemals um Hilfe und Unterstützung« sowie »Mache keine Fehler, sonst bist du ein Versager«. Von den Gruppenmitgliedern, bei denen viele ähnliche Muster haben, fühlt sich Stefani S. verstanden und angenommen. Man tauscht sich aus, jeder hat seine guten, aber auch schlechten Erfahrungen mit den eigenen Stressverstärkern gemacht. Stefani S.

> kann sich dabei in der Gruppe öffnen, ihre ansonsten dominierende Art, sich angepasst und »brav« zu zeigen, fallen lassen und Gefühle wie Traurigkeit zulassen. Eigentlich hatte sie ihren Partner sehr geliebt. Waren nicht ihre eigenen Muster schuld daran, dass sie nun einsam war? In der Gruppe bekam sie viel Zuspruch und eben dadurch die Unterstützung und Rückendeckung, die sie brauchte, aktiv etwas an hren Stressverstärkern zu verändern.

Das Modul »Denkbarkeit« hat zwei Schwerpunkte: Zum einen werden wir uns mit Ihren sogenannten »automatischen Gedanken« auseinandersetzen. Diese stellen sich spontan ein, laufen sehr schnell ab und imponieren dabei subjektiv als so plausibel, dass sie quasi selbstverständlich zu sein scheinen. Gleichzeitig führen sie aber zu einer verzerrten, zumindest einseitigen Sicht der Realität. Durch die mit automatisierten Gedanken verbundenen Denkfehler – z. B. Generalisierungen (»*das schaffst Du nie, immer wirst Du ...*«) oder »Personalisieren« (»*Du bist für alles verantwortlich ...*«) – festigen sich solche Automatismen weiter und werden de facto von uns als Realität erlebt (siehe etwa Anita B., ▶ Kap. 3.3, Fallbeispiel). Automatischen Gedanken sind dabei häufig als solche nicht bewusst. Was uns dann aber bewusst wird, ist das Ergebnis: nämlich das Gefühl, »gestresst zu sein«. Im Folgenden werden wir solche Gedanken als **gedankliche Stressbeschleuniger** bezeichnen. Nachdem Sie Ihre Stressbeschleuniger in einem ersten Schritt identifiziert und sich diese bewusst gemacht haben, wird es darum gehen, sie zu entschärfen. Dazu sind zumeist Verhaltensexperimente hilfreich.

Gedankliche Stressbeschleuniger führen bei vielen Menschen zu negativen, sich selbst verstärkenden Gedankenkreisläufen, also zu **Grübelkreisläufen.** Auch dabei sind uns die dahinter liegenden Mechanismen als solche häufig nicht bewusst. Grübelkreisläufe können unwillkürlich »nur« in unserem Kopf ablaufen, sie können sich aber auch zu einem Gruppenphänomen aufschaukeln (▶ Abschn. 5.5.5). Grübeln kann kurzfristig entlastend sein, langfristig hat es jedoch fatale Auswirkungen. Mit der Entstehung und Dynamik des Grübelkreislaufs und »Grübelstopp-Techniken«, also Möglichkeiten zur aktiven Durchbrechung der Kreisläufe, beschäftigen wir uns im zweiten Teil dieses Moduls.

Stressverstärkende Gedanken gehen mit rigiden Einstellungen einher, die sehr häufig ihren Ursprung in der persönlichen Lerngeschichte haben. Entsprechend kann es vorkommen, dass Ihnen unmittelbar »prägende« Kindheitssituationen, etwa mit einem sehr autoritären, wenig liebevollen Vater oder einer strengen, oft abwesenden Mutter, einfallen und Sie diesbezüglich lange »unterdrückte« Gefühle, wie Traurigkeit oder Ärger und Wut, spüren. Im »Möglichkeiten-Modul« (▶ Kap. 6) finden Sie ein Kapitel, in dem beschrieben wird, wie Sie mit solchen Gefühlen umgehen können. Dabei ist Folgendes wichtig: Was nicht ins Bewusstsein gelangt, kann auch nicht von Ihnen aktiv gelöst werden. Deshalb sind Gefühle, auch schmerzliche, oftmals ein Hinweis darauf, dass Sie auf dem richtigen Weg sind. Was jedoch im Umkehrschluss nicht bedeutet, dass, wenn Sie nichts fühlen, Sie vom Weg abgekommen sind. Je nach Temperament, persönlicher Prägung und Lerngeschichte können Gefühle in Ausmaß und Tiefe variieren. Ein schier unendliches Thema, unendlich individuell und unendlich spannend.

5.2 Stressbeschleuniger werden identifiziert

Viele Menschen, wenn es konkret erfragt wird, können spontan recht gut einschätzen, »nach welchen Mustern« sie funktionieren. Wenn Sie (ausnahmsweise?) einmal weiterblättern, dann werden Sie zwei Abbildungen finden (▶ Abb. 8 mit einem Fragebogen und ▶ Abb. 9 mit dem dazugehörigen »Thermometer«), die unterschiedliche Stressverstärker abbilden – und zwar solche, die bei Lehrkräften häufig und für die Entstehung und Aufrechterhaltung vom Stresserleben bis zu psychischen Erkrankungen relevant sind. Wenn Sie schon mal – versuchsweise – markieren, welche Bedeutung die einzelnen Aspekte bei Ihnen haben … dann haben Sie bereits mehr als einen ersten Eindruck, worum es in der folgenden Übung gehen wird. Äußere Faktoren sind häufig schwer zu verändern, an den inneren Faktoren können wir arbeiten …

Spontane Einschätzungen können mitunter perfekt sein; für wissenschaftliche Fragestellungen, und wenn man es genau wissen und vergleichen will, sind standardisierte Verfahren unabdingbar. In allen Bereichen, die etwas mit Psyche zu tun haben, gibt es eben deshalb Fragebögen. Der folgende Fragebogen (▶ Abb. 8), der 32 Fragen enthält, wurde bereits bei zahlreichen Lehrkräften eingesetzt, bei gesunden und kranken und zudem bei AGIL-Teilnehmern im Verlauf, also vor und nach der AGIL-Teilnahme. Es gibt entsprechende Daten, anhand derer man sagen kann, ab welchen Werten auf einzelnen Stressverstärkern bzw. Stressbeschleunigern ein erhöhtes Erkrankungsrisiko besteht und welche Stressverstärker sich vergleichsweise gut bzw. eher schwer bis gar nicht verändern lassen. Wenn Sie es also – über Ihre spontane Einschätzung hinaus – genau wissen wollen, dann gehen Sie bitte diese Fragen durch und kreuzen spontan (d. h. ohne allzu lange zu überlegen) an, ob Ihnen die jeweiligen Aussagen, bezogen auf Ihre Person, vertraut, wenig vertraut oder nicht vertraut sind.

Die Auswertung lässt sich recht einfach, ausgehend von der auf S. 84 folgenden ▶ Abbildung 9, den Stressbeschleuniger-Thermometern, selbst vornehmen. Um Ihre persönlichen Stressbeschleuniger zu identifizieren, müssten Sie nur die Punkte der Fragen, die den einzelnen Stressbeschleunigern zugeordnet sind (diese stehen jeweils unter den »Thermometern«), zusammenzählen und den sich dabei ergebenden Wert markieren. Anhand der Skala mit der Einteilung in die Bereiche »mäßig«, »stark« und »sehr stark« können Sie dann unmittelbar ablesen, welche Stressbeschleuniger für Sie bzw. bei Ihnen besonders relevant sind und Sie für Stress besonders anfällig machen.

Und nun? Schön und gut, aber was habe ich davon?

Keine Sorge, Sie sind bereits dabei, die nötigen Konsequenzen zu ziehen. Dazu ist es unabdingbar, sich zunächst einmal Zeit zu nehmen und seine Stressverstärker-Thermometer auf sich wirken zu lassen.

Die *Stress-Beschleuniger!* entdecken

In der direkten Übersetzung bedeutet »Stress« nichts anderes als **Anspannung**. *Stress-Beschleuniger!*, was ist das? *Stress-Beschleuniger!* sind wie innere Stimmen, die uns ständig antreiben, uns unter Druck setzen und Anspannung hervorrufen. *Stress-Beschleuniger!* zeigen sich in Gedankenmustern und Einstellungen.

Denken Sie einmal an einen gemütlichen Grillabend. Im Grill ist schon Glut – ein kleines Feuer. Sie reden mit Freunden und nebenbei, ganz aus Versehen, schütten Sie statt der Gewürzmischung, den Brandbeschleuniger in den Grill. Jetzt kann es richtig unangenehm werden.

Stress-Beschleuniger! haben eine ganz ähnliche Wirkung, sie beschleunigen den Stress und können ihn mit Leichtigkeit so richtig zum Kochen bringen. Anschließend fühlt man sich ausgebrannt und völlig erschöpft.

In welchem Bereich liegen Ihre *Stress-Beschleuniger!*, gibt es Gedanken und Einstellungen, die Ihren Stress verschlimmern?

Gedanken dieser Art sind mir ...	nicht vertraut	vertraut	sehr vertraut
1. Wenn ich Kollegen oder Eltern um Unterstützung bitte, dann ist das ein Zeichen von Schwäche.	0	1	2
2. Ich erwarte von mir höhere Leistungen bei meinen täglichen Aufgaben, als die meisten anderen es von sich verlangen.	0	1	2
3. Ich werde es nie schaffen, dieses Problem zu lösen.	0	1	2
4. Wenn ich bei meiner Arbeit versage, dann bin ich als ganzer Mensch ein Versager.	0	1	2
5. Etwas spontan ausprobieren zu müssen wäre schrecklich, denn es könnte ein Reinfall werden.	0	1	2
6. Ich mache mir gewöhnlich Vorwürfe, wenn die Dinge schief gelaufen sind.	0	1	2
7. Ich habe extrem hohe Ziele.	0	1	2
8. Ich kann es nicht ertragen, andere Leute um Unterstützung zu bitten.	0	1	2
9. Ich vermeide es lieber, Dinge auszuprobieren, wenn ich mir über das Ergebnis nicht sicher bin.	0	1	2
10. Ich kann doch wohl erwarten, dass andere mich genauso freundlich und zuvorkommend behandeln, wie ich es tue.	0	1	2
11. Ich setze mir höhere Ziele als die meisten Kollegen.	0	1	2
12. Wenn ich nicht ständig gut arbeite, dann werden die anderen mich nicht achten.	0	1	2
13. Wenn etwas schief gelaufen ist, fühle ich mich schnell verantwortlich.	0	1	2
14. Es ist für mich sehr wichtig, dass andere mögen, was ich tue.	0	1	2

Abb. 8   Der Stressbeschleuniger-Fragebogen

5.2 Stressbeschleuniger werden identifiziert

15. Manche Menschen verhalten sich so unmöglich, dass ich mich einfach aufregen muss.	0	1	2
16. Ich brauche es, dass die Leute mich mögen.	0	1	2
17. Wenn ich etwas nicht erreiche, gebe ich mir selbst die Schuld.	0	1	2
18. Es ist mir sehr wichtig, dass die Leute billigen, was ich tue.	0	1	2
19. Ich kann diese Probleme und Schwierigkeiten einfach nicht mehr ertragen.	0	1	2
20. Die haben kein Recht, mich so geringschätzig und ungerecht zu behandeln.	0	1	2
21. Wenn ich nicht den höchsten Anspruch an mich stelle, dann ende ich wahrscheinlich als zweitrangiger Mensch.	0	1	2
22. Es ist ungerecht, dass gerade ich so viele Probleme und Schwierigkeiten habe.	0	1	2
23. Selbst ein geringes Risiko einzugehen ist dumm, denn wenn ich verliere, wird das eine Katastrophe sein.	0	1	2
24. Wenn ich um Unterstützung bitte, ist dies ein Zeichen meiner Inkompetenz und Schwäche.	0	1	2
25. Es ist sehr wichtig, wie andere Leute über mich denken.	0	1	2
26. Es gibt zu viele Leute, die einfach unmöglich sind.	0	1	2
27. Ich würde meine Schwäche entblößen, wenn ich meine Kollegen um Unterstützung, Rat und Hilfe bitte.	0	1	2
28. Etwas zu tun, wenn ich nicht genau weiß, was auf mich zukommt, wäre schrecklich.	0	1	2
29. Ich gebe mir gewöhnlich selbst die Schuld, wenn sich die Dinge nicht gut entwickeln.	0	1	2
30. Wenn ich nicht so gut bin, wie andere Leute, dann heißt das, dass ich ein Mensch von geringerem Wert bin.	0	1	2
31. Andere scheinen sich für geringere Maßstäbe zu akzeptieren, als ich das tue.	0	1	2
32. Ich habe schon genug Probleme im Leben gehabt und hätte verdient, dass keine neuen mehr dazukommen.	0	1	2

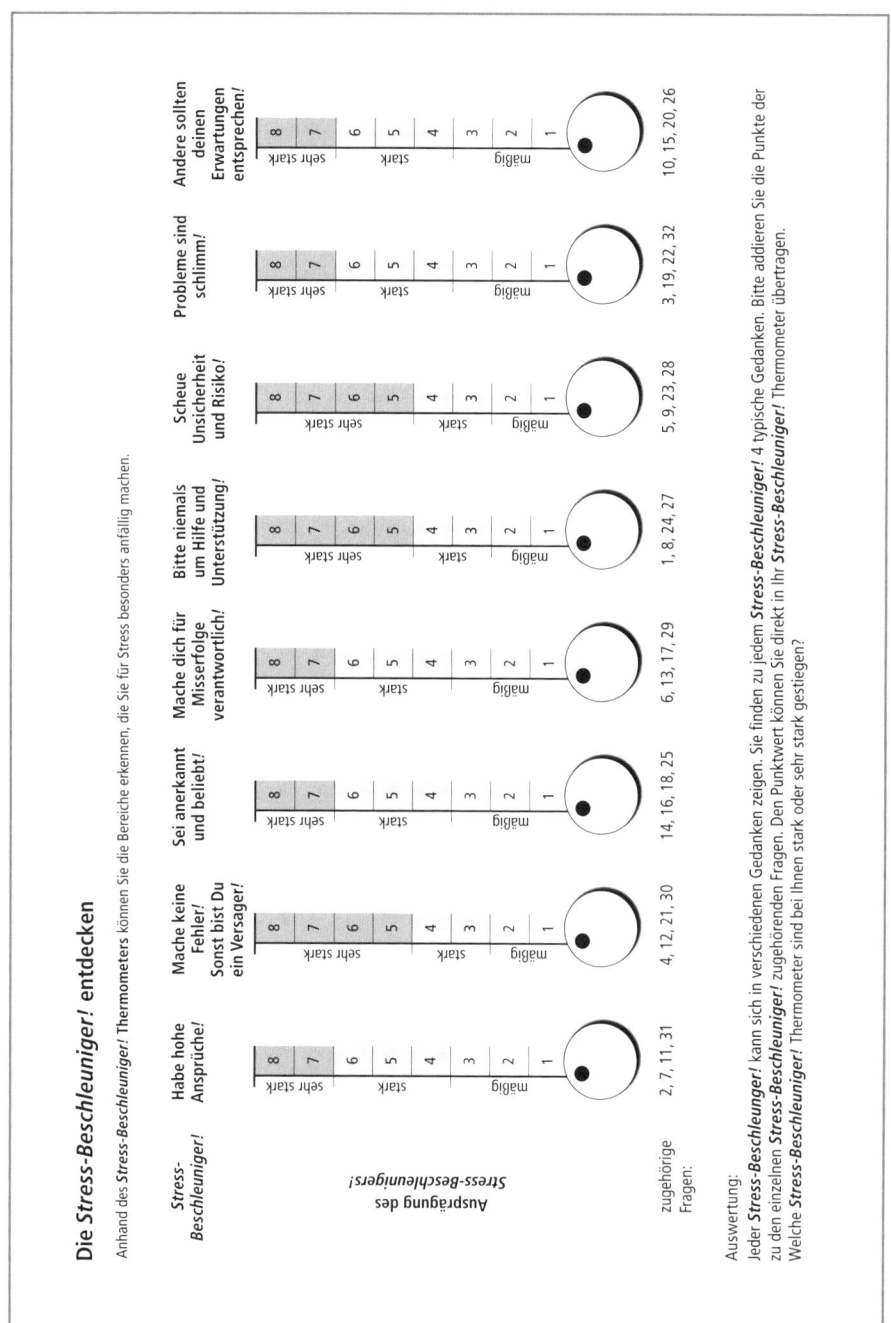

Abb. 9 Die Stressbeschleuniger-Thermometer

1. Was war Ihr erster Eindruck angesichts Ihres Stressbeschleuniger-Thermometers? Was hatten Sie erwartet bzw. was überrascht Sie?
2. Welche Stressverstärker sind bei Ihnen – im Vergleich zu den anderen Stressverstärkern – besonders hoch ausgeprägt? Welche Merkmale erreichen dabei den potenziell gesundheitsrelevanten (dunkelgrau markierten) Bereich?
3. Haben Sie Ideen dazu, was hinter den bei Ihnen höher ausgeprägten Stressverstärkern »steckt«? Welche persönlichen Erlebnisse und Erfahrungen, welche »Prägungen« bringen Sie damit in Verbindung?

Zwar handelt es sich testpsychologisch gesehen um einen vergleichsweise einfachen Fragebogen bzw. Test. Gleichwohl lässt sich damit, also mit wenigen Fragen, die Individualität von Menschen prägnant aufzeigen: Auch in größeren AGIL-Gruppen finden Sie praktisch nie identische Stressbeschleuniger-Profile. Allerdings gibt es durchaus ähnliche Kurven. So ist es im Rahmen unserer Leistungsgesellschaft nicht verwunderlich, dass viele Menschen, und entsprechend viele Lehrkräfte, an sich selbst hohe Ansprüche stellen. Und Menschen, denen es eher egal ist, ob sie »beliebt und anerkannt sind«, werden vermutlich eher seltener den in hohem Maße sozial-interaktiven Lehrerberuf ergreifen. Bei vielen Profilen findet sich zumindest ein Stressbeschleuniger im starken oder sehr starken Ausprägungsbereich, was auf individuell wichtige Muster verweist.

Eben dieser bzw. diese Stressbeschleuniger stecken hinter den Gedanken und Gefühlen, die bei den betreffenden Menschen – bei Ihnen – angesichts entsprechender Stresssituationen ganz spontan und scheinbar wie selbstverständlich in den Kopf schießen.

Exkurs

Welche Stressbeschleuniger sind besonders »gefährlich«?
Wenn man gesunde und unter psychosomatischen Erkrankungen leidende, ansonsten hinsichtlich Alter, Geschlecht und Schultyp vergleichbare Lehrerinnen und Lehrer einander gegenüberstellt, ergibt sich bei den Stressbeschleunigern folgende aufsteigende Reihenfolge:
- Habe hohe Ansprüche!
- Andere sollen Deinen Erwartungen entsprechen!
- Scheue Unsicherheit und Risiko!/Mache Dich für Misserfolge verantwortlich!
- Bitte niemals um Hilfe und Unterstützung!
- Mache keine Fehler, sonst bist Du ein Versager!

Das heißt das Risiko, zu erkranken, wenn man »nur« hohe Ansprüche an sich stellt, ist eher gering. Wer hingegen davon ausgeht, dann, wenn er Fehler macht, ein Versager zu sein, ist erheblich stressbelasteter und gesundheitlich gefährdeter als ein Kollege, der diesbezüglich entspannter ist.

Um solche Automatismen bei sich nachvollziehen und in Zukunft entschärfen zu können, ist es unvermeidlich, hier – also auf Ihre am höchsten ausschlagenden Stressbeschleuniger – genauer hinzuschauen. Und dabei geht es zunächst einmal keineswegs darum, dass besonders hohe oder auch besonders niedrige Werte auf Stressverstärkern schlecht sein müssen. Im Gegenteil! Jeder hohe Stressbeschleunigerwert hat offenkundig gewichtige Vorteile – sonst gäbe es keine Lehrkräfte, die diesbezüglich so hohe Werte hätten.

Um mit den hohen Ansprüchen zu beginnen: Wenn jemand hohe Ansprüche an sich selbst stellt, wird er absehbar selbst hohen Einsatz in seiner Ausbildung und bei Prüfungen bringen. Das wiederum erhöht die Wahrscheinlichkeit, Prüfungen zu bestehen, gute Noten zu haben und – eher als andere – eine feste Anstellung zu finden. Andererseits: Genau! Es kostet viel Energie, was dann, wenn es nicht um relevante Prüfungen geht, zur stetigen Überforderung und Überlastung führen kann. Einerseits kann man das gute Gefühl haben, ein besonders engagierter, leistungsstarker Mensch zu sein. Andererseits ist das Dumme daran, dass es Lebensabschnitte gibt, in denen eine zu ausschließliche, zu enge Orientierung an eben solchen Grundannahmen problematisch wird, etwa weil es auf Dauer sehr anstrengend ist, immer und überall der Beste sein zu müssen. Es ist zudem – und das ist wissenschaftlich erwiesen – eben nicht so, dass der ehrgeizigste Lehrer die besten Schüler hat ... und beliebt macht das auch nicht immer. Zudem fällt es entsprechend leistungsorientierten Lehrern mitunter schwer, Menschen, zumal Schüler, die diesbezüglich anders ticken, zu verstehen und wertzuschätzen.

Um langfristig in der Schule und im Leben gut zurechtzukommen, ist es wichtig, Möglichkeiten und Ideen zu sammeln, um solche Stressverstärker auszubremsen. »Ausbremsen« bedeutet dabei nicht, diese Grundannahmen vollständig loszuwerden, sondern flexibler damit umzugehen. Natürlich ist es gut, hohe Ansprüche zu haben. Aber deswegen gegen die Wand zu fahren, hilft niemandem ...

Exkurs

Welche Stressbeschleuniger lassen sich vergleichsweise einfach entschärfen, welche kaum?
Wenn man die Stressbeschleuniger-Profile von AGIL-Teilnehmer – in diesem Fall psychosomatisch erkrankte Lehrerinnen und Lehrer – vor und nach Abschluss des Programms miteinander vergleicht, dann ergibt sich die folgende, dem Risikoprofil (siehe oben) ähnliche Reihenfolge:
- Habe hohe Ansprüche!
- Andere sollen Deinen Erwartungen entsprechen!
- Bitte niemals um Hilfe und Unterstützung!
- Scheue Unsicherheit und Risiko!/Mache Dich für Misserfolge verantwortlich!
- Mache keine Fehler, sonst bist Du ein Versager!

Das hat zum einen methodische Gründe: Hoch ausgeprägte Stressverstärker lassen sich leichter reduzieren als solche, die eher mittelgradig erhöht sind. Zum anderen liegen inhaltliche Gründe vor: Ein Leben lang erlernte, immer wieder verstärkte und eher auf übergeordneter Ebene liegende Muster (»habe hohe Ansprüche«) lassen sich schwerer verändern als umschriebene »dysfunktionale« Einstellungen (etwa die selbstabwertende, geradezu beleidigende und dabei inhaltlich offensichtlich unsinnige Aussage, bei Fehlern ein Versager zu sein) und solche, die sich gut und konkret praktisch üben lassen – bitten Sie einen Kollegen um Hilfe, dann schauen wir mal, wie er reagiert, und fragen ihn, was er von Ihnen denkt!

5.2 Stressbeschleuniger werden identifiziert

Die folgenden Übersichten bringen jeweils wichtige Vorteile (»Das Schmackhafte daran …«) und Nachteile (»Hier steckt der Wurm drin …«) der Stressbeschleuniger auf den Punkt. Selbstverständlich ohne Anspruch auf Vollständigkeit!

Bitte ergänzen Sie, vor allem wenn es Sie selbst betreffende Stressbeschleuniger betrifft!

Übung

Stressbeschleuniger

Die in der obigen Aufstellung erfassten Aspekte bleiben zwangsläufig allgemein. Sie kommen dementsprechend nicht daran vorbei, Ihre persönlichen Stressbeschleuniger unter die Lupe zu nehmen und deren Vor- und Nachteile in Ihrer konkreten Situation auszuloten.

Meine am höchsten ausschlagenden Stressbeschleuniger sind:

a) Stressbeschleuniger mit dem höchsten Wert:

_____

_____

Welche Hintergründe (z. B. biografische Ereignisse) hat das vermutlich?

_____

_____

Welche Vorteile hatte ich davon früher, welche habe ich heute?

Früher: _____

Heute: _____

Welche Nachteile hatte ich davon früher, welche habe ich heute?

Früher: _____

Heute: _____

b) Stressbeschleuniger mit dem zweithöchsten Wert:

_____

_____

Welche Hintergründe (z. B. biografische Ereignisse) hat das vermutlich?

_____

_____

Welche Vorteile hatte ich davon früher, welche habe ich heute?

Früher: _____

Heute: _____

Welche Nachteile hatte ich davon früher, welche habe ich heute?

Früher: _____

Heute: _____

c) Stressbeschleuniger mit dem dritthöchsten Wert:

_____

_____

Welche Hintergründe (z. B. biografische Ereignisse) hat das vermutlich?

_____

_____

Welche Vorteile hatte ich davon früher, welche habe ich heute?

Früher: _____

Heute: _____

Welche Nachteile hatte ich davon früher, welche habe ich heute?

Früher: _____

Heute: _____

Nehmen Sie sich für Zeit für die Beschäftigung mit Ihren Stressbeschleunigern. Sie sind wohl oder übel ein Teil von Ihnen und machen Ihre Persönlichkeit aus. Entsprechend geht es nicht darum, sein Stressverstärker-Profil kategorisch zu verändern oder gar ein »Idealprofil« zu haben. Es geht ausschließlich darum, die quasi überfordernden Aspekte einzelner Stressverstärker, die vielleicht ehemals von Vorteil gewesen sind, Ihnen aber heute eben unnötigen Stress machen, zu entschärfen.

Welche Punkte, oder besser, weil man am besten an einem konkreten Aspekt arbeiten kann, welcher Punkt wäre das bei Ihnen?

5.2 Stressbeschleuniger werden identifiziert

Die *Stress-Beschleuniger!*

Habe hohe Ansprüche!

Das Schmackhafte daran …
Hohe Ansprüche helfen gute Arbeitsergebnisse zu erzielen. Gute Arbeitsergebnisse schaffen die Voraussetzung, die eigene Arbeit als eine Quelle von Zufriedenheit und Selbstvertrauen zu erleben.

Hier steckt der Wurm drin …
Ansprüche können aber auch überhöht sein, v. a. wenn sie eine Person dazu antreiben, sich weit über die persönlichen Grenzen hinaus zu verausgaben. Ansprüche sind überhöht, wenn sie mich in einen chronischen Anspannungs- und Überforderungszustand hineintreiben. Das sind beste Bedingungen für die Entstehung chronischer Stressbeschwerden!

Mache keine Fehler! Arbeite sorgfältig!
… denn sonst wirst Du ein Versager sein

Das Schmackhafte daran …
Der Wunsch Fehler zu vermeiden, verleiht dem Arbeiten zusätzliche Energie und kann wesentlich zum Erfolg beitragen. Gelungene Arbeiten schenken Zufriedenheit. Anderen fällt es leichter, Vertrauen in unsere Urteile und Leistungen zu entwickeln. Jeder Mensch braucht Anerkennung. Gute Arbeit kann uns einen Teil dieser Anerkennung einbringen.

Hier steckt der Wurm drin …
Der Wunsch, durch hervorragende fehlerfreie (berufliche) Leistungen die Anerkennung anderer zu erhalten, kann zum einzigen und unnachsichtigen inneren Antreiber werden. Der Selbstwert beruht zu einseitig auf der (beruflichen) Leistung. Das kostet die letzten Kraftreserven: Überarbeitung, Erschöpfung sind die Folge. Die (berufliche) Leistung wird zur zentralen Stütze des eigenen Selbstwertgefühls.

Sei anerkannt und beliebt!

Das Schmackhafte daran …
Anerkennende, lobende Worte anderer sind »Balsam für die Seele«. Daher ist das Bestreben, es anderen leicht zu machen und mich zu mögen eine sehr gesunde Art, für das eigene Wohlbefinden zu sorgen.

Hier steckt der Wurm drin …
Ist die Anerkennung durch andere die einzig wahre Belohnungsquelle, die einzige Möglichkeit, woran wir für uns erkennen, dass wir liebenswert und wertvoll sind, gerät unser Befinden in die Abhängigkeit gegenüber den Meinungen und Launen anderer. Unsere eigenen Meinungen, Stimmungen, Bedürfnisse, Wünsche verkümmern zusehends. Wir stellen uns vor, was andere schätzen und mögen und richten unsere – ohnehin schon begrenzten – Kräfte darauf aus.

Übersicht »Stressbeschleuniger«

Mache Dich selbst für Misserfolge verantwortlich!

Das Schmackhafte daran …
Einsichtsfähigkeit in eigene Fehler und Verantwortungsbewusstsein sind die Stärken einer reifen Persönlichkeit. Sie ermöglichen es uns, Fehler als Chance zur Weiterentwicklung zu nutzen, mit anderen Menschen harmonisch zusammenzuarbeiten und sich selbst weiterzuentwickeln.

Hier steckt der Wurm drin …
Eine überstarke Tendenz zur Selbstbeschuldigung untergräbt das Vertrauen in die eigene Urteils- und Leistungsfähigkeit. Unsicherheit entsteht und diese fördert in der Folge weitere Misserfolgserlebnisse. Es entsteht letztlich ein negatives und pessimistisches Bild über die eigene Person.

Bitte niemals um Hilfe und Unterstützung!

Das Schmackhafte daran …
Eine Arbeit alleine zu bewältigen, stärkt das Selbstvertrauen und schützt vor Verletzungen durch Menschen, die Schwäche gezielt ausnutzen. Ein Problem selbstständig zu bewältigen, verleiht ein berechtigtes Gefühl der Zufriedenheit und des Stolzes.

Hier steckt der Wurm drin …
Eine überstarke Abwehr von Unterstützungsangeboten oder Möglichkeiten Arbeit zu delegieren, führt dazu, auch die letzten eigenen Kraftreserven zu verbrauchen. Das Überdecken von Unterstützungsbedürftigkeit macht einsam und lässt einen unmenschlich erscheinen. Andere können den grundlegenden menschlichen Zug der Hilfsbedürftigkeit an uns nicht mehr erkennen. Das verbindende Erlebnis von »Hilfe nehmen« und »Hilfe geben« entfällt.

Scheue Unsicherheit und Risiko!

Das Schmackhafte daran …
Sicherheit gibt Gelassenheit und setzt Kräfte für andere Anforderungen frei. Das Bemühen Dinge zu planen und gut vorzubereiten, reduziert Unsicherheit.

Hier steckt der Wurm drin …
Ein überhöhtes Bestreben nach Sicherheit und Kontrolle bindet sehr viele Kräfte für Vorbereitungs- und Absicherungsmaßnahmen. Man nimmt sich die Möglichkeit, die Erfahrung zu machen auch mit einem Misserfolg weiterleben zu können. Man kann nie herausfinden, ob die eigenen Befürchtungen wirklich so schlimm sind oder vielleicht überhaupt nicht eintreten.

Übersicht »Stressbeschleuniger« *(Fortsetzung)*

5.2 Stressbeschleuniger werden identifiziert

Probleme sind schlimm!

… ein gutes Leben ist harmonisch und frei von Konflikten

Das Schmackhafte daran …

Unnötigen Konflikten oder zu großen Problemen auszuweichen, ist ein guter Schutzmechanismus für das eigene Wohlbefinden.

Hier steckt der Wurm drin …

Ein überstarkes Bedürfnis nach einem bequemen, anstrengungs- und problemlosen Leben verhindert die Erfahrung, dass auch große Probleme bewältigbar sind. Herausforderungen werden nicht angenommen und können nicht zum Wachstum des eigenen Selbstvertrauens genutzt werden. Ängste vor ähnlichen Situationen nehmen zu. Die Fähigkeit »Schwierigkeiten aushalten zu können«, entwickelt sich nicht und bleibt zu niedrig.

Andere sollten Deinen Erwartungen entsprechen!

Das Schmackhafte daran …

Eigene Erwartungen gegenüber anderen angemessen zu äußern, ist eine grundlegende Fähigkeit sozial kompetenten Verhaltens. Dies ermöglicht Verständigung, schützt die persönlichen Grenzen und trägt zur Bewahrung der Selbstachtung bei.

Hier steckt der Wurm drin …

Wir können eine einfache Grundwahrheit leicht vergessen: *Menschen »ticken« unterschiedlich und jeder hat das Recht, für sich selbst eigene Prioritäten und Standards zu setzen*. Erwarte ich von anderen, dass diese den Erwartungen und Standards entsprechen, die ich für »objektiv gültig« halte, ist Ärger unausweichlich. Unabhängig davon wie berechtigt die eigenen Erwartungen sein mögen, führt ein unnachgiebiges Festhalten am Stress-Beschleuniger »Andere sollten meinen Erwartungen entsprechen!« zu permanentem Ärger. Ärger führt zu chronischem Stress und gefährdet das eigene Wohlbefinden ernsthaft. Ein Weg aus dem Ärger ist darüber nachzudenken, inwieweit die eigenen Ansprüche an andere überhöht sein könnten bzw. sie letztlich mir selbst mehr schaden als nützen.

Exkurs

Warum muss ich mich mit meinen Schwächen auseinandersetzen und diese zunächst einmal »akzeptieren«, wenn ich AGIL werden will?

Dass die Vergegenwärtigung und Akzeptanz der »wirklich guten Gründe« der eigenen stressverstärkenden bzw. selbstschädigenden Muster als Voraussetzung für Verhaltensänderungen unvermeidlich ist, wussten schon frühe buddhistische Lehrer: »*Wir werden die ›bösen‹ Geister nicht los, bevor wir diese willkommen heißen.*«

Bezogen auf den persönlichen Umgang mit den eigenen Stressbeschleunigern kann das wie folgt formuliert werden: »Es gibt gute Gründe dafür, warum ich so bin. Meine Muster haben mir in vielen Situationen mehr genützt als geschadet. So gesehen war es gut so. Die Situation hat sich verändert. Nun ist es besser, die Muster zu verändern und von Altem mit Würde Abschied zu nehmen.«

> PS: Ein solcher weiser Umgang mit sich selbst, die zunächst bedingungslose Offenheit und Akzeptanz nicht zuletzt seiner Gedanken und Bewertungsmuster, ist unter anderem im Rahmen der »Acceptance and Commitment Therapy« zentral.

Übung

Eine gute AGIL-Fee kommt zu Besuch!

Sie unterhalten sich angeregt mit einer rätselhaften Person, die Sie vorher noch nie gesehen haben. Im Gesprächsverlauf mit diesem bezaubernden Wesen gibt sich diese als Fee zu erkennen und macht Ihnen ein großzügiges, geradezu wunderbares Angebot:

Sie haben – nur – einen Stressbeschleuniger-Reduktionswunsch frei: Kostenlos wird die AGIL-Fee einen Ihrer Stressverstärker nach Ihrer Wahl um zwei bis drei Punkte »herunterfahren«! Welcher Stressbeschleuniger darf es sein?

Mein vorrangiger Stressbeschleuniger-Reduktionswunsch ist:

_____

soll niedriger werden.

Wir bitten um Pardon für die vielleicht nicht sonderlich originelle »Gute-Fee«-Geschichte (die der Psychologen gut bekannten »Wunderfrage« entspricht). Aber auf diese Weise haben Sie genau das herausdestilliert, was vermutlich der zentrale Inhalt Ihres (ersten) persönlichen AGIL-Projektes sein bzw. werden kann. Zunächst einmal dürfen Sie aber in der Fantasie die Konsequenzen Ihres reduzierten Stressbeschleunigers genießen.

Übung (Fortsetzung)

Wie würde es Ihnen, sagen wir mal in einem Monat, gehen, wenn Ihr betreffender Stressbeschleuniger tatsächlich niedriger ist?

Was sich in meinem Leben – zum Positiven – verändert, wenn mein Stressbeschleuniger

_____

niedriger wird:

_____

Malen Sie sich das möglichst konkret und plastisch aus, so, wie wenn man das Drehbuch zu einem Film schreibt.

Wenn es beispielsweise »Bitte niemals um Hilfe und Unterstützung« war, was reduziert werden soll, dann können Sie nun locker und unkompliziert Kollegen ansprechen und um Unterstützung bitten. Die Sorge, für inkompetent oder lästig gehalten zu werden, ist vollkommen weg. Sie genießen es vielmehr, mit einigen Ihnen besonders sympathischen Kollegen in engeren Austausch zu kommen. Es ist nun wirklich ein Austausch auf Gegenseitigkeit und Augenhöhe, irgendwie ist bei alledem auch Ihr Selbstbewusstsein gewachsen, sie sind sicherer geworden ... Genau: Als Nebeneffekt haben sich auch andere Stressverstärker reduziert. So hatte es die Fee gar nicht in Aussicht gestellt? Umso besser!

Die Identifikation und Überprüfung der eigenen Stressbeschleuniger sowie das Herausfinden der guten Gründe für deren Entstehung sind zentrale Schritte im Veränderungsprozess. Eine Gefahr besteht darin, in der Rationalisierung der eigenen Stressbeschleuniger stecken zu bleiben, ohne dass tatsächlich Veränderungsprozesse eingeleitet werden. Seine Stressbeschleuniger zu kennen und benennen zu können, kann kurzfristig mit einem guten Gefühl einhergehen: »*Ich komme mit der Lösung meiner Probleme voran!*« Langfristig führt eine an diesem Punkt stehen bleibende Rationalisierung jedoch dazu, dass Sie gewissermaßen in der Komfortzone »festsitzen« und es vermeiden, sich den mit Veränderungen verbundenen Ängsten zu stellen. Wenn Sie bereit sind, wirkliche Veränderungen anzugehen, dann sind Verhaltensexperimente der unvermeidliche nächste Schritt.

5.3 Entschärfung von Stressbeschleunigern: Wie funktioniert das?

Nun ja, Feen gibt es bekanntlich nur im Märchen. Entsprechend müssen Sie sich selbst an die Arbeit machen, die Ärmel hochkrempeln und Ihren besonders stressigen Stressverstärker reduzieren. Dabei macht es Sinn, sich vielleicht nicht den höchsten auszusuchen, sondern einen, bei dem die Erfolgsaussichten relativ groß sind. Wie bereits erwähnt: Hohe Ansprüche zu reduzieren ist absehbar am schwersten. Sie sind elementarer Teil dessen, was in unserer Gesellschaft – zumindest der Generationen vor Y – elementar und vermutlich in Ihrer Biografie prägend war. Bei den anderen Stressverstärkern tut man sich leichter und am besten funktioniert es dort, wo man ganz konkret aktiv werden kann.

Letztlich geht es immer dann, wenn wir stressbeschleunigende Muster verändern wollen, darum, die Bedenken, Unsicherheiten, Sorgen und Ängste auszuhalten, die zwangsläufig auftreten, wenn wir aus einem alten Muster aussteigen. Veränderungen bedeuten (fast) immer zunächst einmal zusätzlichen Stress! Wenn man das nicht berücksichtigt, dann bleibt es bei »guten Vorsätzen«. Erst wenn man die Phase mit dem zusätzlichen bzw. »Veränderungsstress« überstanden hat, wird es deutlich entspannter. Versprochen!

Eben dies lässt sich unschwer anhand der Übersichten (»Die Stress-Beschleuniger!«, ▶ Abschn. 5.2) abschätzen … und sollte unbedingt für Ihr Veränderungsprojekt, also den Stressbeschleuniger, den Sie reduzieren wollen, durchdacht werden.

> **Merke**
> **Wer hohe Ansprüche reduziert …,**
> fühlt sich zunächst einmal nicht entspannt, sondern faul, träge, nachlässig, als »schlechter Lehrer«, als …
> **Wer mehr Fehler macht …,**
> fühlt sich zunächst einmal erheblich verunsichert, insuffizient, schämt sich, es ist ihm peinlich …
> **Wer nicht mehr in so hohem Maße beliebt und anerkannt sein will …,**
> fühlt sich zunächst einmal von anderen abgelehnt, spürt seine Selbstwert-Defizite, fühlt sich einsam, minderwertig …
> **Wer nicht mehr sich selbst vorrangig für Misserfolge verantwortlich macht …,**
> fühlt sich zunächst einmal gewissenlos, fahrlässig, verantwortungslos (in negativem Sinne) …
> **Wer anfängt, andere um Hilfe und Unterstützung zu bitten …,**
> fühlt sich zunächst einmal aufdringlich, wie jemand, der andere ausnutzt, und gleichzeitig als jemand, von dem andere denken, er sei träge, faul, inkompetent …
> **Wer nicht mehr so stark Unsicherheit und Risiko meidet …,**
> fühlt sich zunächst einmal sehr unsicher, rechnet mit dem Schlimmsten, hat das Gefühl, keinen festen Bodenhalt mehr zu haben …
> **Wer versucht, Probleme nicht mehr als schlimm zu erleben …,**
> fühlt sich zunächst einmal als gewissenlos, unkontrolliert handelnd, wie ein Seiltänzer ohne Netz und Auffangseil …
> **Wer nicht mehr so stark davon ausgeht, dass andere seinen Erwartungen entsprechen sollen …,**
> fühlt sich zunächst einmal so, als hätte er seinen Standpunkt und seine Werte eingebüßt. Er muss sich selbst relativieren, was mit dem Gefühl von Schwäche einhergeht …

So ungefähr.

Übung

Stressbeschleuniger
Wie sieht es konkret für Sie und Ihr Stressbeschleuniger-Reduktionsziel aus?
Mit welchen »Nebenwirkungen«, mit welchem zusätzlichen Stress müssen Sie rechnen?

Wenn ich meinen Stressbeschleuniger

_____

reduziere, dann werde ich mich in der ersten Zeit wie folgt fühlen:

_____

_____

Prima! Nun hätten Sie alles beisammen: Sie haben in etwa eine Idee davon, wie – positiv – der angestrebte Zustand aussieht, und zudem wissen Sie, was zunächst einmal auf Sie zukommt. Stimmt die Relation? Ist das Endziel verlockend und positiv genug, um die anfänglich ins Haus stehenden Turbulenzen aufzuwiegen? Falls ja, dann los … Falls nein, dann wäre es vermutlich besser, mit einem anderen Ihrer Stressbeschleuniger zu beginnen, bei dem die Kosten-Nutzen-Relation günstiger ist.

5.3.1 Und nun von der Theorie in die Praxis …

Hier bietet es sich an, sich konkrete Vorbilder zu suchen. Wie sieht es aus, wenn man nicht so hohe Ansprüche hat bzw. wenn es einem keine Probleme macht, andere um Hilfe zu bitten, oder es gelassen hinnehmen kann, wenn andere nicht den eigenen Erwartungen entsprechen? Wenn Sie einen persönlichen Coach hätten, der eben dies, bezogen auf Ihre Person und Situation, mit Ihnen erarbeitet, wäre es einfacher … Vielleicht lohnt es sich, sich einen solchen Coach zu suchen?

Wenn man keinen solchen Coach zur Seite hat, dann bietet es sich an, sich in seiner Umwelt umzusehen: Kennen Sie jemanden, der sich, bezogen auf Ihren zu reduzierenden Stressbeschleuniger, so entspannt verhält, wie Sie es gerne tun würden? Bitten Sie diesen Menschen bei der nächsten Gelegenheit um Unterstützung (und falls gerade dies Ihr Problem sein sollte, dann hätten Sie bereits damit den ersten wichtigen Schritt gemacht!).

Abhängig von Ihrem Stressbeschleuniger könnte die Frage lauten: »*Wie machst Du das, wie kommst Du in Deinem Beruf zurecht … z.B. ohne hohe Werte in diesem Bereich?*«

Ein lebendes Vorbild im betreffenden Bereich zeigt, dass es möglich ist, eben so zu leben und in der Schule zurechtzukommen. Wichtig an dieser Stelle ist: Fragen Sie! Jeder Mensch sieht die Welt aufgrund seiner Erfahrungen, seiner Lerngeschichte und seiner Persönlichkeit durch eine andere Brille. Es gibt dabei keine besseren oder schlechteren Brillen, wichtig ist nur, sich dieser Tatsache bewusst zu sein. Durch dieses Bewusstsein wird es uns erst möglich, durch die Brillen der anderen Menschen zu schauen. Probieren Sie es aus, Sie werden erstaunt sein, wie unterschiedlich Menschen »die Welt« wahrnehmen. In vielen Fällen sieht der Betreffende dort, wo Ihre Stressbeschleuniger liegen, überhaupt kein Problem! Mitunter macht es sogar Spaß, seinen Standpunkt auf diese Weise infrage zu stellen, zumindest solange wir mit der Haltung herangehen: Es gibt keine besseren und keine schlechteren Brillen, jede zeigt uns einen anderen Ausschnitt der Realität; je mehr Ausschnitte wir sehen können, desto mehr Wahlmöglichkeiten haben wir.

5.3.2 Verhaltensexperimente

Nun haben Sie Ihre individuellen Stressbeschleuniger identifiziert, sich einen Kandidaten herausgesucht, den Sie reduzieren möchten, haben die Vor- und Nachteile einer solchen Veränderung abgewogen und kennen zumindest ein »lebendes Beispiel« dafür, wie Ihr Zielmodus aussehen könne. Zudem ist Ihnen bewusst, dass jeder Stressbeschleuniger die Angewohnheit hat, sich quasi mit einem Wall aus Unsicherheit und Angst zu verteidigen. Sobald wir ein solches Muster verändern wollen, wehrt es sich, was Stress bedeutet. Aber davon wollten wir uns ja nicht abschrecken lassen. Und schließlich gilt: Einmal ist keinmal! Damit sich ein neues, entspannteres Muster bei uns etablieren kann, braucht es viel Übung, mindestens ein paar Monate, meist aber auch noch länger (eine Fremdsprache lernt man schließlich auch nicht in ein paar Tagen).

Nachfolgend ist für jeden Stressbeschleuniger ein exemplarisches Verhaltensexperiment aufgeführt. Ausgehend davon sollten Sie mit Ihrem »persönlichen Coach« bzw. dem »lebenden Vorbild« besprechen, wie Ihr individuelles Verhaltensexperiment aussehen bzw. durchgeführt werden kann. Je konkreter ein Verhaltensexperiment auf Ihre Situation zugeschnitten wurde, umso besser wird es funktionieren. Im Sinne einer gesundheitsförderlichen Zielsetzung sollte darauf geachtet werden, dass die Experimente konkret, positiv und realistisch geplant und entsprechend umsetzbar sind. Lieber klein anfangen und sukzessive steigern, als etwas zu groß zu planen: als Tiger zu starten und als … (Sie kennen den Spruch).

5.3 Entschärfung von Stressbeschleunigern: Wie funktioniert das?

Übung

Habe hohe Ansprüche!

Ein mögliches Verhaltensexperiment könnte sein:
»Für den nächsten vollen Schultag (d. h. fünf Unterrichtsstunden in Folge) benutze ich bereits verwendete ›alte‹ Unterrichtsmaterialien, die sich in der Vergangenheit in dem anstehenden Themenbereich bewährt haben.«

Mache keine Fehler, sonst bist du ein Versager!

Was die Planung von Verhaltensexperimenten betrifft, ist dies erfahrungsgemäß der schwierigste »Stressverstärker«. Klären Sie für sich im Vorfeld, ob der Aspekt »andere könnten merken, dass ich einen Fehler gemacht habe« (also eine eher sozial-ängstliche Komponente) oder ein schlechtes Gewissen im Vordergrund steht (»auch wenn andere es vielleicht gar nicht merken – Fehler zu machen ist grundsätzlich eine Katastrophe für mich«). Bei welcher Vorstellung bekommen Sie eher feuchte Hände?

Mögliche Verhaltensexperimente könnten sein:
Im ersten Fall liegen Experimente nahe, in denen Sie in der Vergangenheit gemachte Fehler ganz konkret öffentlich kommunizieren (etwa: »Als Schüler hatte ich auch Schwierigkeiten, XY zu verstehen«, »Ich habe vergessen, die Eintragungen XXX zu machen, und entschuldige mich für die daraus resultierende Verspätung«).
Im zweiten Fall können Sie entweder bewusst kleine Fehler machen und offenlegen (etwa die verspätete Erledigung einer Aufgabe) oder Sie nehmen durch stringente Durchführung von Aufgaben (z. B. Korrektur von Klassenarbeiten in maximal zwei Durchgängen anstatt beispielsweise fünf) das mögliche Auftreten von Fehlern bewusst in Kauf.
Bei der Planung gilt es, Ihre individuelle Schmerzgrenze auszuloten und sensibel Experimente zu definieren, die Sie sich zutrauen und potenziell für hilfreich halten. Seien Sie dabei radikal ehrlich zu sich! Wichtig ist weiterhin, die Übung nicht »im Schnellzugtempo« durchzuziehen, sondern ganz bewusst den Fehler-Aspekt wahrzunehmen und dabei auf die eigenen Reaktionen und die der Kollegen bzw. Schüler zu achten.

Als Einstiegsübung bietet sich folgendes Experiment an: »Das nächste Mal, wenn ich einen Fehler mache, d. h. etwas erlebe, wofür ich mich verurteile, nehme ich mir fünf Minuten Zeit, um mir verständnisvolle und freundliche Worte zuzusprechen oder gegebenenfalls auch aufzuschreiben.«

Sei anerkannt und beliebt!

Ein mögliches Verhaltensexperiment könnte sein:
»Bei der nächsten an mich gerichteten Projektanfrage bitte ich um eine Woche Bedenkzeit, um mir zu überlegen, ob ich dieses Projekt wirklich zusätzlich zu meinen anderen Aufgaben bearbeiten möchte.«

Mache Dich für Misserfolge verantwortlich!

Ein mögliches Verhaltensexperiment könnte sein:
»Nach der nächsten Schulstunde, die nicht zu meiner Zufriedenheit verlaufen ist, setze ich mich hin und notiere anhand eines alle potenziellen Einflussgrößen beinhaltenden Rasters, was mögliche Einflussfaktoren gewesen sein könnten.«

Bitte niemals um Hilfe und Unterstützung!

Ein mögliches Verhaltensexperiment könnte sein:
»Ich bitte einen erfahrenen Kollegen um Unterstützung bei der Vorbereitung der nächsten Vertretungsstunde oder beim Umgang mit einer schwierigen Klasse bzw. einem verhaltensauffälligen Schüler, auch wenn ich das Problem sonst ›notfalls‹ auch alleine gelöst hätte.«

Scheue Unsicherheit und Risiko!

Ein mögliches Verhaltensexperiment könnte sein:
»Für die nächste Unterrichtsstunde bereite ich den Beginn und das Ende vor, die Zeit dazwischen lasse ich unvorbereitet und verlasse mich auf mein Know-how. Meine im Rahmen dieser Übung auftretende innere Unruhe, vor und gegebenenfalls während der Unterrichtsstunde, nehme ich bewusst als solche wahr.« Wenn deutliche Unruhe auftrat, ohne dass dies zu Abweichungen vom Vorhaben führte, dann war das Experiment ein voller Erfolg!

Probleme sind schlimm!

Ein mögliches Verhaltensexperiment könnte sein:
»Ich erzähle einem Kollegen von einem Problem, das mich beschäftigt (z. B. Konflikte mit Schülereltern), und bitte ihn um seine Sicht der Situation, damit ich eine Außenperspektive erhalte. Dabei frage ich ihn nach seiner Einschätzung, für wie schwerwiegend bzw. lösbar er das Problem hält.«

Andere sollten deinen Erwartungen entsprechen!

Ein mögliches Verhaltensexperiment könnte sein:
»Wenn mein Kollege X das nächste Mal anders reagiert, als ich es erwartet habe, halte ich inne und richte meinen Blick auf das Positive an seinem Verhalten – auch wenn ich es spontan als kränkend bzw. unangemessen erlebt habe. Anschließend melde ich ihm meine positive Wahrnehmung wertschätzend zurück.«

Wie gesagt: Einmal ist keinmal. Wenn der erste Versuch super läuft, prima. Das motiviert zum nächsten …

Und falls es schlecht läuft, es Ihnen nicht gut dabei gegangen ist: Seien Sie keineswegs überrascht, genau das hatten wir ja erwartet. Ihr alter Stressbeschleuniger fährt gewissermaßen seine Krallen aus und lässt sich nicht so einfach abschütteln.

Was von Ihrem betreffenden Stressverstärker nicht gerade originell ist und Sie zum nächsten Versuch motivieren sollte, ihm seine Grenzen aufzuzeigen. Menschen, die taff sind und sich nicht scheuen, wiederholt an solche »Schmerzgrenzen« zu gehen, sind hier im Vorteil. Und, wie auch immer, in jedem Fall ist es empfehlenswert, weitere Personen vorab über Ihre Verhaltensexperimente zu informieren. Die Einweihung anderer Personen in das eigene Vorhaben schafft eine positive Kontrollinstanz und erhöht die Motivation, die betreffenden Projekte auch wirklich umzusetzen.

Ein häufig auftretendes Hindernis auf dem Weg, Verhaltensexperimente umzusetzen, ist das »schlechte Gewissen«. Abhängig von Ihrem individuellen Stressbeschleuniger könnte es Sie auf hinterhältige Art und Weise dazu bringen wollen, doch an alten Strukturen festzuhalten, etwa nach dem Motto: »Wie kannst Du den Unterricht denn nur so schlampig vorbereiten? Du solltest dich schämen!« Dieses »schlechte Gewissen« können Sie als Wegweiser für wichtige Veränderungsschritte umdeuten: Es ist kein Hindernis, sondern ein Hinweis, der aufzeigt, dass Sie auf dem richtigen Weg zur angestrebten Verhaltensänderung sind!

Um nicht zwischendurch den Faden zu verlieren, bietet es sich an, auch im Sinne von Hausaufgaben, Protokoll zu führen, z. B.:
- Mein Ziel ist …
- Mein erstes Verhaltensexperiment habe ich wie folgt geplant …
- So ist es dann am XXX konkret gelaufen …
- Das hat mich veranlasst, das nächste Experiment wie folgt zu planen …

Egal, wie schnell oder weniger schnell sich die Erfolge einstellen, bereits das Protokoll dokumentiert: Sie nehmen sich selbst ernst und arbeiten daran, Ihre Stressbelastung langfristig zu reduzieren. Genau das ist ein wichtiger Aspekt der »Professionalität« im Lehrerberuf!

5.4 Grübelkreisläufe erkennen

Oder: Wo ist denn hier der Notausgang?

Grübeln ist ein in mehreren Hinsichten zentrales Problem, nicht nur für die Lehrer-Gesundheit.

Zunächst die zu erwartende Frage an Sie: »*Grübeln Sie zumindest gelegentlich?*«

Falls Ihre Antwort – wider Erwarten – »Nein« lauten sollte, sind Sie entweder ein Phänomen stringenter Denkkultur (Gratulation!), haben die Frage nicht richtig gelesen … oder, was am wahrscheinlichsten ist, Sie hatten das Phänomen bislang (erfreulicherweise) noch nicht »auf dem Schirm«.

»*Grübeln Sie zumindest gelegentlich?*« ist ansonsten eine rein rhetorische Frage. Jeder grübelt ab und zu. Und bis zu einem gewissen Grad ist das zwar nicht unbedingt gut so, aber absolut normal.

Was man unter Grübeln versteht? Lässt sich Grübeln klar definieren? Die Antwort hierauf ist relativ leicht, die Lösung von Grübelproblemen hingegen um Dimensionen schwieriger.

5.4.1 Grübeln: Was ist das?

Solange wir angestrengt über ein Thema nachdenken, auf der Suche nach der Lösung eines Problems, dann ist das eine Form von Arbeit, die zum Lehrerberuf gehört wie das Wasser zur Seefahrt. Die Grenzen zwischen angestrengtem Nachdenken und Grübeln mögen inhaltlich fließend sein. Die Perspektiven und das Gefühl, das damit jeweils verbunden ist, sind grundverschieden. Wenn man die Grenze zum Grübeln überschreitet, dann spürt (und weiß) man in aller Regel recht schnell: »*Es denkt zwar noch in meinem Kopf, immer wieder geht es um das gleiche Thema. Aber irgendwie laufen die Gedanken im Kreis, automatisch immer wieder von vorne.*« Wenn man es denn wissen will, dann spürt man es (entweder »tief im innersten« oder auch deutlich weiter vorne): Eine Lösung des betreffenden Problems findet man auf diese Weise nie! Trotzdem denkt man immer wieder in ausgetretenen Gedanken-Kreisen. Genau das ist Grübeln!

Exkurs
Richtiges und falsches Denken?
Im Gegensatz zum Grübeln ist eine problemlösende Grundhaltung konkret, fokussiert, zukunftsbezogen, hoffnungsvoll, enthält mehr Wie-Fragen, ist häufiger positiv und bezieht sich auf die Suche nach Lösungsmöglichkeiten.
Grübeln hingegen ist abstrakt, kreisend, vergangenheitsorientiert, resignativ, enthält mehr Warum-Fragen, ist häufiger negativ und bezieht sich auf die Suche nach Gründen und Ursachen.

Die Hoffnung, mit Grübeln ein Problem Lösung zu können, haben wir nicht mehr. Trotzdem kann man nicht anders und fängt immer wieder von vorne an, stundenlang, nächtelang. Erholung und Schlaf bleiben dabei auf der Strecke. Grübeln vermittelt vordergründig den Eindruck, es handele sich um eine Form aktiver Auseinandersetzung mit Problemen, um ehrliche Arbeit im besten Sinne. Hintergründig ist Grübeln de facto selbst das Problem, ganz unabhängig von den Grübelinhalten. Die Ausgangspunkte der Grübelinhalte liegen oft irgendwo in der Vergangenheit und lassen sich rückwirkend sowieso nicht lösen. Man ist gekränkt worden, hat ein Problem nicht »richtig« gelöst, die Rahmenbedingungen sind so, wie sie sind. Grübeln tut in aller Regel in irgendeiner Form weh und spiegelt immer auch Hilflosigkeit wider. Selbst dann, wenn Ärger und Wut die dominierenden, das Grübeln antreibenden Emotionen sind – man würde, könnte, sollte ... – aber konstruktiv lösen kann man die betreffenden Probleme nicht.

> **Fallbeispiel – Grübeln I**
> »Wenn Sie das so meinen ... natürlich grüble ich ab und zu. Wenn ich vor dem Einschlafen nur einen Augenblick an die Schule denke, dann komme ich nicht mehr davon los. Dieser inkompetente Schulleiter, der mir sagen will, wie ich mit der 6c umgehen soll ... das macht mich wirklich ärgerlich! Ich überlege, was ich dem Schulleiter, wenn es denn zu einem Streitgespräch käme, antworten würde, wenn er das nächste Mal ... An Einschlafen ist dann nicht mehr zu denken. Ich wälze mich hin und her. Meine Gedanken und Gefühle

machen mit mir, was sie wollen! Und dann denke ich: ›Wenn du jetzt nicht endlich einschläfst, dann kannst du den Tag morgen in der Schule vergessen, kannst dich nicht konzentrieren, die Schüler merken das und …‹ Einschlafen geht dann gar nicht mehr.«
Gymnasiallehrerin, 43 Jahre, verheiratet

Und noch ein Grübel-Beispiel aus dem Schulalltag:

Fallbeispiel – Grübeln II
Letzte Woche im Lehrerzimmer: Sie finden einen Zettel in Ihrem Fach … Der Schulleiter hat Sie in der nächsten Woche zu einem Gespräch gebeten.

Grübel-Haltung: »*Warum möchte er mich schon wieder sehen? Ich war doch erst vor vier Wochen bei ihm. Hat sich vielleicht die Mutter von Kevin über mich beschwert? Was habe ich nur schon wieder falsch gemacht? Zweifelt er an meiner Kompetenz? Dabei habe ich viel mehr Erfahrung als er … Und Kevin ist nun mal schwierig. Aber sein Vater ist Anwalt. Warum muss mir das immer passieren? Am besten sage ich … aber das bringt sowieso nichts …*«

Lösungsorientierte, selbstsichere Haltung: »*Mein Chef möchte mich schon wieder sehen, obwohl der letzte Termine erst vier Wochen zurückliegt? Prima, mal sehen, worum es geht. Das letzte Gespräch war soweit angenehm, nur dass er vorab nicht sagt, worum es gehen soll, das ist nicht gerade souverän. Ich frage mal im Sekretariat nach, damit ich mich vorbereiten kann. Wie auch immer, ich kann die Gelegenheit nutzen, unseren kollegialen Umgang mit Problem-Schülern, etwa mit Kevin, anzusprechen.*«

5.4.2 Grübeln: Psychologisch-formal betrachtet

Wie einleitend erwähnt: Grübeln ist, zumal wenn es um Lehrergesundheit geht, ein zentrales Problem. Wenn Probleme bzw. Stress ein gewisses Maß übersteigen, nämlich genau das Level, das Sie sich »locker« zu bewältigen zutrauen (▶ Kap. 2.5), dann ist die Wahrscheinlichkeit groß, dass eben dies Grübeln zur Folge hat. Der Zusammenhang mit individuellen Stressverstärkern ist offenkundig: Stressverstärker können einen erheblichen Anteil daran haben, dass »Grübelschwellen« erreicht bzw. überschritten werden. Die Entschärfung von Stressbeschleunigern ist (indirekte) Grübel-Prävention (▶ Abschn. 5.5)! Und grundsätzlich gilt: Wem es gelingt, die im Schulalltag anstehenden Belastungen hinreichend souverän zu bewältigen, der ist weitgehend immun gegen Grübel-Infektionen.

Wenn in fruchtlosen Auseinandersetzung mit Grübelthemen, wie auch immer, die Grübel-Schwelle überschritten ist, dann nimmt das Grübeln Fahrt auf und entwickelt eine Eigendynamik, die – unabhängig davon, worum es ursprünglich inhaltlich ging – ihrerseits zum fulminanten Stressbeschleuniger wird. Das vielleicht Schlimmste daran ist: Grübeln raubt einem den Schlaf! Wenn Ihre Gedanken in Probleme verstrickt sind, dann ist der Stresshormonspiegel hoch. Und eben dies hindert am Einschlafen. Und wenn dann noch Gedanken wie: »*Wenn du jetzt nicht endlich schläfst, dann bist du morgen wie aus dem Wasser gezogen, bist nicht konzentriert, hast keine Energie … und schaffst es so nie …«* dazukommen, dann führt dies absehbar dazu, dass Ihre Befindlichkeit immer schlechter wird und die Situation eskaliert. Ein angemessener Umgang mit dem Grübelthema ist insofern die Grundlage für angemessene Entspannung und Regeneration, also das Thema, dem wir uns ausführlich in ▸ Kapitel 7 widmen werden.

Weil das Thema so wichtig ist, kommen wir nicht umhin, dem Grübelphänomen auf den Grund zu gehen und uns – auch formal – klarzumachen, was beim Grübeln mit unseren Gedanken und Gefühlen passiert und welche Folgen es hat.

Belastende Situation: Natürlich führen nicht alle als belastend erlebten Situationen in einen Grübelkreislauf! Einerseits: Gott sei Dank. Andererseits hat das in aller Regel etwas damit zu tun, ob bzw. inwieweit wir uns die Lösung eines Problems zutrauen.

Bewertung des Themas bzw. wunder Punkt: Hier ist das Verhältnis von unseren – selbst eingeschätzten – Kompetenzen mit der Art und »Größe« des Problems maßgeblich. Meist ist nicht die faktische, sondern die emotionale Qualität eines Problems Grübel-entscheidend: Je kränkender, ungerechter, unfairer … die Angelegenheit ist, umso eher tendiert unsere persönliche Grübelschwelle dazu, flexibel nach unten zu gehen … Eben das macht unsere »wunden Punkte« aus.

> **Fallbeispiel**
> **Dynamische Grübelschwellen**
> Eigentlich könnte es Elisabeth H., stellvertretende Schulleiterin einer Grundschule, geschieden, 52 Jahre, egal sein, dass sie die Schulpsychologin im Rahmen einer Versammlung des Kollegiums beschuldigt: *»Mit Dir kann man ja sowieso nicht reden … alle sagen das!«* Elisabeth H. ist hochengagiert, offen, im Kollegium gut vernetzt, bei Kollegen, Eltern und Schülern beliebt, verbeamtet. Und trotzdem: Hätte der Schulleiter nicht eingreifen und die betreffende Kollegin unterbrechen, sie zurechtweisen müssen? Niemand ist Elisabeth H. »zur Hilfe geeilt«. Bedeutet das nicht, dass sie alle im Stich gelassen haben, sie niemand wirklich wertschätzt? … Die Kollegen konnten sich im Nachhinein nicht an die Aussage der Schulpsychologin erinnern (*»Du, hat sie das gesagt? Und wenn schon, die nimmt doch hier sowieso keiner ernst …«*).
> Elisabeth H. erlebte es dezidiert anders, konnte nur noch an die tiefe Kränkung, die *»mir komplett den Boden unter den Füßen weggezogen hat«* denken und ließ sich krankschreiben. Zu Hause grübelte sie weiter. Schließlich wurde die Diagnose einer Depression gestellt. Selbst als ein Brief des Schulleiters kam, in dem er sich formal entschuldigte, blieb für Elisabeth H. klar, dass sie nie wieder einen Schritt über die Schwelle der betreffenden Schule setzen könne. Offenbar hatte die Kritik der (umstrittenen) Schulpsychologin bei ihr, die es ansonsten gewohnt war, mit Konflikten umzugehen, einen »wunden Punkt« getroffen …

Entscheidend ist somit, dass eine Konstellation unseren wunden Punkt bzw. einen unserer höchstpersönlichen Stressbeschleuniger trifft … und schon geht es los! Ab dann funktioniert Grübeln nach eigenen Gesetzen: Je mehr sich unsere Aufmerksamkeit auf die belastend-negativen Grübelinhalte fokussiert, umso intensiver erleben wir sie. Alles andere, was unser Leben und unseren Beruf relativ dazu ausmacht, schrumpft in unserer Wahrnehmung zusammen.

Eben dies zeigt der Grübelkreislauf (▶ Abb. 10): Rein faktisch muss »**Positives bleibt aus!**« (Kreislauf Nummer 1) nicht stimmen. Es soll grübelnde Kollegen geben, die nach außen hin noch gut »funktionieren«, zu Partys gehen ... aber von alledem, im Grübelkreislauf gefangen, vorzugsweise nur noch das mitbekommen, was zu den Grübelgedanken und -gefühlen passt. Angenehme Erlebnisse, Gefühle und Gedanken sind dabei kaum noch möglich. Das Selbstwertgefühl tendiert nach unten, die Einschätzung der eigenen Möglichkeiten (zumal in der betreffenden Angelegenheit) geht gegen Null. Wer intensiv inhaliert, dass er in wichtigen Aspekten hilflos, machtlos, abhängig, gekränkt ... ist, dessen Grübel-Schwelle wird absehbar weiter sinken, auch anderen Themen gegenüber. Und praktisch, im gelebten Lehrer-Leben, gehen zunehmend die Dinge, die uns guttun, verloren.

Das Spiegelbild und der Hintergrund dazu finden sich im Kreislauf Nummer 2, »**Negatives wird verstärkt, nimmt zu!**« (▶ Abb. 10): Durch Fokussierung auf belastende Grübelthemen finden keine problemlösenden Aktivitäten mehr statt. Das Grübeln führt letztlich nur zu immer mehr negativen Gedanken und Gefühlen. Die Sensibilisierung für Negatives nimmt weiter zu. Infolgedessen werden negative Ereignisse und Erfahrungen immer stärker wahrgenommen.

Der Grübelkreislauf, auf Grundlage dieser beiden, letztlich zum gleichen Effekt führenden Wege, gewinnt so immer mehr an Intensität. Eben deshalb haben wir ihn hier »Grübelkreislauf« genannt.

5.4.3 Einblicke in die höchstpersönliche Grübeldynamik

Und nun von der Theorie in Ihre Grübel-Praxis. Auch wenn Sie nur gelegentlich grübeln und das Thema für Sie eigentlich gar kein Problem ist: Die Reflexion bevorzugter Grübelthemen und der eigenen Grübel-Sensibilitäten ist oftmals ein wichtiger Schritt in Richtung Autonomiegewinn. Es bietet sich somit an, ausgehend vom Grübelkreislauf, die eigenen diesbezüglichen Gedankengänge und die dazugehörigen Gefühle zu analysieren.

Übung

Grübelkreislauf

Nehmen Sie sich Zeit, um Ihre eigenen Grübelgedankenkreisläufe zu identifizieren:
- Um welche Themen haben sich Ihre letzten schulbezogenen (und anderen) Grübelkreisläufe gedreht?
- Wie hat das funktioniert, welche Gedanken und Gefühle waren beteiligt?
- Welche Folgen hatte es für Ihre Befindlichkeit, für Ihren Schlaf, Ihren Tagesablauf, für die Art und Weise, wie Sie mit den betreffenden Themen im Schulalltag umgegangen sind?

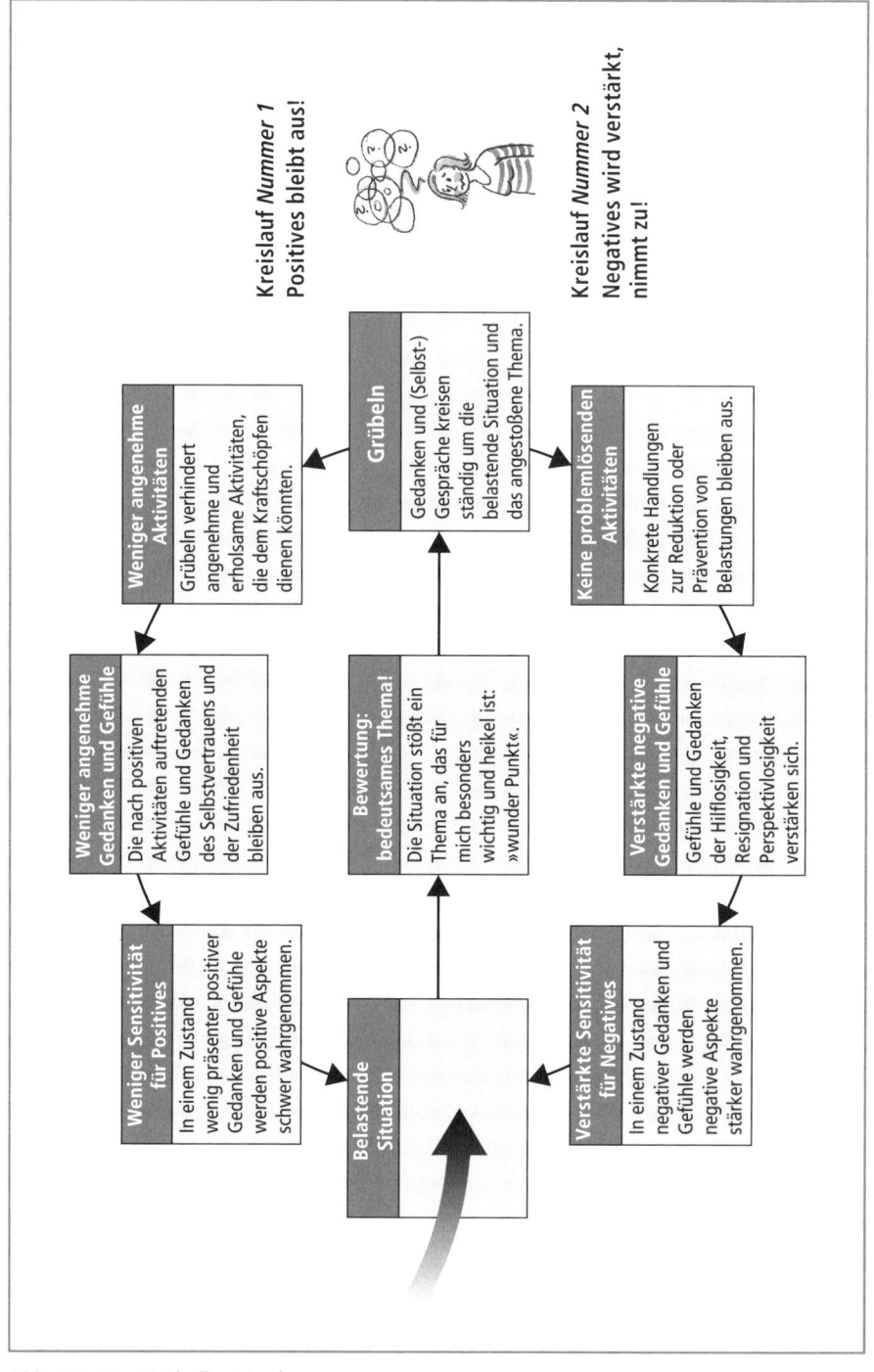

Abb. 10 Der Grübelkreislauf

Wo bleibt die Lösung, wie kommt man aus dem Grübeln heraus? Hätten Sie nicht ein paar gute Tipps für uns?

Hoppla, für den Fall, dass das Ihre Frage gewesen sein sollte: Einerseits helfen gute Tipps bei komplexeren Problemen sowieso nicht.

Und andererseits macht es auch hier Sinn, zunächst einen Blick auf die Ursachen des Phänomens, in diesem Fall also des Grübelns, zu werfen.

5.4.4 Warum grübelt man überhaupt?

Die Frage ist keineswegs trivial. Grübeln dürfte es nämlich eigentlich gar nicht geben! Es ist quasi ein psychologisches Grundgesetz, wonach Lebewesen Handlungen, die keinerlei positive Konsequenzen haben, kurzfristig stoppen. Keine Ratte würde immer wieder an einem Punkt Futter suchen, wo es statt Futter nur Stromschläge gibt. Warum grübeln Menschen mitunter bis in schwer depressive Zustände hinein, obwohl dadurch kein Problem gelöst und es in jeder Hinsicht nur immer schlimmer wird, wie im Grübelkreislauf (▶ Abb. 10) dargelegt?

Warum z. B. grübeln Sie?

Vermutlich fällt Ihnen die Antwort auf diese Frage nicht leicht, eigentlich ist es recht »dumm« zu grübeln, aber …

Wir haben diese Frage in vielen AGIL-Gruppen mit grübelnden Lehrkräften reflektiert. Die Antworten hatten meist zwei Teile:
- Grübel-Mimikry: Zunächst einmal nimmt man nicht wahr, dass man grübelt. Vielmehr meint man, intensiv über ein wichtiges Problem nachzudenken und es so eventuell lösen zu können. Und intensiv nachzudenken, also zu arbeiten, ist wiederum eine Tugend, die gute Lehrkräfte auszeichnet: »*Ich gehöre doch nicht zu den Lehrern, die wichtige Probleme einfach abhaken können! Ich habe die Verantwortung dafür, dass alle Schüler das Klassenziel erreichen …*«, so beispielsweise eine 43-jährige, in Partnerschaft lebende Hauptschullehrerin.
Haben Sie es gemerkt? Stressverstärker, zumal solche, die auf Perfektionismus abzielen, haben das Potenzial, Grübeldynamiken anzuheizen. Indem sich Grübeldynamiken als zielführendes Nachdenken tarnen, nutzen sie entsprechende Muster schamlos aus. Grübelkreisläufe sind quasi ein »Wolf im Schafspelz«. Und das mitunter derart geschickt, dass der Grübler erst spät bemerkt, was er da tut …
- … Und wenn man es bemerkt, steckt man oft schon so tief drin, dass kein Ausweg mehr erkennbar ist. Als einzig gangbarer Weg wird nur noch die »finale« Lösung des ursprünglichen Grübelproblems betrachtet. Was in der Regel schlicht utopisch ist. Kränkungen, belastende Rahmenbedingungen und/oder überzogene Ansprüche (»*alle meine Schüler müssen das Klassenziel erreichen*«, »*die Schüler sollen erkennen, dass ich auf ihrer Seite stehe*«, »*die Schülereltern sollen meine Arbeit und mich wertschätzen*«, »*mein Schulleiter soll meine Leistungen anerkennen*« etc.) – nichts davon lässt sich »rein sach-

lich« lösen bzw. entzieht sich, wie immer man es anstellt, den eigenen Möglichkeiten. Natürlich kann man das Ministerium oder den Schulleiter verklagen … was absehbar nicht zur »*ehrlich gemeinten Wertschätzung meiner Leistungen*« führt, egal wie der Prozess ausgehen mag. Und so rennt der Grübler wie der Esel hinter der Karotte her und grübelt und grübelt. Mitunter kann das geradezu masochistische Aspekte und eine Funktionalität eigener Art annehmen: »*Lieber grüble ich und leide unter den Ungerechtigkeiten der Welt als akzeptieren zu müssen, dass ich in eine Sackgasse geraten bin. Dass ich z. B. meinen eigenen Ansprüchen nicht gerecht werde und diese auf den Prüfstand stellen müsste …*«

Wie und wo wäre angesichts dessen der Notausgang?

Konkret: Bei Menschen, die nicht an einer Depressionen leiden, kann anhaltendes Grübeln darauf hinweisen, dass sie dadurch beispielsweise eine anstehende bzw. notwendige Veränderung vermeiden, etwa eine belastende Lebenssituation einschließlich Schmerz und Trauer zu akzeptieren. In solchen Fällen ist es unumgänglich, sich Grübeln als ein Instrument der **Vermeidung** deutlich zu machen.

Übung

Warum könnte Grübeln für Sie verlockend sein?

Beispiel: »Es fällt mir leichter darüber zu grübeln, warum meine Freundin Gabi sich nicht mehr bei mir meldet, als die Traurigkeit über den Verlust der Freundschaft zu fühlen.«

Und bei Ihnen?

_____

_____

_____

_____

Wobei könnte Ihnen das Grübeln behilflich sein?

Beispiel: »Wenn ich weiter grüble, wie ich mein Geld am besten anlege, muss ich mich für keine der Alternativen entscheiden. Entscheidungen zu treffen ist nicht meine Stärke. Das Grübeln hilft, diese unangenehme Situation zu umgehen.«

Und bei Ihnen?

_____

_____

_____

_____

5.4 Grübelkreisläufe erkennen

Was würde passieren bzw. welche Veränderungen stünden an, wenn Sie aufhören würden, über dieses Thema zu grübeln?

Beispiel: »Wenn ich aufhöre zu grübeln, warum gerade mir der Sportunfall passiert ist, müsste ich mich damit auseinandersetzen, warum ich so viel Sport treibe und welche Alternativen ich habe, meine Freizeit sinnvoll zu gestalten. Das Thema ist mir noch zu heiß ...«

Und bei Ihnen?

_____

_____

_____

_____

Gibt es Gefühle oder auch wichtige Schritte in Ihrem Leben, die Sie durch das Grübeln verhindern?

Beispiel: »Es ist immer noch angenehmer für mich, jeden Abend über die schlechte Stimmung an meiner Schule zu grübeln, als den Entschluss zu fassen, mich an einer anderen Schule zu bewerben. Dazu fehlt mir der Mut, die längere Fahrzeit wäre zu aufwendig ...«

Und bei Ihnen?

_____

_____

_____

_____

Es ist mitunter ganz und gar nicht einfach, die jedem (!) Grübeln innewohnende Funktion zu erkennen. Wenn Sie nichts Positives an Ihren Gedankenketten gefunden haben, dann heißt das nicht, dass Ihr Grübeln keine Funktion hat. Sie würden nicht grübeln, wenn Sie nichts davon hätten! Es kann aber gut sein, dass Sie derzeit noch nicht den Mut oder die Notwendigkeit haben, diesbezüglich hinreichend genau hinzusehen.

Ansonsten: Fragen Sie eine Ihnen vertraute Person, was diese zu Ihren »Grübelketten« sagt. Wozu könnte es für Sie positiv sein, so viel zu grübeln? Außenstehenden fällt es häufig leichter, die Dinge auf den Punkt zu bringen. Oft merken wir, dass die Menschen unserer Umgebung ins Schwarze getroffen haben, wenn wir emotional stark auf deren Sicht der Dinge reagieren (»_Das sehe ich überhaupt nicht so, totaler Unsinn ... und du willst mein Freund sein?!_«), etwa mit Ärger, Rechtfertigung oder vehementer Verneinung. Wie gesagt, es gehören Mut und eine gehörige Portion Selbstbewusstsein dazu, sich direkte Rückmeldungen geben zu lassen. Bezogen auf das Ziel, Grübeln zu reduzieren (und damit die massiven Nebenwirkungen des Phänomens), ist das Ergebnis oft ernüchternd – aber gerade deshalb hilfreich! Es muss nicht die »Wahrheit« sein, die Sie auf diese Weise erfahren, aber immerhin eine Ihre Perspektive ergänzende Sicht der Dinge bzw. auf Ihre Situation.

Haben Sie sich in diesen Überlegungen und Übungen wiederfinden können? Wenn ja, bis wohin?

Das Gute am Grübelphänomen: Sobald man erkannt hat, dass man grübelt (und vielleicht eine Idee hat, warum), hat man den Wolf im Schafsfell als solchen enttarnt. Naives, zufälliges Grübeln ist dann nicht mehr möglich. Womit das Problem fast schon zur Hälfte gelöst ist.

5.4.5 Lösungsstrategien: Wie lassen sich Grübelkreisläufe unterbrechen?

Wenn man erkennt, dass man grübelt – und dies niemals zu einer angemessenen Lösung des das Grübeln inhaltlich bestimmenden Problems führt –, ist das bereits die halbe Miete. Sich weiter mit dem vermeintlichen Problemthema zu beschäftigen, würde nur weiter ins Grübeln hineinführen. Also kann es nur darum gehen, das Grübeln selbst als Problem zu betrachten und entsprechend zu handeln: »*Grübeln, nein danke!*«

▶ Abbildung 11 zeigt, wie Unterbrechungen des Grübelkreislaufs psychologisch und praktisch funktionieren. Der Dreh- und Angelpunkt sind Grübelstopp-Techniken (auf die wir gleich eingehen werden). Von da aus ist der Weg »**Positives wird gefördert, verstärkt!**« (Kreislauf Nr. 1) naheliegend und effektiv. Hierzu müssten Sie nur bewusst das machen, was Sie vom Grübeln bislang abgehalten hat: positive Aktivitäten, soziale Kontakte, Hobbys, Sport ... was immer Ihr Leben lebenswert macht. Und wenn Sie diesbezüglich noch zu wenige Ideen haben, dann wird es Ihnen nicht erspart bleiben, sich auf die Suche zu machen ... Es sei denn, Sie wollen lieber weiter grübeln.

Der Weg »**Negatives wird weniger!**« (Kreislauf Nr. 2) ist letztlich gleichbedeutend mit AGIL insgesamt: Statt Zeit und Kraft mit Grübeln zu verschwenden, gilt es, sich so aufzustellen, dass Sie die anregend-vielfältigen Aspekte Ihres Berufes genießen können. Sie müssten an die eingefahrenen Muster und Strategien ran!

5.4 Grübelkreisläufe erkennen

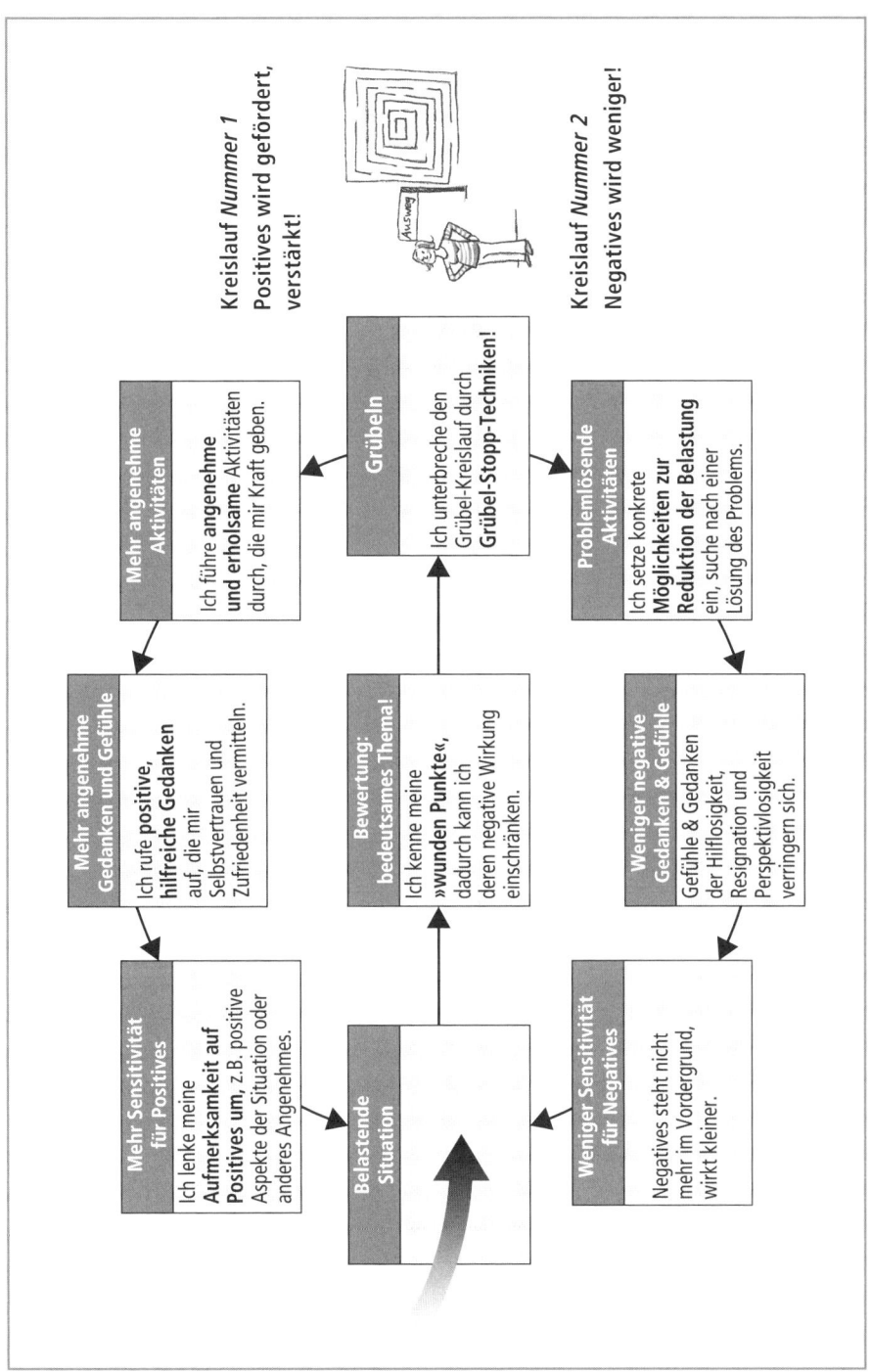

Abb. 11 Unterbrechung des Grübelkreislaufs

5.5 Grübelkreisläufe unterbrechen: Grübelstopp-Techniken

Beginnen wir mit einfachen, prägnanten Möglichkeiten, die oftmals bereits für sich genommen hinreichend effektiv sind. Sobald Sie merken, dass Ihr Denken sich in Grübelkreisläufen verliert, rufen Sie mehrfach und laut »Grübelstopp!« oder einfach nur »Stopp!«.

Das klingt komisch bzw. man kann doch nicht im Lehrerzimmer laut »Grübelstopp« rufen ... und zu Hause wäre das doch lächerlich! Sie wollen etwas verändern, ohne dass es nach außen auffällt, keinen schlechten Eindruck macht und möglichst bequem ist?

Jede Veränderung etablierter, aber letztlich ungünstiger Muster macht zunächst einmal – mehr Stress (▶ Abschn. 5.3). Bezüglich des Grübelns gilt es, klare Akzente zu setzen. Grübeln ist eine kraftvolle Angelegenheit, der man etwas vergleichbar Kraftvolles entgegensetzen muss.

Also laut »*Grübelstopp!*« rufen ... und wenn Ihnen etwas anderes, genauso wirksames einfällt, dann prima, machen Sie es!

Ihren persönlichen »Grübelstopp« können Sie durch Aufstehen, Klatschen und andere Gesten unterstreichen. Zudem haben sich Gummibänder am Handgelenk (man zieht daran und lässt das Band vehement auf die Haut klatschen) oder das Kleben von roten Punkten, mit denen man im Bedarfsfall einen entsprechend markanten Reiz setzen kann, bewährt. Die roten Punkte kann man an Stellen kleben, an denen man »gerne« ins Grübeln fällt und deren Anblick einen dann auffordert, bestimmte, nicht mit dem Grübeln konforme Tätigkeiten aufzunehmen. Was könnte das in Ihrem Fall sein? Unmittelbar daran kann man in die Anti-Grübelrituale überleiten, die im nächsten Abschnitt vorgestellt werden.

Nach dem »Grübelstopp!« können Sie tief durchatmen und, je nachdem, zur konstruktiven Arbeit bzw. den »**Mehr angenehmen Aktivitäten**« übergehen.

An dieser Stelle wäre weiteres Theoretisieren geradezu schädlich bzw. intellektuelle Vermeidung. Probieren Sie den Grübelstopp aus! Und zwar regelmäßig, mindestens eine Woche lang, konsequent immer dann, wenn er angezeigt ist. Wenn man es entschieden genug macht, dann ist Erfolg fast unvermeidlich.

5.5.1 Anti-Grübelrituale

Bei besonders hartnäckigen Grübelkreisläufen kann es sein, dass ein »Stopp«, auch wenn es nach allen Regeln der Kunst und entschieden erfolgt, alleine nicht ausreicht. Das liegt daran, dass die emotionale Dynamik, die mitunter hinter Grübelkreisläufen steckt, vehement bis existenziell sein kann: Kränkungen, das Erleben von Hilf- und Machtlosigkeit sitzen tief, die inhaltliche Nähe zu eigenen

Stressverstärkern kann hoch sein, Alternativen sind gefühlt ganz weit weg … und/oder das alles zusammen. In solchen Fällen haben sich Anti-Grübelrituale bewährt. Ihr Sinn und Zweck ist es, die emotionale Ladung des Grübelstopps angemessen zu erhöhen.

> **Merke**
> **Grübelstopp-Dimensionen**
> - Auf rationale Art und Weise: laut Grübelstopp rufen, Gummibänder, rote Punkte
> - Auf vehemente Art und Weise: Anti-Grübelrituale – umgehendes Verlassen des Grübelortes, um eine zuvor festgelegte Alternativtätigkeit auszuüben, Grübelbuch, Grübeltisch, Grübelstuhl …
> - Auf kategorische Art und Weise: Achtsamkeit

Das für Sie angemessene Grübelritual ist ein Programm, bei dem Sie in der Lage sind, im wahrsten Sinne des Wortes auf andere Gedanken zu kommen. Eine bewährte Methode ist z. B. das bewusste Verlassen des Raumes, in dem Sie mit dem Grübeln gerade angefangen haben. Ganz besonders wichtig wird dies, wenn Sie vorzugsweise nachts im Bett grübeln. In diesem Fall: Aufstehen (!), denn das Bett ist nicht zum Grübeln da, sondern zum Schlafen. Soweit Ihr Grübeln z. B. vorzugsweise am Schreibtisch stattfindet, läge es nahe, sich im Rahmen eines Spaziergangs oder einer Wanderung, der Arbeit im Garten, des Backens eines Brotes oder des Kochens einer Mahlzeit umzuorientieren. Viele erfolgreiche Grübelrituale beinhalten die gezielte Veränderung des Ortes, an dem Sie in Ihren Gedankenketten »gefangen« sind, sowie die Stärkung des Denkens in Richtung Inspiration und neuer Ideen. Hier ist die Natur oftmals ein guter Lehrmeister. Natur pur versus Grübelunsinn.

Entscheidend ist: Grübelrituale sind nicht beliebig, sondern gut durchdacht und »einmal ist keinmal«!

> **Übung**
> **Grübelritual-Erfolgsrezept: Mindestens so hartnäckig wie das Grübeln selbst**
> Wenn Grübelrituale funktionieren sollen, dürfen sie nicht »halbherzig« sein: Ihre Etablierung läuft dann auf ein persönliches Entlastungsprojekt hinaus, etwa: »*Ich nehme mir vor, immer dann, wenn ich in den nächsten zwei Wochen am Schreibtisch bei der Unterrichtsvor- und -nachbereitung ins Grübeln kommen sollte, diese Arbeiten umgehend zu unterbrechen, um eine Runde ums Haus spazieren zu gehen. Ich nehme damit in Kauf, dass ich weniger gut für den kommenden Tag vorbereitet bin und/oder Arbeiten verspätet zurückgebe.*«
> Idealerweise mit Unterschrift und einem Zeugen (z. B. Ihrem Partner).

In ganz hartnäckigen Grübel-Konstellationen hat sich schließlich die »Grübelbuch«-Technik bewährt. Sie ist, wenn sie von allen Beteiligten konsequent gehandhabt wird, sehr erfolgreich … aber zugegebenermaßen zeitaufwendig.

5.5.2 Grübelbuch-Technik

Wenn sich Grübeln nicht stoppen bzw. abstellen lässt, dann muss man das Grübeln inhaltlich also doch ernst nehmen. Und zwar richtig: Wenn schon grübeln, dann konsequent. Um auch wirklich alle Grübelgedanken, die Ihnen kommen, angemessen überdenken zu können, ist es unabdingbar, diese aufzuschreiben, zu sammeln und zu sortieren.

Kaufen Sie sich zu diesem Zweck ein »Grübelbuch«, also ein möglichst dickes Heft mit vielen Seiten. Sobald Ihnen ein Grübelgedanke kommt, schreiben Sie ihn auf. Damit Sie dies ungehindert tun können, brauche Sie in Ihrer Wohnung einen Grübelstuhl und einen Grübeltisch: Immer dann, wenn Ihnen ein Grübelgedanke kommt, dann nehmen Sie Ihr Grübelbuch, gehen zum Grübeltisch, setzen sich auf den Grübelstuhl … und schreiben den Grübelgedanken auf. Anschließend begeben Sie sich wieder zu eben unterbrochener Tätigkeit oder auch ins Bett. Sobald dann ein weiterer Grübelgedanke kommt, ist dies ein untrügliches Zeichen dafür, dass Sie noch nicht alle Grübelgedanken hinreichend akribisch aufgeschrieben haben. Also unterbrechen Sie umgehend, was immer Sie tun, begeben sich an den Grübeltisch, setzen sich auf den Grübelstuhl und schreiben Sie die Grübelgedanken auf.

Einmal in der Woche nehmen Sie sich dann – vielleicht zusammen mit einem Coach oder Therapeuten – Zeit und sortieren die Grübelgedanken inhaltlich. Und dann, weiter sammeln …

Jawohl, das Ganze gilt auch für Grübelgedanken, die nachts im Bett kommen. Wenn Sie grübeln, können Sie ja sowieso nicht schlafen. Grübeln im Bett ist ungesund. Also bitte aufstehen, an den Grübeltisch setzen, die Grübelgedanken ins Grübelbuch schreiben … Und erst dann, wenn Ihnen keine weiteren Grübelgedanken einfallen, dürfen Sie sich (erleichtert) wieder ins Bett legen. Wenn Sie dann schlafen, ist es gut. Wenn nicht und sich wieder Grübelgedanken melden, dann sofort wieder aufstehen, aufschreiben … Schließlich sind Sie eine hochengagierte, Ihre Verantwortung sehr ernst nehmende Lehrkraft. Und das gilt natürlich auch für den Umgang mit den wichtigen Grübelthemen!

Das Grübelbuch-Programm klingt skurril, das macht sowieso niemand?

Ersteres ist richtig. Letzteres nicht. Entscheidend ist es, das Grübeln so ernst zu nehmen, wie es von uns ernst genommen werden will. Tierisch ernst. Ein unter Grübeln leidender Lehrer-Patient, der nach einer Woche nur drei Sätze im Grübelbuch stehen hatte, hat die Sache anscheinend nicht ernst genug genommen. Wie soll man mit solchen Kollegen arbeiten? Wenn es gelingt, mitunter erst in der Interaktion des Grüblers mit einem Coach oder Therapeuten, die Grübelbuch-Strategie kompromisslos durchzuziehen, dann wirkt sie auch. Zum einen, weil angesichts der gesammelten Grübelinhalte deutlich wurde, wie redundant und inhaltlich beschränkt Grübeln ist. Zum anderen, weil durch das stetige Unterbrechen von Grübelabläufen – zwecks Grübelgedanken aufschreiben – Grübelgedanken emotional aversiv besetzt werden ... Wer dann noch grübelt, hat absehbar eine Depression – deren Symptom unter anderem Grübeln sein kann – oder eine andere seelische Erkrankung, bei der andere Gesetze gelten und andere Strategien, im engeren Sinne therapeutischer Art, nötig sind (▶ Kap. 2.7).

5.5.3 Schulbusfahren

Im Rahmen von AGIL-Kursen ist die Krönung des Grübelthemas das »Schulbusfahren«. Auch wenn es sich, mit dem Buch in der Hand, alleine so nur schwer durchführen lässt, wird die Übung hier kurz geschildert, weil sie prägnant nachvollziehbar macht, wie idealerweise mit Grübelgedanken umgegangen werden sollte. Die Idee vieler AGIL-Übungen ist, prägnante Bilder bzw. Szenen zu finden, die in der äußeren Situation etwas abbilden, was uns helfen kann, mit inneren Problemkonstellationen besser umzugehen. Bezüglich des Grübelproblems ist Schulbusfahren so gesehen ein geradezu geniales Bild. Also:

> **Beispiel**
> Stellen Sie sich vor, Sie müssen einen voll besetzten Schulbus fahren. Ihre Fracht ist entsprechend kostbar, aber gelegentlich unruhig. Ihre Aufgabe ist es selbstverständlich, die Schüler heil zur Schule und anschließend wieder nach Hause zu fahren. Schulbusfahrer müssen dazu hochkonzentriert sein. Bereits kleine Ablenkungen können zu katastrophalen Unfällen führen. Stellen Sie sich das bitte als Schlagzeile vor: »Von Grübelgedanken abgelenkter Schulbusfahrer kommt von der Fahrbahn ab – zum Glück nur leicht Verletzte!«

Grübelgedanken wiederum haben durchaus Ähnlichkeit mit Schulkindern im Schulbus. Sie sind unruhig, drängen sich auf, drängeln nach vorne, wollen beachtet werden.

In der AGIL-Gruppe läuft es dann wie folgt: Die Grübelgedanken eines Teilnehmers, der besonders unter Grübeln leidet, werden gesammelt, etwa: »*Die Disziplinarprobleme in der 9c überfordern dich!*«, »*Gegen den Elternbeirat hast du keine Chance, der will dich fertig machen ...*«, »*Die Schulleiterin hasst mich, ich bekomme immer die schlechtesten Stundenpläne*«, »*Im Kollegium lachen alle über mich ...*«, »*Du schaffst es nie, die Klassenarbeiten bis Montag zu korrigieren*« usw. Sicher fallen Ihnen weitere eigene Grübelgedanken ein, bitte aufschreiben.

Übung

Grübelgedanken

Meine vertrautesten Grübelgedanken sind:

_____

_____

_____

Anschließend werden die Stühle im Gruppenraum so aufgestellt, dass das Ergebnis Ähnlichkeit mit einem Schulbus hat (▶ Abb. 12): Vorne steht ein Stuhl, der des Fahrers, dahinter jeweils zwei Stühle nebeneinander, in mehreren Reihen. Diese Stühle sind dann die Sitze, auf denen die mitfahrenden Schüler platznehmen. Der Grübelprotagonist darf sich auf den Fahrersitz setzen. Die übrigen Teilnehmer übernehmen die Schülerrollen. Hierzu werden die Grübelsätze gerecht unter den Schülern verteilt. Idealerweise bekommt jeder Schüler einen der Grübelsätze zugeteilt, mit denen er dann im Verlauf der Übung den Busfahrer nerven darf. Nun kommt die Instruktion des Gruppenleiters: Zum einen soll sich der Busfahrer auf den Verkehr konzentrieren und den Bus sicher zur Schule fahren, zum anderen sollen die Schüler, einer nach dem anderen, hervortreten und dem Fahrer von hinten ihre Grübelsätze ins Ohr sagen. Laut und vernehmlich. Geschrien werden muss nicht. Dann folgt das Startsignal: »Bitte fahren Sie los!« und »Grübelgedanken ab!«

Können Sie sich – falls Sie noch nie das AGIL-Vergnügen hatten – die Szene vorstellen? Den »nervigen« Schülern macht ihre Rolle in aller Regel viel Spaß. Lehrer sind viel zu intensiv mit Schülern konfrontiert, um sich nicht gut in deren Rollenverhalten hineinversetzen zu können. Sie balgen, streiten und rufen dem Fahrer die besagten Sätze ins Ohr: »*Die Disziplinarprobleme in der 9c überfordern dich!*« usw. Der arme Schulbusfahrer hat seine liebe Not. Je nach Charakter wird versucht, »nicht hinzuhören«, was absehbar nur kurze Zeit funktioniert … und wieder landet der Schulbus im Graben. Oftmals wird gleich kapituliert und der Bus zum Stehen auf offener Strecke gebracht. Ein Busfahrer schlug die Hände vors Gesicht: »*Ich kann nicht mehr …*« Beherztere Kollegen hingegen fangen unterwegs an zu argumentieren: »*Also, ich habe schließlich mein Fach studiert. Ich habe jahrelange Berufserfahrung. Ich habe auch andere schwierige Situationen überstanden, vielleicht sollte ich …*« klingt das gut? Es kling gut, hat nur leider den Nebeneffekt, dass der Fahrer massiv abgelenkt ist. Seine Aufmerksamkeit widmet er nicht dem Straßenverkehr, sondern den Grübelgedanken, was über meist kurz, selten lang einen Unfall unvermeidlich macht. Hoffentlich steht dann kein Baum an der Stelle, an der die Kurve zu scharf genommen wird …

5.5 Grübelkreisläufe unterbrechen: Grübelstopp-Techniken

Abb. 12 Schulbusfahren

Welche Strategie hätten Sie spontan versucht? Weghören, Stehenbleiben, Argumentieren …?

Schulbusfahren wird in der Regel mehrfach durchgespielt. Es gilt, verschiedene Strategien auszuprobieren, wobei dann auch einer der »Schüler« zum Fahrer werden kann, um den Protagonisten andere Versionen der Grübelgedankenbewältigung zu präsentieren.

Was schlussendlich funktioniert?

Nicht umsonst findet sich in Schulbussen ein Schild: »*Es ist verboten während der Fahrt mit dem Fahrer zu sprechen*«. Genau darum geht es. Nicht ums Weghören. Nicht ums Argumentieren, sondern um klare Anweisungen: »*Ruhe, hinsetzen*«, »*Noch einmal und du fliegst raus!*« Gerne auch noch deftiger: »*Maul halten oder ihr geht zu Fuß!*«

Wenn man die Übung mit Schwung und Humor macht, dann haben alle viel Spaß und auch eher schüchternen Lehrkräften kommen die deftigen, ihre Verkehrstüchtigkeit sicherstellenden Anweisungen leichter, lauter und prägnanter über die Lippen.

Theorie ersetzt keine Erfahrung. Aber auch bei der Lektüre dürfte deutlich geworden sein, worauf es beim Schulbusfahren bzw. beim Umgang mit Grübelgedanken ankommt: auf eine klare Positionierung und klare Anweisungen. Bitte: Keine inhaltliche Diskussion, sondern ein vernehmliches »*Grübelstopp*« bzw. »*Maul halten, sonst fliegt ihr raus!*«.

Versuchen Sie dies bitte heute Abend, falls Sie von Grübelgedanken heimgesucht werden. Ein bisschen Humor bei der Sache schadet nicht, schließlich sind Ihre Grübelgedanken ja auch nur Menschen bzw. Schüler. Wie auch immer, die nötige Entschiedenheit macht auch Schulbusfahrer absehbar entspannter.

5.5.4 Achtsamkeit als ultimative Grübelstopp-Technik?

Können Sie sich einen grübelnden buddhistischen Mönch vorstellen? Nein, wir uns auch nicht. Es wäre geradezu das krasse Gegenteil einer in sich ruhenden, achtsamen Haltung, sich von negativen Gedanken beherrschen zu lassen. Wie bereits im Kapitel zur Achtsamkeit dargelegt (▶ Kap. 4.7): Unser Gehirn ist eine Sorgen-mach-Maschine, man kann ihr zuhören, muss es aber nicht, was wiederum nur gelingt, wenn man die Gedanken als Gedanken ansieht, sie kommen und gehen lässt und nicht inhaltlich bewertet. Auf die Busfahrer-Übung übertragen hieße das, das Rufen der Schüler als Geräuschkulisse zu akzeptieren. Womit die Grübelgedanken, ohne uns treffen zu können, im allgemeinen Rauschen verwehen. In der konkreten Übung dürfte das sehr schwer sein. Wenn Sie das Zeug zum buddhistischen Heiligen haben, gelingt es Ihnen sicher, einen Versuch wäre es wert.

Beim Grübeln fokussiert unsere Aufmerksamkeit auf ein negativ besetztes Thema, das manchmal in der Zukunft und häufig in der Vergangenheit liegt, aber selten etwas mit dem jetzigen Moment zu tun hat. Als Anker bieten sich hier der Körper oder der eigene Atmen an, aber auch Geräusche oder visuelle Wahrnehmungen können genutzt werden. Ein Achtsamkeit übender Mensch setzt seinen Fokus auf das Hier und Jetzt, nur der gelebte Moment hat Relevanz, alles Übrige tritt in den Hintergrund.

Übung

Grübeln

Setzen Sie sich entspannt hin, stellen Sie beide Füße gerade auf den Boden. Wenn Sie möchten, schließen Sie die Augen. Während Sie dies tun, bemerken Sie bereits, dass Sie beim Grübelns den Kontakt mit dem Boden und Ihrem Körper verloren haben. Wie fühlen sich Ihr Nacken, Ihre Schultern, die Arme ... an (eine vollständige Achtsamkeitsübung finden Sie in ▶ Kap. 4.8)?

Auf wundersame Weise wird bei eben dieser Haltung das Grübel-Kopfkino heruntergedimmt, nur der aktuelle Moment ist in der Wahrnehmung präsent. Wichtig: Hier geht es um Grübelbewältigung als Nebeneffekt einer Aufmerksamkeitslenkung ins Hier und Jetzt. Achtsamkeit wird nicht »exerziert«, um »nicht mehr zu Grübeln«! Dann funktioniert es absehbar nicht. Achtsamkeit ist keine Form der »Ablenkung, damit es mir besser geht«, sondern eine grundsätzlich andere Haltung dem Leben gegenüber.

Wem das gelingt, Hut ab! Wenn nicht, dann helfen die oben dargelegten Grübelstopp-Techniken, Abstand vom Grübelphänomen zu bekommen. Was ja einen achtsamen Umgang mit sich und perspektivische Lösungen auf dieser Ebene keineswegs ausschließt.

Das **»Selbstwert«-Thema** bietet sich hier als gemeinsamer Nenner an: Grübelthemen sind oftmals so angelegt, dass sie den Selbstwert hinterfragen bis untergraben. Man erlebt sich als gekränkt, hilflos, machtlos (▶ oben). Wem es gelingt, Grübelstopp bzw. Grübelbewältigungsstrategien zu praktizieren, dessen Selbstwert wächst automatisch, quasi als Nebenwirkung. Je souveräner ich mit Grübelthemen umgehe, umso selbstsicherer bin ich! (Die AGIL-Autoren haben es leider versäumt, sich diese Weisheit patentieren zu lassen.) Und je selbstsicherer Sie sind, umso leichter dürfte es Ihnen fallen, entsprechenden Grübelproblemen achtsam zu begegnen: Oftmals sind es eben nur die Gedanken, die uns das Leben schwermachen, weniger die Dinge selbst ... Und wie man damit umgeht, lässt sich durchaus lernen (etwa im Rahmen von AGIL).

5.5.5 Postscriptum: Grübeln als kollektives Problem

Falls der Eindruck entstanden sein sollte, Grübeln sei ausschließlich ein individuelles Phänomen, dann ginge dies an der Wahrheit diametral vorbei. Grübeln tritt sehr häufig in Gruppen auf, unter anderem auch in Lehrerzimmern! Wir sind diesem Thema bereits begegnet, dort, wo es um die verschiedenen Belastungsebenen ging (▶ Kap. 2.2, ▶ Abb. 1).

Wenn Sie kollektives Grübeln erleben wollen (falls es nicht bereits zu Ihren – leidigen – Alltagserfahrungen gehört), dann könnten Sie beispielsweise laut und vernehmlich Folgendes im Lehrerzimmer sagen: »*Im Kultusministerium haben die absolut keinen Schimmer davon, was Inklusion hier in der Schule, speziell in meiner Klasse, bedeutet!*«

Oder, wenn Inklusion bei Ihnen kein Thema ist, z. B.: »*Erst predigen die Heiligen im Kultusministerium, dass sich die Gesellschaft durch G8 retten ließe. Was die Lehrer dazu sagen, interessiert niemanden. Nun also marsch, marsch, zurück! Das Ministerium hat dank intensiver Auseinandersetzung mit bislang unbekannten Fakten herausgefunden, dass G9 doch besser war. Oh Wunder …*«

Eine derartige Diskussion anzuheizen dürfte nicht sonderlich schwer sein. Nun der zweite Teil des Experiments. Bitte beobachten Sie, was geschieht!

Wir wetten darauf, dass bei einem geeigneten Thema innerhalb kürzester Zeit eine heiße Diskussion losgetreten wird. Und die Zeit vergeht »wie im Fluge«. Vielen Kollegen fallen weitere Beispiele zum Thema ein, die Ihre einleitenden Thesen untermauern. Sie akzentuieren weiter und machen Eindrücke zur Gewissheit. Zugegeben, kurzfristig ist die daraus erwachsende Dynamik anregend. Niemand braucht sich alleine zu fühlen, man findet bald Schuldige (die Politiker z. B.) und fühlt sich in der Gemeinschaft eingebunden, verstanden. Die Katerstimmung kommt dann etwas später: Die Pause ist rum, Erholung fand nicht statt, dafür ist allen klar, wie hilflos wir – in den genannten Beispielen – der Politik bzw. dem Ministerium ausgeliefert sind (wo übrigens auch nur Menschen sitzen, die wiederum über … – welche Themen wohl – kollektiv grübeln). Am Grübelkreislaufschema (▶ Abb. 10) lässt sich dies unschwer nachvollziehen.

Also, kollektives Grübeln ist psychologisch gesehen kurzfristig anregend und fördert die Gruppenkohäsion. Wir erleben den Austausch mit anderen, ebenso z. B. von schlechten Rahmenbedingungen Betroffenen als hilfreich, fühlen uns verstanden, angenommen und nicht alleine. Langfristig führt es jedoch dazu, dass man das Lehrerzimmer mit Kopfschmerzen wieder verlässt. Zirkuläre, langwierige und letztlich nur zusätzlich belastende Grübelgespräche kann niemand auf Dauer brauchen. Es gibt Schulen mit niedriger Arbeitszufriedenheit, hohem Krankenstand, vielen bereits »innerlich gekündigten« Lehrkräften, die lieber heute als morgen in (Früh-)Pension gehen würden. Und es gibt erheblich glücklichere Schulen … Ein mitentscheidender Unterschied liegt vielfach bereits in der Art und Weise, wie in Lehrerzimmern kommuniziert wird. Eine kollektive Grübeldynamik verheißt längerfristig nichts Gutes, für niemanden.

Falls in Ihrem Lehrerzimmer Gruppengrübeln die Regel sein sollte, dann wären eine gemeinsame Reflexion dieses Zustandes und Grübelstopp-Techniken genau das, was Ihr Kollegium braucht (z. B. auch im Rahmen einer Supervision). Der entscheidende Schritt ist dabei vielfach bereits der erste: indem Ihr Kollegium und Sie den Mut haben, sich selbst (und anderen gegenüber) offenzulegen, dass (längst) kein konstruktives Gespräch mehr geführt wird. Durch die damit erreichte Klarstellung wird dem Grübeln eine seiner zentralen Triebfedern entzogen.

Und wenn das nicht reicht? Dann gibt es eine Reihe von Strategien, die sich z. B. zusammen mit einem Supervisor durchführen lassen. Eine charmante Möglichkeit ist es, einen Grübelbeauftragten zu benennen. Jeder Kollege, der heftig in Grübelthemen einsteigt (oder damit beginnt; was sich aber in der Praxis ebenso zielsicher feststellen lässt wie die Klasse die Frage »*Wer hat mit dem Schwätzen angefangen?*« beantworten kann), muss dann, vom Grübelbeauftragten kontrolliert, z. B. einen Euro in die Lehrerkasse einzahlen. Von dem Geld finanzieren Sie dann einen zünftigen Lehrerausflug oder die Weihnachtsfeier in einem guten Lokal.

Spaß beiseite, so etwas kann funktionieren, wenn man nicht nur kollektiv grübeln, sondern, mit dem nötigen tierischen Ernst, etwas verändern will.

6 Modul Möglichkeiten

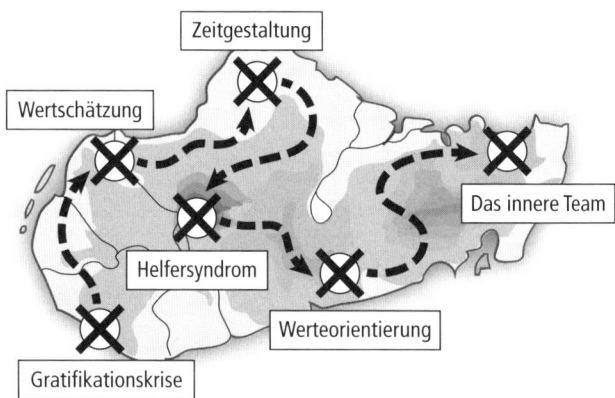

Was ist das zentrale Anliegen des Kapitels?

Möglichkeiten, seine beruflichen Belastungen zu reduzieren, gibt es viele. Leider helfen gut gemeinte Tipps oftmals nicht weiter, denn: Jedes die Belastung erhöhende Verhalten hat Vorteile. Und zwar erhebliche, sonst würde man es spontan anders machen. Der Grundgedanke des folgenden Kapitels liegt darin, dass ein rigides Festhalten an vertrauten hochüberlernten Verhaltensmustern an einem Mangel an Verhaltensalternativen oder einer eingeschränkten Flexibilität ihrer Anwendung liegen kann. Insofern ist eine Erweiterung des eigenen Spektrums an Möglichkeiten mit persönlicher Arbeit und nicht selten einer Auseinandersetzung mit der eigenen Lerngeschichte verbunden. Verhaltensänderung gelingt am besten, wenn der jeweilige Ansatz gut zu den persönlichen Schwierigkeiten passt und inhaltlich überzeugt.

Wer sollte sich angesprochen fühlen?

Jeder, der das Gefühl hat, in Situationen des Schulalltags an persönliche Grenzen eigener Ideen und Fertigkeiten eigener Verhaltensmöglichkeiten zu stoßen. Das folgende Kapitel veranschaulicht Möglichkeiten der Erweiterung und ggf. Flexibilisierung des eigenen Spektrums an Verhaltensmöglichkeiten.

Wie sieht der Fahrplan aus? Was sind die wichtigsten Inhalte dieses Kapitels?

Aufgrund der Vielfalt der vorstellten Ansatzpunkte werden jeweils zu Beginn der folgenden Themenblöcken das zentrale Anliegen, die angesprochene Zielgruppe und der »Fahrplan« separat vorgestellt.

Haben Sie das AGIL-Buch gewissenhaft vom Anfang bis zu diesem Kapitel gelesen – oder haben Sie direkt hierher geblättert, um möglichst rasch praktische Tipps und konkrete Möglichkeiten zur Lösung Ihrer Probleme zu finden? Sie haben recht, das Modul Möglichkeiten soll (und wird) Ihnen konkrete Ansatzpunkte und Ideen liefern, Ihren Stress im Lehrerberuf zu verringern. Aber auch in diesem Fall gilt: Gute Ratschläge, die Stressprobleme von Lehrerinnen und Lehrern praktisch automatisch lösen, gibt es nicht. Es kann immer nur um Anleitungen zur Selbstreflexion gehen, mit deren Hilfe Sie Lösungen erarbeiten, die für Sie in Ihrer ganz persönlichen Situation passend sind. Sie erhalten also – kulinarisch gesehen – keine Fertiggerichte, sondern Kochrezepte einschließlich Variationsmöglichkeiten.

6.1 Hintergrund und Ziele

Die Welt steckt voller »Möglichkeiten«! Allgemein und theoretisch dürfte jeder dieser Aussage zustimmen. In Stresssituationen und vor allem im Zustand chronischen Stresses sieht es dann aber ganz anders aus. Dann kann es sich vielmehr so anfühlen, als gäbe es keine Alternativen und vor allem keinen Ausweg, der die Situation erträglicher machen könnte. Sie erinnern sich ans vorige Kapitel: Grübelgedanken haben in einer solchen Situation leichtes Spiel! Möglichkeiten, aus Grübelfallen herauszukommen, haben Sie bereits kennengelernt. Um langfristig mit schwierigen Stresssituationen umgehen zu können, bedarf es allerdings meist auch ganz praktischer Veränderungen und konkreter Handlungsschritte. Nur welcher?

Kennen Sie das: Sie führen mit einem Freund ein offenes und vertrauensvolles Gespräch über Ihre derzeitige Situation. Dieser bringt seine eigene Sichtweise des Problems ein. Sie beginnen, es aus einem anderen Blickwinkel zu betrachten, und in Ihrem Kopf entstehen Ideen, wie Ihre nächsten Schritte in der zunächst ausweglos erscheinenden Situation sein könnten.

In diesem Kapitel möchten wir die Rolle dieses Freundes übernehmen. Wir werden Ihnen Strategien vorstellen, wie man an Stresssituationen herangehen und konkrete Handlungsoptionen finden kann. Welche Schritte dieser Art in Ihrer konkreten Situation die richtigen sind, können letztlich wiederum nur Sie beurteilen, entscheiden und umsetzen. Bei der Auswahl dieser Strategien und Denkansätze erheben wir übrigens keinen Anspruch auf Vollständigkeit, sondern haben jene ausgewählt, die sich in der wissenschaftlichen Literatur zum beruflichen Stress als bedeutsam oder in der therapeutischen Praxis als hilfreich erwiesen haben.

Bekommen Sie in Ihrem Job (wenn wir den Lehrerberuf als solchen bezeichnen dürfen) das, was Sie verdient haben? Im ersten Teil (▶ Abschn. 6.2) werden wir uns mit der Balance zwischen Verausgabung und Belohnung im Beruf beschäftigen. Der Medizinsoziologe Johannes Siegrist entwarf 1992 mit der »**beruflichen Gratifikationskrise**« ein Modell, das ebenso simpel wie genial einen zentralen Prozess bei der Entstehung von beruflichem Stress beleuchtet und darüber hinaus immens wichtig für die psychische Gesundheit ist.

Darauf aufbauend werden wir die zentrale Bedeutung der **Wertschätzung für die eigene Person und die eigenen Leistungen** erläutern – und Sie dabei unterstützen, diese zu stärken (▶ Abschn. 6.3).

Haben Sie dafür zu wenig Zeit? Dann blättern Sie am besten gleich zum Abschnitt, der sich mit genau dieser Thematik beschäftigt. »**Zeitmanagement**« (▶ Abschn. 6.4) wird oft als Versprechen verstanden, durch mehr Effizienz mehr Leistung und mehr Zeit für sich selbst herauszubekommen. Ob dadurch nicht letztlich mehr Stress entsteht? Mit unseren Ausführungen zur Zeitgestaltung möchten wir Ihnen einen Ansatz vorstellen, Ihre Zeit im Einklang mit Ihren Prioritäten und Ihren Werten zu gestalten.

Haben Sie sich schon mal die Frage gestellt, ob Sie vielleicht unter einem »**Helfersyndrom**« leiden? Sie können im entsprechenden ▶ Abschnitt 6.5 mehr darüber erfahren und in diesem Zusammenhang Ihr Selbstwertgefühl stärken.

»Was für eine Lehrerin/ein Lehrer möchte ich sein?« Sicherlich haben Sie sich diese Frage in Ihrer beruflichen Anfangszeit beantwortet. Gerade wenn Sie unter beruflichem Stress leiden, lohnt es sich, dies immer wieder zu tun. So können Sie Ihren beruflichen Weg an Ihren **Werten** ausrichten und neuen Sinn daraus schöpfen (▶ Abschn. 6.6).

Kennen Sie die Mitglieder Ihres »**Inneren Teams**«? Falls Sie dies neugierig macht, können Sie sie anhand unserer Anleitungen kennenlernen. Die Beschäftigung mit inneren Anteilen und wie diese miteinander kooperieren (oder eben nicht), kann eine wertvolle Ressource sein, wenn es darum geht, innere und äußere Konflikte zu klären (▶ Abschn. 6.7).

6.2 Das Modell der beruflichen Gratifikationskrise: Belastung und Belohnung in Balance

Was ist das zentrale Anliegen des Themenblocks?
Wer das Gefühl hat, dass er systematisch mehr Zeit und Energie in den Beruf investiert, als er materiell und immateriell zurückbekommt, ist in doppeltem Sinne benachteiligt: Dem Konzept der beruflichen Gratifikationskrise zufolge resultiert ein zunehmendes Gefühl von Überlastung und Ungerechtigkeitsempfinden in einem erhöhten Risiko der Entwicklung von chronischem Stress und einem erhöhten Risiko, seelisch und körperlich zu erkranken. Die kritische Auseinandersetzung mit der eigenen Gratifikationsbalance kann helfen, zu einer langfristig ausgeglichenen Balance von eigenem beruflichem Engagement und erlebter Wertschätzung zu finden.

Wer sollte sich angesprochen fühlen?
Jeder, dem das beschriebene Gefühl »Ich investiere mehr Energie in der Schule, als ich dafür zurückbekomme« vertraut ist. Und zudem alle, die eines der zentralen und international am besten wissenschaftlich belegten Konzepte zum Thema beruflicher Stress kennenlernen wollen.

6.2 Belastung und Belohnung in Balance

Wie sieht der Fahrplan aus?

Das Modell der Gratifikationskrise wird erklärt und mit Zeichnungen erläutert. Anschließend werden individuelle Einflussmöglichkeiten auf das Gratifikationsgleichgewicht aufgezeigt.

6.2.1 Wie die Balance durch äußere Umstände beeinflusst wird

Wie kommt es, dass manche Menschen im Job Höchstleistungen vollbringen – und dabei voller Begeisterung bleiben, ohne sich gestresst zu fühlen? Und warum ist es manchmal so, dass der Beruf als anstrengend und überfordernd erlebt wird, obwohl eigentlich – von außen betrachtet – gar nicht so viel verlangt wird und die betreffenden Personen für die Tätigkeit gut ausgebildet und motiviert sind?

Solche Konstellationen – die wir vermutlich alle kennen – scheinen auf den ersten Blick gar nicht zu unseren Vorstellungen von Stress zu passen. Wenn wenig zu tun ist, haben wir schließlich wenig Stress, und wenn die Anforderungen hoch sind, steigt auch unser Stresslevel. Oder? Das kann der Fall sein – muss es aber offenbar nicht. Denn es kommt beim Stresserleben nicht nur darauf an, wie viel man an Einsatz und Leistung bringt, sondern auch, um es flapsig auszudrücken, was man am Ende herausbekommt. Also: ob die (bzw. unsere höchstpersönliche) Bilanz stimmt! Wenn viel verlangt wird, muss viel dabei herauskommen. Stellt sich auf Dauer dagegen das Gefühl ein, für all das Engagement keine ausreichende Belohnung zu erhalten, stecken wir in einer »Gratifikationskrise«. Und das bedeutet: Dauerstress.

Der Medizinsoziologe Johannes Siegrist hat sich ausführlich mit diesem Phänomen, der Balance zwischen Verausgabung und Belohnung, beschäftigt. Man kann es sich wie bei einer Waage vorstellen (▶ Abb. 13): In die eine Waagschale wird alles hineingelegt, was die Verausgabung im Job ausmacht. Was könnte das sein? Arbeitsanforderungen, Lehrpläne, Zeitdruck, Unterbrechungen, hohe Verantwortung, ein hohes Arbeitsaufkommen, körperliche Anstrengung und vieles mehr. In die andere Waagschale kommt all das, was eine Belohnung, also die »Gratifikation«, für diese Anstrengungen ist. Was belohnt uns für geleistete Arbeit? Natürlich das Gehalt, aber auch Arbeitsplatzsicherheit, Aufstiegschancen und – ganz wichtig – Anerkennung und Wertschätzung.

Das Modell der Waage zeigt: Zufrieden – also ausgeglichen im wahrsten Sinne des Wortes – fühlen wir uns dann, wenn die beiden Schalen im Gleichgewicht sind oder die Belohnungsschale ein klein wenig schwerer ist. Stress entsteht dagegen, wenn die Schale der eigenen Verausgabung schwerer ist.

Abb. 13 Das Modell der beruflichen Gratifikationskrise (nach J. Siegrist)

An dieser Stelle wird es Zeit für eine erste persönliche Bestandsaufnahme.

Übung

Bilanz Belastung und Belohnung

Welche Gewichte finden Platz in Ihren Waagschalen? Wie steht es um Ihre Balance zwischen Verausgabung bzw. Belastung und Belohnung? In der folgenden Abbildung tragen Sie auf der linken Seite alles ein, was für Sie die Verausgabung im Lehrerberuf ausmacht. Welche Faktoren sind es, die Ihren Arbeitsalltag besonders anstrengend und fordernd machen? Auf der rechten Seite kann alles Platz finden, was für Sie Belohnungen in Ihrem Beruf ausmacht. Was erhalten Sie quasi als Gegenleistung für Ihr Engagement?

Bitte bilanzieren Sie die für Sie relevanten Aspekte, so wie Sie sie aktuell erleben:

Und nun betrachten Sie Ihre persönliche Gratifikationskonstellation in Ruhe. Egal, wie viele Aspekte Sie auf den beiden Seiten eingetragen haben, letztendlich kommt es darauf an, ob Sie Verausgabung und Belohnung als Gleichgewicht empfinden. Um im Bild zu bleiben: Welches

6.2 Belastung und Belohnung in Balance

Gewicht einzelne Faktoren der Verausgabung und Belohnung erhalten, ist höchst individuell. So kann es sein, dass trotz einer langen Liste an Belohnungen eine subjektive Gratifikationskrise vorhanden ist. Oder umgekehrt: Trotz vielfältiger Belastungen wird der Berufsalltag als ausgeglichen erlebt.

Wie ist Ihr Empfinden, wenn Sie Ihre persönliche Waage betrachten? Sind Belastung und Belohnung im Gleichgewicht oder erleben Sie eine Gratifikationskrise? Sie können hier Ihre Gedanken notieren:

_____

_____

_____

Sollten Sie sich dem Empfinden nach in einer Gratifikationskrise befinden, obwohl auf dem Papier viele Belohnungsaspekte stehen, so könnte es sein, dass die Verausgabung und die damit verbundene Erschöpfung immens groß sind und nur schwer ausgeglichen werden können. Möglich ist auch, dass die Belohnungen nicht als solche wahrgenommen werden.

Ein klassisches Beispiel hierfür ist das Gehalt. Obwohl die Lehrergehälter in Deutschland zu den höchsten europaweit gehören, empfinden viele Lehrkräfte ihr Gehalt als zu niedrig bzw. nicht als Belohnung. Sind Lehrkräfte also undankbar? Wenn, dann sind sie nicht undankbarer als Menschen in anderen Berufsgruppen auch. Das liegt daran, dass das Gehalt arbeitspsychologisch gesehen ein »Hygienefaktor« ist. Wenn bereits alles nötige zur »Hygiene«, also zur Verhinderung von Infektionen, getan wurde, dann kann man noch so viel zusätzlich desinfizieren, es bringt auch nicht mehr. Bezogen auf das Gehalt: Wenn etwas ausreichend vorhanden ist, dann wird ein »Mehr« davon gar nicht bemerkt. Das bedeutet, ein angemessenes und ausreichendes Gehalt ist notwendig, um Unzufriedenheit zu verhindern, löst allerdings noch kein positives Gefühl der Zufriedenheit aus.

Umgekehrt sieht es mit dem Erleben von Anerkennung und Wertschätzung aus, die viele Lehrkräfte spontan als ihren wichtigsten Belohnungsfaktor nennen. In einer Studie aus unserer Arbeitsgruppe erwies sich die Anerkennung durch Vorgesetzte und Kollegen als im Vergleich zu Gehalt, Arbeitsplatzsicherheit und Aufstiegschancen wichtigster gesundheitsförderlicher Belohnungsaspekt! Aufstiegschancen sind zwar ebenfalls ein Motivationsfaktor, aber im Lehrerberuf von untergeordneter Bedeutung, denn im Verhältnis zur Zahl der Lehrkräfte machen (und streben an …) in Deutschland nur wenige Karriere in Richtung Schulleitung oder darüber hinaus. Viele erleben eine solche Karriere als wenig attraktiv, sodass es in manchen Bundesländern und Schultypen schwierig ist, genügend Kandidaten für Schulleiterstellen zu finden. Das höhere Gehalt wiegt aus der Sicht vieler Lehrkräfte die damit verbundenen zusätzlichen Belastungen nicht auf – ein gutes Beispiel für das Gratifikationsmodell. Begeisterte Schulleiter sehen und erleben es offenbar ganz anders: Ihre Balance gelingt, weil sie Spaß daran haben, größeren Einfluss auf das Schicksal einer Schule nehmen zu können …

Übung

Wertschätzung

Bevor Sie weiterlesen: Wann haben Sie zuletzt Wertschätzung vonseiten Ihrer Kollegen und/oder Ihres Vorgesetzten gespürt? Wie hat die Person die Wertschätzung gezeigt?

_____

_____

_____

Übrigens: Das Modell der beruflichen Gratifikationskrise gilt in der Forschung zum beruflichen Stress als eines der wichtigsten, um chronischen beruflichen Stress und dessen gesundheitliche Folgen zu erklären. Es wurde in zahlreichen Studien in mehreren Ländern überprüft. Dabei zeigte sich, dass Personen, die ein Ungleichgewicht zwischen Anstrengung und Belohnung empfinden, ein erhöhtes Risiko unter anderem für Herz-Kreislauf-Krankheiten und Depressionen haben.

Es gibt also auch für Sie gute Gründe, sich mit Ihrem Gratifikationserleben zu beschäftigen. Und dieses, wenn nötig, in Balance zu bringen.

6.2.2 Wie die Balance durch Einflüsse von innen verändert wird

Nicht zu hohe Anforderungen und einen Schulleiter, der einen regelmäßig lobt – und alles ist in Ordnung? Bisher haben wir uns vor allem mit den Gratifikationsaspekten beschäftigt, die von außen kommen – der Verausgabung, die für die Arbeitsanforderungen notwendig ist, und den Belohnungen, die man dafür erhält. Doch fehlt da nicht etwas?

Wie wir bereits beim Thema Stress festgestellt haben, kann man mit Anforderungen von außen sehr unterschiedlich umgehen. Um das Modell zu vervollständigen, kann die Waage also um zwei Aspekte ergänzt werden, die mit der eigenen Person zu tun haben: Verausgabungsbereitschaft und Selbstwertschätzung (▸ Abb. 14).

Schauen wir zunächst auf die linke Seite der Waage – die Aufgaben und Belastungen. Menschen unterscheiden sich darin, wie sehr sie bereit sind, sich für Arbeitsaufgaben zu verausgaben und wie stark die Arbeit sie auch außerhalb in ihren

6.2 Belastung und Belohnung in Balance

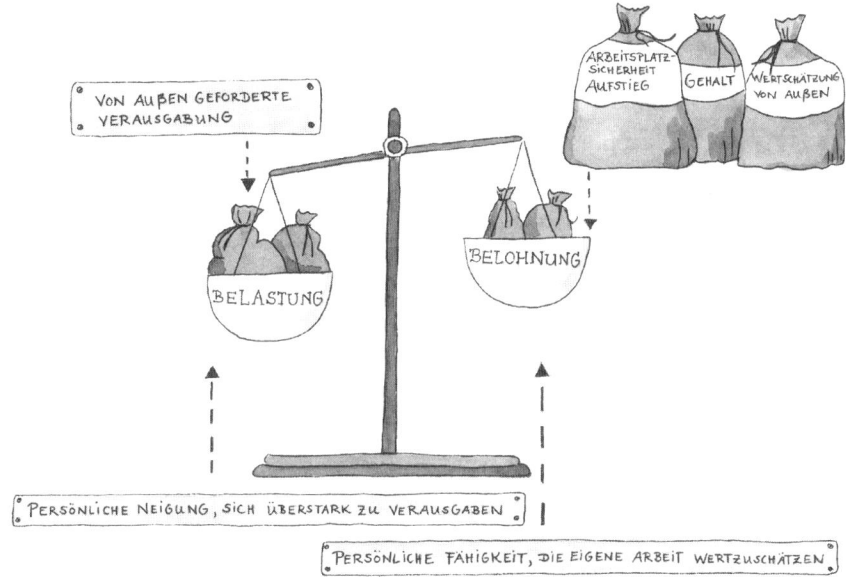

Abb. 14 Verausgabungsbereitschaft und Selbstwertschätzung

Gedanken begleitet. Wie ist es bei Ihnen: Müssen Sie z. B. immer, unter allen Umständen, den Lehrplan komplett abarbeiten … oder gehen Sie eher flexibel mit Vorgaben um? Ziehen Sie Zusatzaufgaben geradezu magisch an … oder können Sie sich bei solchen bestens abgrenzen? Für das alltägliche Stresserleben kann dieser Aspekt der Persönlichkeit einen großen Unterschied machen. Wenn Menschen eine hohe Verausgabungsbereitschaft haben, fügen sie gewissermaßen Gewichte zur Belastungs-Waagschale hinzu.

Übung

Verausgabungsbereitschaft

In welcher Beschreibung finden Sie sich am ehesten wieder?

- ○ Ich tue viel mehr, als von mir verlangt wird, engagiere mich immer darüber hinaus und kann schlecht von der Arbeit abschalten.
- ○ Ich tue üblicherweise das, was von mir verlangt wird, engagiere mich mehr, wenn es mir Spaß macht, und kann eher gut von der Arbeit abschalten.
- ○ Ich tue nicht immer das, was von mir verlangt wird, engagiere mich nicht darüber hinaus und kann gut von der Arbeit abschalten.

Und nun betrachten wir die rechte Seite der Waage: die Belohnungsseite. Auch hier haben wir – neben den Belohnungen, die wir von außen erhalten – selbst einen Einfluss darauf, welches Gewicht insgesamt erreicht wird. Menschen unterscheiden sich beispielsweise darin, wie stark sie ihre Erfolge im Beruf selbst anerkennen, stolz auf ihre Leistungen sind und sich dafür belohnen. Das Schlüsselwort heißt »Selbstwertschätzung«.

Was ist mit **Selbstwertschätzung** gemeint?

In einer Studie haben wir Lehrerinnen und Lehrer befragt, wie sie ihre Wertschätzung sich selbst gegenüber zum Ausdruck bringen. Die Möglichkeiten sind vielfältig! Hier finden Sie Beispiele:

- **Verhalten:** Viele Menschen belohnen sich selbst: für eine gelungene Aufgabe belohnen sie sich mit einer bestimmten Aktivität oder einem kleinen Geschenk … oder sie machen vor Freude einen Luftsprung!
- **Gedanken:** Selbstwertschätzung findet in Form eines positiven, wertschätzenden inneren Dialoges statt: »Das hast du prima gemacht!«
- **Gefühle:** Selbstwertschätzung spiegelt sich darin, wenn Menschen Freude, Stolz, und die aus Erfolgen resultierende Selbstsicherheit zulassen und zeigen können.
- **Meinen Anteil sehen:** Lehrer, die sich selbst und ihre Arbeit wertschätzen, berichten häufig, dass sie in den Lernfortschritten und Erfolgen der Schüler ihren eigenen Anteil und Beitrag erkennen.
- **Erfolge erzählen:** Zur Selbstwertschätzung gehört, die eigenen positiven Erfahrungen mit anderen zu teilen – ohne sich dabei wie ein Angeber zu fühlen.

Übung

Selbstwertschätzung

Wie schätzen Sie sich selbst in diesem Bereich ein?

- ○ Ich erkenne meine Leistungen, ich bin stolz darauf und nutze viele Möglichkeiten, mich zu belohnen.
- ○ Teilweise erkenne ich meine Leistungen und kann stolz auf mich sein, teils gelingt mir dies jedoch kaum.
- ○ Ich bin überwiegend der Meinung, keine guten Leistungen zu bringen – selbst wenn ich Erfolg habe, kann ich darauf nicht stolz sein oder mich belohnen. Schließlich ist es selbstverständlich, dass Lehrkräfte engagiert sind.

Was hat Ihre erste Bestandsaufnahme bezüglich Ihres Gratifikationsgleichgewichtes ergeben? Sie haben sich damit beschäftigt, was Sie in Ihrem Beruf als Lehrerin bzw. Lehrer belastet und was Sie als Belohnung für Ihre Anstrengungen erleben. Zudem haben Sie reflektiert, wie stark Ihre Verausgabungsbereitschaft ausgeprägt ist und wie gut Sie sich selbst wertschätzen können.

»Moment mal«, wäre ein berechtigter Einwand, »befinden wir uns hier nicht im Möglichkeiten-Modul? Wann kommen die guten Ratschläge?« Die kommen, soweit es sie überhaupt geben kann, im nächsten Teil, wenn wir uns damit beschäftigen, wie sich die Balance aus Anstrengung und Gratifikation günstig beeinflussen lässt.

6.3 Ins Gleichgewicht kommen: Selbstwertschätzung und Wertschätzung durch andere

Wie lässt sich eine als angemessen erlebte gesundheitsfördernde Balance zwischen Verausgabung und Gratifikation erreichen? Die gute Nachricht: Das persönliche Gratifikationsgleichgewicht lässt sich auf unterschiedliche Art und Weise beeinflussen!

Im vorigen Teil haben Sie notiert, welche Gewichte sich auf Ihrer persönlichen Waage befinden und wie Sie Ihre Verausgabungsbereitschaft und Fähigkeit zur Selbstwertschätzung beurteilen.

Übung

Verausgabungsbereitschaft und Selbstwertschätzung

Ganz spontan, was denken Sie, an welcher Stelle ließe sich am leichtesten eine Veränderung erreichen? Und welche Aspekte sind wahrscheinlich nur schwierig bis gar nicht zu verändern?
Bitte blättern Sie kurz zurück und schauen Sie sich Ihre persönliche Waage an. Notieren Sie dann hier Ihre Gedanken dazu.

_____

_____

_____

Jede Situation ist individuell, und so folgen Sie natürlich den Anregungen in diesem Buch mit Ihrer persönlichen Situation im Hinterkopf. Da wir in Ihren Kopf nun mal nicht hineinschauen können, finden Sie im Folgenden Hinweise zur Reflexion und Veränderungsmöglichkeiten, von denen ausgehend sich konkrete Schritte definieren lassen, die zur Gratifikationsbalance beitragen: Es liegt in der Regel nahe, bei sich selbst zu beginnen. Das heißt in diesem konkreten Fall: Wem es gelingt, seine Selbstwertschätzung zu steigern, der ist schon ein gutes Stück in Richtung Gratifikationsgleichgewicht vorangekommen. Denn egal, wie ausgeprägt alle anderen Bestandteile der Balance sind – und sogar, wenn Sie diese als relativ ausgeglichen empfinden – Sie können durch Selbstwertschätzung Ihr positives Erleben steigern und so auch einen Schutz vor Kränkungen und schwierigen Situationen aufbauen.

Die Verausgabungsbereitschaft hat auch etwas mit der eigenen Person zu tun. Hierbei handelt es sich, wie bei den Mustern der Selbstwertschätzung auch, um tief liegende, in der Biografie erlernte und über viele Jahre geübte Einstellungen und Verhaltensmuster, die allerdings erfahrungsgemäß – was die Möglichkeit der Veränderung anbelangt – hartnäckiger sind. Da war doch was? Richtig, damit haben wir uns bereits im Modul »Denkbarkeit« beschäftigt. Wenn Sie das Modul intensiv bearbeitet haben, dann haben Sie bereits an diesem Aspekt Ihrer Gratifikationsbalance gearbeitet! In den folgenden Abschnitten wird es deshalb darum gehen, zum einen die Selbstwertschätzung zu fördern und zum anderen das Erleben von Wertschätzung durch andere zu stärken.

6.3.1 Selbstwertschätzung ausbauen

Was ist das zentrale Anliegen dieses Themenblocks?

Wer sich selbst wertschätzt, ist weniger abhängig von Wertschätzung von außen. Wer diesbezüglich autonomer ist, kann entspannter agieren und hat höhere Freiheitsgrade, zu agieren. Was idealerweise dazu führt, von den Mitmenschen höhere Wertschätzung entgegengebracht zu bekommen.

Wer sollte sich angesprochen fühlen?

Jeder, für den die Selbstwert-Thematik relevant ist.

Wie sieht der Fahrplan aus? Was sind die wichtigsten Inhalte dieses Themenblocks?

Das Phänomen der Selbstwertschätzung wird vorgestellt, Strategien zur Erhöhung der Selbstwertschätzung werden dargelegt und geübt.

Stellen Sie sich vor, ein Kind schenkt Ihnen ein selbst gemaltes Bild: *»Hier, für dich!«*

Was würden Sie diesem offenkundig freundlichen Kind antworten?
1. »Die Linien müssen aber noch etwas gerader gezogen werden!«
2. »Oh, das ist für mich? Danke!«
3. »Warum hast du denn ein orangenes Papier genommen?«
4. »Das ist aber schön geworden!«
5. »Und was soll das bitte sein?«
6. »Toll gemacht! Was ist denn da drauf?«
7. »Aha ... für dein Alter nicht schlecht, das kann aber noch besser werden. Deine Klassenkameraden können das bereits erheblich besser!«

Die meisten Erwachsenen würden sich in einer solchen Situation dem Kind gegenüber wertschätzend äußern (in unserem Beispiel wären das Sätze wie Nr. 2, 4 und 6). Selbst dann, wenn das zeichnerische Talent des Kindes nicht überzeugt. Und das nicht, um zu lügen, sondern um das Kind für seine Versuche zu loben, zum kreativen, angstfreien Ausprobieren zu motivieren und die Geste des Schenkens anzuerkennen ...

Übertragen wir nun diese kleine Szene auf den Umgang mit uns selbst!

Sie sind kein kleines Kind mehr! Falls Ihnen dieser (vorwurfsvolle?) Satz auf der Zunge lag: Dann können Sie anhand der folgenden Überlegungen vermutlich umso besser nachvollziehen, warum es vielen Menschen schwerfällt, sich selbst eine liebevolle Wertschätzung entgegenzubringen. Erwachsene verdienen sich Anerkennung schließlich durch herausragende Leistungen – das ist das Motto unserer Leistungsgesellschaft … Tragischerweise werden dabei elementare menschliche Bedürfnisse ignoriert. Denn letztlich haben wir alle das Bedürfnis, für unsere Bemühungen und als Person anerkannt zu werden!

Anerkennung ist also wichtig, ganz unabhängig davon, wie herausragend unsere Leistungen objektiv (gemessen an welchen Kriterien?) auch sein mögen. Positive Resonanzen dieser Art machen ein gelingendes Leben aus! Umgekehrt: Innere, anpeitschende Dialoge, die geprägt sind von »*Das kann aber noch besser werden*«, »*Was soll das …*« und »*Warum hast du …*«, wirken sich ungünstig auf unsere Stimmung und Motivation aus. Darunter leidet derzeit vermutlich eine ganze Epoche, nicht nur Lehrkräfte, sondern auch Schüler, deren Eltern …

Selbstwertschätzung hat nichts mit Überheblichkeit und Angeberei zu tun, sondern ist elementarer Bestandteil eines gesunden Selbstwertgefühls! Selbstkritik, die im positiven Sinne zu Leistung anspornt, ist nur in Kombination mit Selbstwertschätzung nachhaltig wirksam – zu viel Angst kann lähmend wirken.

Vielfach führt Erziehung dazu, dass Menschen sich selbst nicht oder nur unzureichend selbst wertschätzen können. Was auch immer die Ursachen sind: Eine unzureichende Selbstwertschätzung ist kein unabänderliches Schicksal. Es gibt viele Möglichkeiten, sie zu verbessern und auf eine gesunde Basis zu stellen.

Sie möchten gern an Ihrer Möglichkeiten der Selbstwertschätzung arbeiten? Im Folgenden finden Sie unsere Ideendatenbank – eine Sammlung von Möglichkeiten, wie Lehrer ihre Selbstwertschätzung verbessern können. Die Ideendatenbank ist entsprechend den oben beschriebenen fünf Bereichen der Selbstwertschätzung aufgebaut:

- **Verhaltensweisen:** Hierunter fallen alle Selbstbelohnungen im klassischen Sinne – vom wohltuenden Bad über ein Stück Schokolade bis hin zu einem neuen Kleidungsstück.
- **Gedanken:** Hier finden sich Sätze, die geeignet sind, sich selbst Lob und Ermutigung zuzusprechen und dazu beitragen, sich selbst zu akzeptieren.
- **Gefühle:** Hiermit ist gemeint, positive Gefühle gegenüber der eigenen Person und eigenen Leistungen spüren zu können bzw. sie bewusst wahrzunehmen.
- **Den eigenen Anteil sehen:** Viele Lehrkräfte schätzen sich selbst wert, indem sie sich bewusst machen, wie gut, gewissenhaft bis kreativ sie die Möglichkeiten nutzen, guten Unterricht zu gestalten.
- **Erfolge erzählen:** *Selbst*wertschätzung bedeutet auch, das eigene Licht nicht zu sehr unter den Scheffel zu stellen, sondern mit anderen auch über Erfolge und gute Leistungen sprechen zu können.

Daraus ergeben sich für Sie viele Möglichkeiten der Selbstwertschätzung … welche davon praktizieren Sie bereits, welche Aspekte noch nicht … und wo setzen Sie konkret an, um Ihre Selbstwertschätzung zu stärken? Darüber hinaus können Sie natürlich auch ganz persönliche Selbstwertschätzungsstrategien entwickeln und die folgende Liste entsprechend ergänzen!

Wenn Sie mit der Ideendatenbank so arbeiten möchten, dass es hinreichend konkret und verbindlich wird, schlagen wie Ihnen vor, bei jeder Idee eine der drei Antwortmöglichkeiten anzukreuzen:
- mache ich schon bzw. das denke ich schon
- das ist nichts für mich
- könnte ich mal ausprobieren

Möglichkeiten der Selbstwertschätzung

	Mache ich schon	Das ist nichts für mich	Könnte ich mal ausprobieren
Verhalten			
Einen schönen Einkaufsbummel machen			
Mir selbst auf die Schulter klopfen			
Etwas tun, was ich schon lange nicht mehr gemacht habe			
Entspannungstag			
Meine Erfolge feiern			
Etwas Schönes zur Belohnung unternehmen			
Mit anderen Leuten etwas unternehmen			
Lächeln			
Aufrechte Körperhaltung			
Beschwingter Gang			
Etwas Leckeres essen oder trinken			
Aufschreiben, was gut gelaufen ist			
Nach harter Arbeit Freizeit bewusst genießen			

6.3 Selbstwertschätzung und Wertschätzung durch andere

	Mache ich schon	Das ist nichts für mich	Könnte ich mal ausprobieren
Sich Zeit für etwas gönnen, was Ihnen guttut			
Bewusst eine Pause machen			

Gedanken

	Mache ich schon	Das ist nichts für mich	Könnte ich mal ausprobieren
»Super gemacht«			
»Ich bin ein toller Lehrer«			
»Ich habe das Beste aus einer schwierigen Situation gemacht«			
»Jetzt ist es geschafft, prima«			
»Ich habe viel erreicht«			
»Ich bin ein guter Kollege«			
»Ich kann stolz auf mich sein!«			
»Das war eine gute Unterrichtsstunde«			
»Toll, wie ich das Problem gelöst habe«			
»Ich bin zufrieden mit dem, was ich leiste«			

Gefühle

	Mache ich schon	Das ist nichts für mich	Könnte ich mal ausprobieren
»Ich bin stolz auf mich«			
»Ich freue mich über den Erfolg«			
»Ich bin erleichtert, dass das Problem gelöst ist«			
»Ich bin glücklich über meine Leistung«			
»Ich bin dankbar für viele Dinge in meinem Leben«			
»Ich bin zufrieden mit mir«			
»Ich bin froh über meine Fähigkeiten als Lehrer«			
»Nachdem eine Anstrengung geschafft ist, fühle ich mich entspannt«			

	Mache ich schon	Das ist nichts für mich	Könnte ich mal ausprobieren
»Ich bin ruhig und gelassen«			
»Ich vertraue auf mich und meine Fähigkeiten«			
Den eigenen Anteil sehen			
»Ich habe den Schülern viel beigebracht«			
»Die Schüler haben durch meine Arbeit viel gelernt«			
»Ich helfe Schülern, sich weiterzuentwickeln«			
»Ohne mich stünden die Schüler heute nicht dort, wo sie stehen«			
»Ich trage viel Wertvolles zu unserer Schule bei«			
»Meine Arbeit hilft dabei, junge Menschen auf einen guten Weg zu bringen«			
»Ich trage zur sozialen Entwicklung der Schüler bei«			
»Die Erfolge der Schüler sind auch meine Erfolge«			
Erfolge erzählen			
Mit Kollegen darüber sprechen, was gut gelaufen ist			
Dem Schulleiter von den eigenen Aktivitäten berichten			
Freunden, die keine Lehrer sind, von positiven Erfahrungen in meinem Beruf erzählen			
Dem Partner über Erfolge im Alltag berichten			
Zu Zeitungsberichten über Schulaktivitäten beitragen			
Der Familie Dinge erzählen, die ich gut gemacht habe			

Vielleicht kennen Sie das: Sie haben ein unangenehmes Gespräch hinter sich gebracht, einige tolle Unterrichtsstunden gegeben oder einen Konflikt zwischen Schülern geschlichtet. Sie spüren: Das war gut! Doch es ist noch so viel zu tun … und Sie gehen über zum nächsten Punkt auf ihrer tagtäglichen To-do-Liste.

Wenn Sie das nächste Mal eine solche Situation erleben – Sie haben etwas geschafft und sind dabei, zur Tagesordnung überzugehen – dann »STOPP«!

Bevor Sie sich in die nächste Aufgabe stürzen, werfen Sie einen Blick auf Ihre Selbstwertschätzungs-Liste! Am besten entscheiden Sie sich dann für eine der Möglichkeiten … und genießen für einen Augenblick Ihren Erfolg! Idealerweise probieren Sie dann auch verschiedene, von Ihnen bislang nur selten ausprobierte Strategien aus. Sich immer etwas zu kaufen oder sich immer auf die Schulter zu klopfen ist auf Dauer eintönig und der Effekt reduziert sich. Je breiter das Spektrum der von Ihnen praktizierten Selbstwertschätzungsstrategien ist bzw. wird, umso besser funktioniert es.

6.3.2 Der Wertschätzung auf der Spur

Im letzten Abschnitt haben Sie begonnen, Ihre Balance zwischen Anstrengung und Belohnung zu verbessern, indem Sie Ihre Selbstwertschätzung stärken. Eine tragfähige Wertschätzung für uns selbst sorgt dafür, uns in Phasen mit viel Kritik und Anstrengung zu stabilisieren und unser Selbstwertgefühl zu erhalten. Dadurch werden wir ein Stück unabhängiger von der Wertschätzung, die wir von anderen Menschen erhalten. Vollkommene Unabhängigkeit ist hier jedoch unerreichbar und wäre auch nicht wünschenswert!

Wie also können wir – vielleicht stärker als bisher – die Erfahrung machen, von den Menschen um uns herum Wertschätzung und Anerkennung zu erhalten?

Wertschätzung entdecken

»Wer suchet, der findet«, heißt es in der Bibel. Wer aufmerksam ist, der kann nicht nur Tiere in freier Wildbahn, sondern auch Wertschätzung dort entdecken, wo sie auf den ersten Blick überhaupt nicht zu vermuten wäre.

Was einfach klingt, kann im Alltag harte Arbeit sein. Die psychologische Forschung hat ein Grundphänomen identifiziert, das dazu beiträgt, unsere Umwelt als »Wertschätzungswüste« zu erleben: Negative Ereignisse erlangen viel leichter unsere Aufmerksamkeit und bleiben viel länger im Gedächtnis als positive.

Studien haben zudem gezeigt, dass Ereignisse bzw. Dinge, die wir nicht erwarten, von uns häufig gar nicht wahrgenommen werden. Sie dringen dann einfach nicht bis in unser Bewusstsein vor. Wer davon ausgeht, dass Schülereltern ihn nur kritisieren, kann einen freundlichen Blick leicht übersehen und sein Gegenüber als abweisend erleben … Erwarten wir dagegen bestimmte Aspekte oder Ereignisse, dann können wir auch eine Stecknadel im Heuhaufen entdecken und im Gedächtnis behalten. Interessante Beispiele hierfür finden Sie (in englischer Sprache) auf der Internetseite des Psychologen David Simons: www.theinvisiblegorilla.com. Testen Sie selbst einmal Ihre Aufmerksamkeit!

Um etwas zu finden, müssen wir also zuerst wissen, was wir suchen. Dabei dürfen wir die Hürden nicht zu hoch legen, um dem Ganzen eine Chance geben. Wertschätzung ist nicht nur ein direkt ausgesprochenes Lob, sondern kann sich in allem ausdrücken, was darauf hindeutet, dass andere Menschen uns und unsere Arbeit anerkennen und respektieren. Übrigens: Lehrer, als Berufsgruppe, tun sich diesbezüglich offenbar besonders schwer. Obgleich sie in der Berufsprestige-Skala des Meinungsforschungsinstitutes Allensbach seit Jahren durchgehend gut abschneiden und im oberen Drittel aller Berufe auftauchen, erleben sich viele Lehrkräfte selbst als von der Bevölkerung nicht hinreichend wertgeschätzt.

Wie ist das bei Ihnen: Welche Zeichen und Formen von Wertschätzung erleben Sie in Ihrer Arbeit als Lehrerin/Lehrer oder haben Sie bereits einmal erlebt?

Wir möchten Sie zu einem Gedankenexperiment einladen. Folgen Sie Schritt für Schritt den Fragen und Anregungen auf den nächsten Seiten. Es geht darum, vielfältige Zeichen von Wertschätzung im Lehrerberuf zu entdecken und dadurch sensibler für diese zu werden.

Übung

Wertschätzung

Denken Sie zunächst zurück an den Anfang Ihrer Laufbahn als Lehrerin/Lehrer. Welche Rückmeldungen haben Sie darin bestärkt, diesen Beruf ergriffen zu haben?

_____

_____

An welche Erfolgserlebnisse in Ihrem Beruf können Sie sich erinnern? Wie haben die beteiligten Personen Ihre Wertschätzung Ihnen gegenüber ausgedrückt?

_____

_____

6.3 Selbstwertschätzung und Wertschätzung durch andere

Haben Sie jemals freundliche Karten, Briefe, E-Mails, Bilder oder Geschenke von Schülern, Eltern, Kollegen oder Vorgesetzten erhalten? Dann ist jetzt der Zeitpunkt, sich an diese zu erinnern, gerne auch, indem Sie diese hervorholen. Welche dieser Rückmeldungen und Wertschätzungen bedeutet Ihnen besonders viel?

_____

_____

_____

Denken Sie nun zurück an schwierige, unangenehme Zeiten in Ihrer beruflichen Laufbahn, vielleicht verbunden mit Überforderung, Misserfolg und fehlender Wertschätzung. Was hat Ihnen geholfen, diese durchzustehen? Was waren Hoffnungsschimmer und kleine Zeichen von Wertschätzung? Welche Menschen standen Ihnen zur Seite, haben Sie aufgebaut, wenn Dinge schlecht liefen?

_____

_____

_____

Gibt es eine Zeit, in der Sie sich beruflich besonders gut aufgehoben und am richtigen Platz gefühlt haben? Falls ja, was tat Ihnen dort gut? Von wem und in welcher Form haben Sie in dieser Zeit Wertschätzung erhalten?

_____

_____

_____

Wie sieht es bezüglich Ihrer aktuellen Situation aus, wenn Sie diese nun durch eine »Wertschätzungs-Lupe« betrachten? Mit diesem wunderbaren Instrument entdecken Sie jedes kleine Staubkorn an Wertschätzung. Denken Sie daran, Wertschätzung drückt sich teils mitunter in Nuancen aus, in Details, die man für selbstverständlich halten könnte. Ein freundlicher Gruß auf dem Schulflur beispielsweise: Zunächst nicht weiter erwähnenswert, doch wie würden wir uns fühlen, wenn die betreffende Person uns plötzlich nicht mehr grüßen würde? In dem Gruß drückt sich nicht zuletzt Wertschätzung aus. Diese gilt es wiederzuentdecken und aus ihrem Schattendasein heraus ins Rampenlicht zu holen. Wenn Ihnen dies gelingt, werden Sie sich in Ihrem beruflichen Umfeld besser aufgehoben und anerkannter fühlen. Es geht los:

Übung

Wertschätzung

Wie erfahren Sie derzeit Wertschätzung ...
- von Schülern?

_____

_____

- von Eltern?

_____

_____

- von Kollegen?

_____

_____

- von Ihren Vorgesetzten?

_____

_____

War es für Sie anstrengend und gewöhnungsbedürftig, sich intensiv mit der an Sie adressierten Wertschätzung zu beschäftigen? Welche Aspekte, die Ihnen vorher gar nicht bewusst waren, sind Ihnen dabei in den Sinn gekommen? Haben Sie hier Anregungen bekommen, auf welche Formen von Wertschätzung Sie in Zukunft mehr achten könnten?

Am Ende dieses Kapitels werden wir Ihnen einen Vorschlag machen, wie Sie Ihre Wahrnehmung von Wertschätzung im Alltag steigern können.

Mehr Wertschätzung bekommen?

Wie schön wäre das, wenn die Menschen um uns herum uns jederzeit die Wertschätzung geben würden, die wir uns wünschen ... Es gibt jedoch in der Realität Situationen, in denen ein Mangel an Wertschätzung besteht, egal, wie sehr wir dafür schon die Augen geöffnet und die Ohren gespitzt haben. Lässt sich die Wertschätzung, die wir von anderen erhalten, also beeinflussen? Was können wir tun, um mehr Wertschätzung zu bekommen?

Um uns dieser Frage anzunähern, versetzen Sie sich bitte in die folgende alltägliche Situation: Sie machen einer Kollegin ein Kompliment wegen des schönen Oberteils, das sie trägt. Sie lacht etwas verschämt und antwortet: »*Ach findest du? Das ist schon ganz alt.*« – Wie fühlen Sie sich? Wie oft werden Sie der Kollegin wohl noch ein Kompliment machen, wenn sie immer so reagiert? Nun ja, die Kollegin hat mit ihrer Antwort Ihr Kompliment abgewehrt, nicht an sich herangelassen. Und Sie sind gewissermaßen auf Ihrer wertschätzenden Äußerung sitzen geblieben. Das macht den meisten Menschen wenig Spaß, denn wer Komplimente macht, möchte ja dem anderen eine Freude bereiten. Eine abwehrende Reaktion verunsichert denjenigen, der Wertschätzung ausdrückt, und führt eher dazu, in Zukunft weniger Wertschätzung zu bekommen. Gleichzeitig macht sich der Betroffene die soeben erhaltene Wertschätzung selbst sofort wieder kaputt. Tragischerweise fallen gerade Menschen, die eher unsicher und perfektionistisch sind – also Positives von anderen gut gebrauchen könnten –, in ein entsprechendes Muster und tun sich schwer, Wertschätzung anzunehmen. Ihre abwehrende Reaktion wiederum führt dazu, dass sie letztlich weniger positive Rückmeldungen bekommen. Ein erster Ansatzpunkt kann also darin liegen, die eigene Reaktion auf Wertschätzungsäußerungen von anderen zu reflektieren und gegebenenfalls zu verändern.

Selbstwertschätzung und die Fähigkeit, Wertschätzung durch andere annehmen zu können, gehören unmittelbar zusammen! **Wenn Sie also Anerkennung und Wertschätzung erfahren, dann machen Sie deutlich, dass Sie dies freut!** Ein kurzes »Danke, das freut mich« reicht oft schon aus.

Viele von uns haben jedoch innere »Wertschätzungs-Verderber«, die dazwischenfunken, wenn wir Wertschätzung erfahren. Hierbei handelt es sich um Einstellungen, die verhindern, dass wir die Wertschätzung durch andere wirklich annehmen und genießen können.

Kommen Ihnen die folgenden »Wertschätzungs-Verderber« bekannt vor?

- **Instrumentalisierte Wertschätzung**

    »*Wenn jemand mich lobt, will er mich beeinflussen.*«

    »*Wertschätzung ist nie ehrlich gemeint, sondern wird nur zweckmäßig eingesetzt.*«

Dass Lob zweckmäßig eingesetzt wird und nicht ehrlich gemeint ist, kann vorkommen. Dafür haben wir feine Antennen. Manche Menschen haben allerdings so feine Antennen, dass sie hinter jedem Lob einen Manipulationsversuch wittern. Das Misstrauen führt dazu, dass man selbst kein positives Gefühl erleben kann, und reduziert beim anderen die Motivation, zukünftig Wertschätzung auszudrücken. Geben Sie also anderen eine Chance, Sie wertzuschätzen!

- **Wertschätzung macht abhängig**

    »Wenn jemand mich lobt, muss ich sofort eine Gegenleistung bringen.«

    »Wenn ich etwas annehme, mache ich mich von anderen abhängig.«

Wertschätzung auszudrücken und anzunehmen ist eine soziale Interaktion, in der wir in keinem Fall vollkommen unabhängig bleiben können – auch nicht, wenn wir sofort das Erhaltene »zurückzahlen« oder gar nicht erst annehmen. Springen Sie über Ihren Schatten – Geben und Nehmen kann richtig Freude machen. Übrigens: Einer »Wertschätzungs-Sucht« beugen Sie am besten durch Pflege Ihrer Selbstwertschätzung vor!

- **Hohe Ansprüche**

    »Ich kann das nicht annehmen, weil ich selbst nicht davon überzeugt bin.«

    »Um wirklich ein Lob verdient zu haben, müsste meine Leistung noch besser sein.«

Hier ist der Wertschätzungs-Verderber der hohe Anspruch an sich selbst. Merken Sie etwas? Wertschätzung von außen kann nur nach innen übersetzt werden, wenn wir über ein ausreichendes Maß an Selbstwertschätzung verfügen. Pflegen Sie also Ihre Selbstwertschätzung – auch bei kleinen Schritten und »Erfölgchen«!

Die erste Sofortmaßnahme, die Wahrscheinlichkeit für Wertschätzung durch andere zu erhöhen, lautet also:
- **Reagieren Sie positiv auf Wertschätzung.**
    … und sei es mit einem freundlichen Lächeln ☺.

Was sind weitere Möglichkeiten, die Wertschätzung durch andere wahrscheinlicher zu machen?
- **Verhalten Sie sich selbst wertschätzend gegenüber anderen.**
    Gehen Sie mit gutem Beispiel voran! Wertschätzung muss keinesfalls sofort mit einer Gegenleistung aufgewogen werden. Das sogenannte »Prinzip der Gegenseitigkeit« in der menschlichen Interaktion führt jedoch meistens dazu, dass Menschen auf Wertschätzung ebenfalls mit Wertschätzung reagieren. Wann haben Sie zuletzt einer Kollegin oder einem Kollegen eine positive Rückmeldung gegeben? Tun Sie es möglichst bald wieder – so tragen Sie zu einer positiven Atmosphäre und Kultur in Ihrer Schule bei! Wer hier auf absolute Gerechtigkeit pocht (*»Mein Schulleiter lobt mich nicht, obwohl das seine Pflicht wäre. Dann habe ich auch keinen Grund, ihm etwas Positives zu sagen …«*), macht die Welt und sich selbst ärmer.
- **Bitten Sie andere um Rückmeldung.**
    Ein verbreiteter Wertschätzungs-Verderber lautet: Wertschätzung ist nur dann wertvoll, wenn andere Menschen sie spontan und von sich aus äußern. Diesen Satz sollten Sie einer gründlichen Überprüfung unterziehen: Wie häufig er-

leben Sie täglich positive Dinge? Die schönen Erdbeeren im Supermarkt, das freundliche Lächeln einer Kollegin, ein guter Zeitungsartikel … Vielen Menschen geht es in solchen Situationen so, dass sie zwar positiv empfinden, dies jedoch nicht zum Ausdruck bringen. Ist die positive Empfindung dadurch weniger wertvoll oder weniger wahr? Eine Frage nach Feedback (zu der zugegebenermaßen mitunter Mut gehört) könnte also Dinge hervorbringen, die sonst ungesagt blieben. Vielleicht sind Sie ja neugierig geworden?

- **Zeigen Sie, wie sehr Sie sich engagieren.**
  Allzu oft bleibt Engagement unsichtbar – solange Dinge reibungslos funktionieren, wird die dazu nötige Arbeit oft gar nicht bemerkt. Leider ist das auch bei wichtigen Themen so, wie z. B. der Betreuung von Computern oder der Schulbibliothek … Wenn Sie also wichtige Aufgaben haben, die eher im Hintergrund bleiben: Holen Sie sie in den Vordergrund und berichten Sie z. B. bei Lehrerkonferenzen oder dem Schulleiter darüber. Es gilt, sein Licht nicht unter den Scheffel zu stellen! Oder anders gesagt: »Klingeln gehört zum Handwerk.«
- **Erhöhen Sie Ihr Engagement – für Dinge, für die es sich lohnt!**
  Diese Wertschätzungsidee ist nur dann relevant, wenn Sie noch Luft nach oben haben. Der zweite Halbsatz ist besonders wichtig – die Wahrscheinlichkeit, für das zusätzliche Engagement die erwünschte Wertschätzung zu bekommen, sollte bei mindestens 90 % liegen. Es sei denn, Sie brennen für ein Thema oder eine Idee und können sich selbst für Ihre Arbeit daran wertschätzen!

6.3.3 Das Wertschätzungstagebuch

Um die Ideen aus diesem Kapitel zusammenzufassen und in einer praktischen Übung zu bündeln, möchten wir Ihnen folgende Übung ans Herz legen: das Wertschätzungstagebuch.

Ihr Auftrag lautet: Nehmen Sie sich – am besten täglich – etwas Zeit, um zu reflektieren:
- Wie haben Sie Wertschätzung von anderen erlebt? (»Wertschätzungserlebnisse«)
- Wofür möchten Sie sich selbst Wertschätzung ausdrücken? (»Selbstwertschätzung«)

Machen Sie sich hierzu Notizen! Wir empfehlen Ihnen ein kleines Büchlein – die linke Hälfte können Sie für die Wertschätzungserlebnisse, die rechte Seite für die Selbstwertschätzung verwenden. Ein solches Büchlein können Sie auch im Alltag dabeihaben und Ihre Erfahrungen mit Wertschätzung und Selbstwertschätzung sofort notieren. Bis Sie ein solches Büchlein haben, beginnen Sie damit, die Erlebnisse auf einem Notizblock oder kleinen Zetteln zu notieren … wo auch immer es für Sie passend ist.

Das Wertschätzungstagebuch einer jungen Deutsch- und Französischlehrerin könnte beispielsweise wie in ▸ Abbildung 15 aussehen.

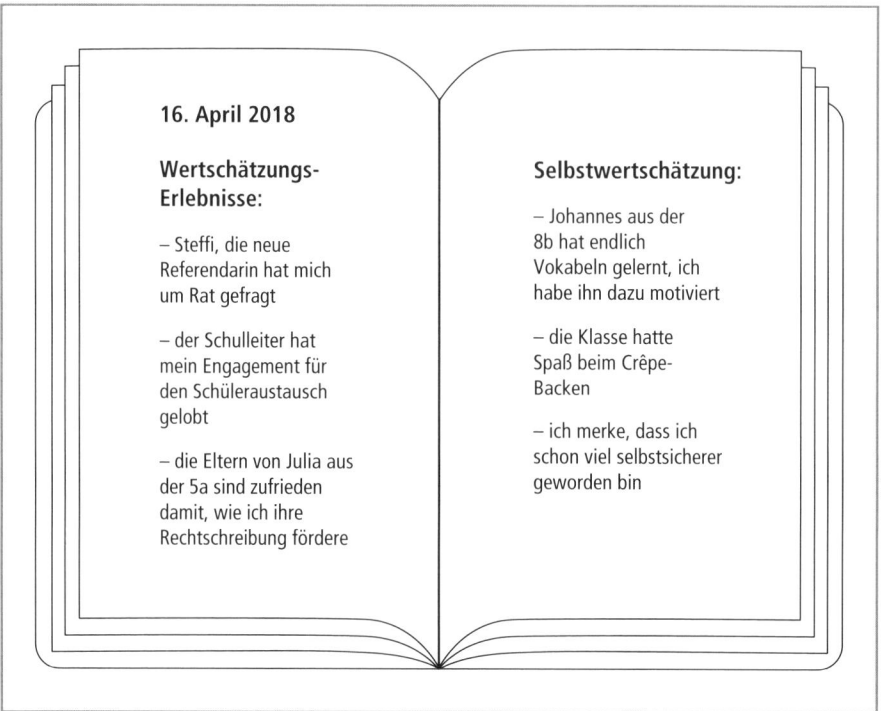

Abb. 15   Wertschätzungstagebuch

6.3.4   Zu guter Letzt …

Im Abschnitt 6.3 haben wir reflektiert, wie wichtig die Balance zwischen Verausgabung und Belohnung ist. Sie haben sich Ihre eigene Balance (oder Dysbalance) bewusst gemacht und Möglichkeiten der Selbstwertschätzung erkundet. Sie haben sich damit beschäftigt, wie Sie Wertschätzung durch andere Menschen leichter erkennen und fördern können. Am Schluss haben Sie den Auftrag bekommen, Ihre Erfahrungen mit Wertschätzung in einem Tagebuch zu notieren und auf diese Weise, nach und nach und langfristig, etwas zur Konsolidierung Ihres Gratifikationserlebens (und damit für Ihre Gesundheit) zu tun.

> **Merke**
> Ein ungünstiges Gratifikations-Gleichgewicht im Beruf ist keine Einbahnstraße! Jeder hat viele Möglichkeiten in der Hand, seine persönliche Balance zu verbessern. Der Schlüssel dazu liegt in der Wertschätzung – insbesondere der Selbstwertschätzung. Diese verschafft Ihnen nicht nur ein positives Gefühl, sondern ist auch die Grundlage dafür, Wertschätzung von außen überhaupt annehmen zu können.

Nun ist Zeit für Anerkennung und Wertschätzung von unserer Seite: Toll, dass Sie bis hierher in unserem Buch gelesen haben! Bereits darin, dass Sie sich intensiv mit Ihrem Stress im Beruf beschäftigen, drücken Sie Selbstwertschätzung aus! Bitte seien Sie geduldig – die Strategien, die wir Ihnen vorschlagen, entfalten ihre Wirkung in der Regel erst dann, wenn Sie eine Zeit lang regelmäßig angewendet werden. Schließlich geht es auch hier darum, die Muster, wie wir bislang im Leben mit uns und anderen umgegangenen sind, zu modifizieren. Stellen Sie sich vor: Je mehr Sie die Seiten Ihres Wertschätzungsbüchleins füllen, desto weniger Platz ist für Stresserlebnisse ... Aber das Büchlein wird eben nur allmählich, nicht von heute auf morgen, geschrieben! Wir freuen uns, wenn wir uns vorstellen, wie Ihr Buch sich langsam füllt.

6.4 Wenn die Zeit vorn und hinten nicht reicht: Persönliche Zeitgestaltung

Was ist das zentrale Anliegen dieses Themenblocks?

Ziel ist es, Sie bei der Entwicklung einer reflektierten und konstruktiven Nutzung Ihrer Zeit zu unterstützen. Wir laden Sie ein, sich über die Nutzung ihrer Zeit in selbstfürsorglicher Art und Weise Gedanken zu machen, um ihre Ressourcen in der Zukunft gezielter für sich nutzen zu können. In diesem Kapitel geht es weniger um einzelne Strategien des »Zeitmanagements«, sondern darum, den Umgang mit der eigenen Zeit zu reflektieren, sich weniger von äußeren Faktoren steuern zu lassen und – mit dem Ziel der Stressreduktion – aktiv eigene Akzente zu setzen.

Wer sollte sich angesprochen fühlen?

Gehören Sie zu den Menschen, die das Gefühl haben, nie Zeit zu haben? Fühlen Sie sich ständig getrieben und haben doch das Gefühl, nichts zu schaffen? Merken Sie, dass durch vielfältige und scheinbar endlose Anforderungen ihre eigenen Interessen und die Ihrer Familie zu kurz kommen? Hier finden Sie eine erprobte Strategie, um Ihre bisherige Nutzung von Zeit in eine für Sie hilfreichere und selbstfürsorglichere Variante zu verändern.

Wie sieht der Fahrplan aus? Was sind die wichtigsten Inhalte dieses Themenblocks?

Zunächst geht es darum, einen idealen Wochenplan zu entwerfen, der dann der realen Situation gegenübergestellt wird. Die Unterschiede zwischen Ideal und Wirklichkeit spiegeln das Bedingungsgefüge Ihrer Lebens- und Arbeitssituation, aber auch die von Ihnen bislang gesetzten Prioritäten. Sie lernen, wie wichtig eine Priorisierung Ihrer Lebensinhalte und der damit verbundenen Zeitnutzung sein kann. Einerseits werden dabei Ideen zur Veränderung entwickelt, andererseits wird deutlich, dass deren Umsetzung mitunter Konflikte aufwirft. Hier gilt es abzuwägen und Ihre Motivation, angemessen für sich zu sorgen, zu fördern.

Kennen Sie jemanden, der genug Zeit hat, genug Zeit für alles, was ihm wichtig wäre?

Wenn, dann ist dieser Mensch angesichts unserer stetig beschleunigten Gegenwart die löbliche Ausnahme, die die Regel bestätigt. Wie kommen Sie mit Ihrer Zeit zurecht?

Wenn Sie die wohldosiert mit Zeit umgehende, entspannte Ausnahme sind, können Sie dieses Kapitel getrost überblättern. Falls Ihnen die Zeit hinten und vorne nicht reicht, entweder ungenutzt »durch die Finger rinnt« und/oder Sie eigentlich noch viel mehr tun müssten, es aber absolut nicht mehr unterbringen können und notfalls auf Schlaf verzichten, dann sind Sie hier genau richtig!

6.4.1 Zeitanalyse: Erster Schritt

Wir laden Sie hiermit offiziell zu einer Reise in eine gesunde, glückliche, zumindest bezüglich der Dosierung Ihrer Zeit entspannte Zukunft ein. Zunächst einmal natürlich nur in der Fantasie. Um diese entspannte Zukunft gut planen zu können, schließlich geht es in AGIL um die Frage »*Was kann ich tun, um meinen Stress zu reduzieren und AGIL zu bleiben?*« und nicht um Luftschlösser, ist es wichtig, Ihre ideale Zeitplanung zu dokumentieren. Dazu dient das folgende Arbeitsblatt »Zeitplanung«.

Die Sache ist ganz einfach: Auf dem Arbeitsblatt notieren Sie bitte, wie viel Zeit Sie gerne mit den jeweiligen Tätigkeiten bzw. in den betreffenden Lebensbereichen verbringen wollen. Wie gesagt, es geht um eine entspannte, langfristig gesunde Zukunft! Entsprechend notieren Sie hier jeweils Zeiten, von denen Sie

Tätigkeitsbereich	Zeitbedarf täglich		Tage	Wochen-Summe
Arbeit	Werktage:	....	×5	....
	Wochenende:	....	×2	....
Sonstige Pflichten	Werktage:	....	×5	....
	Wochenende:	....	×2	....
Schlafen	Werktage:	....	×5	....
	Wochenende:	....	×2	....
Körperpflege	Täglich:	....	×7	....
Mahlzeiten	Werktage:	....	×5	....
	Wochenende:	....	×2	....
Wegezeiten	Werktage:	....	×5	....
	Wochenende:	....	×2	....
Haushalt	Werktage:	....	×5	....
	Wochenende:	....	×2	....
Partner/Familie	Werktage:	....	×5	....
	Wochenende:	....	×2	....
Eigene freie Zeit	Werktage:	....	×5	....
	Wochenende:	....	×2	....

denken, dass sie Ihnen auf Dauer guttun. Es kommt dabei nicht darauf an, dass es gegenwärtig schon so ist oder dass sie es, ausgehend von dem, wie Ihr Leben aktuell läuft, für die Zukunft so für realistisch halten. Sie dürfen und sollen hier eben den Ansatz wählen, der es Ihnen erlaubt, auf Dauer körperlich und seelisch gesund zu bleiben!

Sie dürfen und sollten es dabei mit sich selbst gut meinen und wohlwollend (zu sich selbst!) sein.

Möglicherweise machen Sie die Beobachtung, dass es Ihnen leichtfällt, Zeit für die Bedürfnisse anderer zu finden und sich Angst- oder/und Schuldgefühle regen, wenn es um eigene Bedürfnisse geht?

Für den Fall, dass es Ihnen spontan schwergefallen ist, Ihre Ideal-Planung zu machen, hier ein paar Anmerkungen zu den einzelnen Punkten.

- **Arbeit:** Hier tragen Sie bitte alles ein, was für Sie mit der Lehrertätigkeit unmittelbar zusammenhängt, also nicht nur die Zeit, die Sie im Klassenzimmern zubringen, sondern auch die Zeit, die Sie für Vorbereitungen, Korrekturen, Lehrerkonferenzen etc. benötigen.
- **Sonstige Pflichten:** Neben der Berufstätigkeit haben wir alle, mehr oder weniger, andere Verbindlichkeiten in unserem Leben. Hierzu könnten die Pflege von Angehörigen, Ehrenämter im Verein und Ähnliches zählen.
- **Schlafen:** Hier tragen Sie bitte Ihr übliches Schlafbedürfnis ein. Die meisten Menschen benötigen etwa 6,5 bis acht Stunden.
- **Mahlzeiten:** Wie viel Zeit bräuchten Sie für ein angemessen-entspanntes Frühstück, Mittagessen und Abendessen? Hier geht es nicht um die Zeit der Zubereitung, sondern die Zeit, die Sie am Tisch mit dem Einnehmen der Mahlzeit verbringen möchten. Was würde es für Sie bedeuten, achtsam und genussvoll zu essen?
- **Haushalt:** Hier fassen Sie bitte alles zusammen, was Sie für die Aufrechterhaltung Ihrer häuslichen Infrastruktur an Zeit aufwenden. Je nach Art Ihrer Wohnung und wie die Rollen in Ihrem Haushalt verteilt sind, können die benötigten Zeiträume sehr unterschiedlich sein. Zur Kategorie Haushalt gehören: Putzen, Einkäufe, Essen kochen, Küche aufräumen, Garten pflegen, Wagen waschen, Fahrten zum Wertstoffhof usw.
- **Partner/Familie:** Wie viel Zeit möchten Sie mit Ihrem Partner zubringen? Welche Zeit ist Ihren Kindern gewidmet? Auch hier kann der Ansatz je nach aktueller Familienphase sehr unterschiedlich sein.
- **Eigene Freizeit:** Hier fassen Sie bitte alles zusammen, was Sie selbst an Zeit benötigen bzw. sich schenken möchten. Dazu gehört Zeit zum Ausruhen, zum Fernsehen, zum Surfen (im Internet), zum Sport treiben, zum Ausgehen, zum Träumen, zum Musizieren, für Hobbys, Zeit, die nur Ihnen gehört … Hier dürfen Sie es sich richtig gut gehen lassen!

6.4.2 Ideal und Wirklichkeit: Eine aktuelle Standortbestimmung

Nachdem Sie für die jeweiligen Werktage und Wochenenden Ihren Ansatz gefunden haben, zählen Sie nun bitte die Summe der dazu nötigen Stunden zusammen. Alles klar?

Hoppla, Entschuldigung! Wir haben vergessen, auf obigem Arbeitsblatt einzutragen, wo die Messlatte liegt, die die Realität allen idealen Vorstellungen setzt:

Idealplanung	Summe insgesamt:	
	Wochenstunden gesamt:	168
	Verfügbare Stunden/Differenz:	

Sieben mal 24 Stunden, mehr als 168 Stunden hat die Woche nicht. Für den Fall, dass Sie mehr (oder weniger?) verplant haben sollten, wie groß ist die Differenz?

Sollten Sie tatsächlich weniger Stunden verplant haben (womit Sie wiederum eine Ausnahmeerscheinung wären), dann können Sie sich zurücklehnen, morgen Ihre Idealplanung umsetzen und haben das Vergnügen, sich überlegen zu dürfen, wie Sie die restlichen Stunden für sich und Ihre Lieben nutzen können. Im (wahrscheinlicheren) Fall, dass Sie mehr verplant haben, als realiter möglich ist, wird es absehbar schwieriger. Wie viele Stunden müsste die Woche länger sein, um Ihren Verpflichtungen und Bedürfnissen zu entsprechen?

Hieraus ergibt sich die – unbarmherzige (?) – **Plus-Minus-Null-Regel:** Jede Zeit, die Sie an einer Stelle verbrauchen, geht an einer anderen Stelle für Sie verloren.

Die Plus-Minus-Null-Regel-Regel bedingt, dass jede Aufgabe, jedes Hobby und jede Freizeitaktivität, die neu hinzukommen – so gut, gesundheitsfördernd und sinnvoll sie auch immer sein mögen –, das Aufgeben von Aktivitäten an anderer Stelle erfordern. Oder umgekehrt: Wenn Sie sich drängen lassen, eine Zusatzaufgabe zu übernehmen, müssen Sie dafür z. B. Schlafzeiten oder Freizeitaktivitäten opfern. Sobald Sie ein neues Hobby beginnen, müssen Sie etwas anderes dafür aufgeben. Sobald Sie mehr Zeit mit Arbeit zubringen, haben Sie weniger Zeit für Ihre Kinder, für sich selbst, zum schlafen oder wie auch immer Sie es bislang (mehr oder weniger bewusst) entschieden haben.

Eines wird unweigerlich deutlich: Die Zeit, die es in Ihrem Leben gibt, können Sie nur einmal nutzen.

6.4 Wenn die Zeit vorn und hinten nicht reicht: Persönliche Zeitgestaltung

Für die Verbesserung Ihrer Lebensqualität ist daher eine **Priorisierung** unabdingbar. Früher hatten es (viele) Menschen insofern besser, als alles und eben auch die Zeiteinteilung durch Notwendigkeiten (Jahreszeiten), Lebenssituation und soziale Regeln (z. B. Kirchgang am Sonntag) vorgegeben war. Die individuellen Gestaltungsräume waren gering. Heute, in unserer pluralisierten, diversifizierten und liberalen Wohlstandswelt, haben wir viele Freiheiten, auch was die Zeitgestaltung und Zeitnutzung anbelangt. Das Problem ist: Wir können nicht nur, wir müssen letztlich – idealerweise bewusst – entscheiden, wie wir mit unserer Zeit umgehen, ansonsten werden wir zu willenlosen Zahnrädern im Getriebe unserer Lebenssituation und der inneren Schwerkraft.

Also: Die Nutzung Ihrer Zeit liegt in Ihrer Verantwortung. Sie haben die Wahl: *Arbeite ich mehr (oder weniger), spiele ich weniger (oder mehr) mit meinen Kindern, gehe ich ins Fitnessstudio oder faulenze ich?* Sie entscheiden, nicht die »Umstände«, auch wenn Letzteres gefühlt angenehmer sein mag: *Ich würde ja gerne, kann aber nicht …*

Es ist zugegebenermaßen oft leichter, sich hinter vermeintlichen »Sachzwängen« zu verstecken, als den Mut zu einer Veränderung aufzubringen. Gerne suchen wir nach äußeren Gründen (»*In diesem Beruf geht es einfach nicht anders*«): Studien zeigen, dass im gleichen Schultyp, mit der gleichen Fächerkombination tätige Kollegen erheblich differieren, was die für die Arbeit aufgewendete Zeit anbelangt (und die, die eher weniger Zeit aufwenden, absehbar nicht zwangsläufig die schlechteren Lehrkräfte sind).

In dem Augenblick, indem Sie Ihre persönliche Ideal-Priorisierung mehr und mehr realisieren (selbst wenn sich dies anfangs merkwürdig-gewöhnungsbedürftig anfühlt), übernehmen Sie Verantwortung für Ihr Wohlergehen. Die Wochenstundenzahl von 168 Stunden ist fix, so ungerecht das auch sein mag. Jeder von uns kann jede einzelne Stunde nur ein einziges Mal nutzen. Und wie auch immer Sie sich entscheiden: Für alles Neue muss etwas Altes weichen. Niemand kommt umhin, für jede Stunde die jeweilige Priorität festzulegen:
- Ist es Zeit für die Schule, für sich selbst oder für die Familie?
- Worin wollen Sie Ihre Zeit und Energie investieren?
- Worin wollen Sie in Zukunft weniger Ihrer Energie und Zeit investieren?
- Mit welcher Balance erreichen Sie für sich die beste Lebensqualität?
- Welche inneren oder äußeren Antreiber halten Sie bisher davon ab, besser auf ihre eigenen Bedürfnisse zu achten?
- Welche Tätigkeiten sind letztlich »Zeiträuber«?

All diese Fragen verweisen letztlich auf die Grundsatzfrage im Leben, die sich für uns alle stellt: **Was ist uns wirklich wichtig?** … Umgekehrt heißt das, dass wir auf vieles, was uns weniger wichtig ist, verzichten müssen. Alles geht nicht. Für niemanden. Und ob wir uns richtig entscheiden oder vielleicht doch falsch, das ist das mit unserer Freiheit verbundene unvermeidliche Risiko.

An dieser Stelle wäre es zum einen wichtig, abzugleichen, wo Ihre ideale Zeiteinteilung, die Sie oben dargelegt haben, von Ihrer realen/aktuell gelebten Zeiteinteilung abweicht.

Und dann geht es um die allgemein bekannte Weisheit, wonach »*jeder Weg mit dem ersten Schritt beginnt*«. Letztlich entscheiden (nur) Sie: Wo drückt es am meisten, was will ich zuerst ändern? Erste Schritte in Richtung einer idealen Zeiteinteilung: Etwas hinzuzunehmen, noch mehr zu machen ist das geringere Problem. Die eigentliche Schwierigkeit liegt im Verzicht!

Übung

Zeiteinteilung

Welche Tätigkeiten möchte ich reduzieren, um mich zu entlasten und/oder neue Freiräume zu gewinnen?

1. _____
2. _____
3. _____

Wie möchte ich die dabei gewonnene Zeit verwenden?

1. _____
2. _____
3. _____

Und nun wieder ein Gedankenexperiment: Was würde es für Sie und für das System, in dem Sie leben, bedeuten, wenn Sie diese Wünsche kurzfristig umsetzen würden?

Dabei könnten sich folgende Fragen stellen:
- Ist es mir wichtig, dem Chef und den Kollegen zu gefallen, oder bin ich bereit und in der Lage, auf deren Anerkennung für eine andere Form von Lebensqualität zu verzichten?
- Mit welchen Konflikten wäre das verbunden?
- Wie kann ich mich auf diese Konflikte vorbereiten?
- Bin ich bereit, mich diesen Konflikten zu stellen?

Sie erinnern sich: »*Jeder hat gute Gründe, sich zu überlasten, sonst würde er es nicht tun!*« (▶ Kap. 5). Vermutlich werden Sie feststellen, dass Sie die oben gestellten Fragen an schwierige Punkte heranführen und mit aversiven Gefühlen verbunden sind. Das Selbsteingeständnis, dass die Art und Weise, wie man sein

Leben führt, etwas mit Bequemlichkeit und/oder der Vermeidung von Konflikten zu tun haben könnte, löst absehbar ein gewisses Unbehagen aus. Bei einer Umsetzung auch nur von Teilaspekten der idealen persönlichen Zeiteinteilung können somit, quasi als Nebenwirkung, Scham-, Schuld- und Angstgefühle aufkommen.

Sind Sie diesen Gefühlen gewachsen? Oder bräuchten Sie mehr Rüstzeug zur Abgrenzung und Konfliktfähigkeit? Letzteres ließe sich erlernen und üben, gegebenenfalls auch in einem AGIL-Kurs oder unter Inanspruchnahme einer professionellen (psychotherapeutischen) Unterstützung.

Wenn Sie unter Abwägung aller Aspekte eine Entscheidung getroffen haben, geht es, im Sinne eines persönlichen Entlastungsprojektes, in die Umsetzung! Also: Mein nächster Schritt in Richtung einer idealen Zeiteinteilung ist … Und falls dieser Schritt etwas mit »mehr Erholung« zu tun haben sollte, dann empfiehlt sich nun umgehend ein Besuch im Erholungsladen (▶ Kap. 7.8).

> Bei allen in diesem Buch genannten Beispielen handelt es sich um real existierende Kolleginnen und Kollegen, auch bei dem folgenden Fallbeispiel. Aus Gründen des Datenschutzes wurden die Geschichten so modifiziert, dass Rückschlüsse auf die jeweilige Person ausgeschlossen sind. Ähnlichkeiten zu tatsächlich lebenden, Ihnen bekannten Personen wären somit rein zufällig.
>
> **Fallbeispiel**
> **Gymnasiallehrer K. M.: »Nichts geht mehr!«**
> Herr K. M., 47 Jahre, Gymnasiallehrer für Deutsch, Geschichte und Religion, kam in die Klinik, »*weil nichts mehr ging*«. Bei der Aufnahme war er übermüdet und energielos: Er konnte sich zuletzt zu nichts mehr aufraffen. Er sehe keinen Ausweg »aus den Sackgassen« mehr.
>
> Im Rahmen von AGIL erstellte er seine Zeitanalyse, wobei deutlich wurde, dass er sich in den vergangenen Jahren für sich selbst keine »eigene Zeit« mehr genommen hatte. In der Schule waren die Anforderungen an ihn stetig gewachsen. Neben dem Unterricht hatte er die Funktionen Fachsprecher und Vertrauenslehrer. Zudem betreute er regelmäßig Abiturklassen mit erhöhtem Vorbereitungs- und Korrekturaufwand.
>
> Mit seiner Frau, die ebenfalls als Lehrerin tätig ist, hat er eine zwölfjährige Tochter und einen neunjährigen Sohn. Es ist ihnen ein gemeinsames Anliegen, ihre Kinder musisch und sportlich zu fördern. Hieraus ergibt sich ein umfangreicher »Taxidienst«: Die Tochter muss mehrmals wöchentlich zum Tanz-, der Sohn zum Fußballtraining und beide müssen zum Musikunterricht gefahren werden.
>
> Aufgrund der ebenfalls beruflich engagierten Frau hatte K. M. viele Tätigkeiten im Haushalt sowie die Gartenarbeit und die Pflege der beiden Autos übernommen. Früher konnte er bei seinem Hobby Angeln regelmäßig eine Auszeit und Ruhe finden. Vor einigen Jahren wurde er zum Schriftwart des Vereins gewählt, was mehrere Stunden Bürotätigkeit in der Woche und Konflikte mit anderen Vorständen mit sich brachte und die Zeit, Angeln zu gehen, praktisch auf Null reduzierte. Es war K. M. wichtig, als kompetent und engagiert

wahrgenommen zu werden. Er wollte »kein Drückeberger« sein, eine Eigenschaft, die er auch bei Kollegen und Vereinskameraden strikt ablehnte.

Zuletzt hatte K. M. das Gefühl, seinen eigenen Anforderungen nicht mehr gewachsen zu sein. Bei der Anwendung der Plus-Minus-Null-Regel empfand er große Hilflosigkeit. Er saß gewissermaßen in der Falle. Er konnte nichts ändern, ohne seine bisherigen Verhaltensmuster und Prioritäten zu hinterfragen. Mit Unterstützung der Gruppe entwickelte er folgende Veränderungsideen:
- Einstellen einer Putzfrau zur Entlastung im Haushalt
- saisonale Unterstützung durch einen Gärtner
- Verteilung der Abiturklassen »gerecht« auf alle Deutschlehrer
- Abgabe der Fachsprechertätigkeit
- Abgabe der Vertrauenslehrertätigkeit
- Ablehnung der Wiederwahl als Schriftwart im Anglerverein

Im nächsten Schritt kam jede Idee auf den »persönlichen Prüfstand«. Hilfreich war dabei die Technik des »Inneren Teams« (▶ Abschn. 6.7).

K. M. merkte, dass er sich das Einstellen eines Gärtners und einer Putzfrau finanziell zwar leisten konnte, er jedoch die »ideologische« Einstellung hatte: »*Ich darf andere Menschen nicht für mich arbeiten lassen.*« Auch gab es die Überlegung: »*Ich möchte keine fremden Menschen in meinem Haus und meinem Garten haben.*« Nach einigem Hin und Her konnte K. M. akzeptieren, dass der Nutzen einer solchen Veränderung die Nachteile bei Weitem überwog. Hilfreich war für ihn auch der Gedanke: »*Ich nutze meine Haushaltshilfen nicht aus. Ich zahle einen fairen Lohn und schaffe Arbeitsplätze.*«

Bei der Verteilung der Abiturklassen auf die Kollegen erwartete er erheblichen Widerstand. Bisher hatte er sich aufgrund seines Harmoniebedürfnisses vor entsprechenden Konflikten gedrückt. Er wollte die »gute Stimmung« im Kollegium nicht gefährden. Gleichwohl war er nun entschlossen, die »gute Stimmung« nicht mehr nur auf seine Kosten aufrechtzuerhalten und einen fairen Beitrag der anderen Kollegen einzufordern.

Mit der Abgabe der Fachsprechertätigkeit tat er sich schwer. Wenn er diese aufgab, würde das sein Image ankratzen und er an »Bedeutung« im Kollegium und in der Schule insgesamt verlieren. Zugleich fand er es reizvoll, eine jüngere Kollegin anzuleiten, die in diese Aufgabe hineinwachsen wollte, und sich selbst auf die Rolle ihres »Beraters« zu beschränken.

K. M. merkte, dass er seine Funktion als Vertrauenslehrer letztlich doch nicht aufgeben wollte. Für die Anliegen von Schülern in dieser besonderen Rolle ein offenes Ohr haben zu können, machte für ihn einen wesentlichen Teil seines beruflichen Selbstverständnisses und seiner Zufriedenheit im Lehrerberuf aus. Er konnte sich aber vorstellen, »neben sich« einen weiteren Kollegen als Vertrauenslehrer zu benennen, um seine zeitliche Belastung mit diesem Amt zu reduzieren.

K. M. hatte bereits einmal versucht, sich nicht wieder in den Vorstand des Anglervereins wählen zu lassen. Die Vereinskameraden hatten aber erfolgreich an seinen Stolz appelliert: »*Keiner macht das so gut wie du*« und »*Du darfst uns nicht hängen lassen*«. Angesichts dessen hatte er seinerzeit einen Rückzieher gemacht. Nichtsdestoweniger wurde dann für ihn immer deutlicher: »*Ich gehe nur noch zum Arbeiten zum Verein. Entspannung finde ich dort nicht mehr.*« Hilfreich war für ihn der folgende Gedanke: »*Ich kann im nächsten Jahr 150 Stunden Freizeit gewinnen, wenn ich 15 Minuten in der Hauptversammlung standhaft bin!*«

Ausgehend von seinen Entscheidungen begann K. M. die zur Umsetzung seiner Ziele nötigen Schritte vorzubereiten und zu üben. Wer bislang alles klaglos übernommen hatte, für den war es schlicht eine Zumutung, nun gelegentlich Bitten und Aufträge abzulehnen. K. M. verfolgte seine Ziele zu Hause weiter, mit ambulanter therapeutischer Unterstützung. Die Veränderungen seiner Muster bereiteten auch K. M. zunächst erhebliches Unbehagen, zumal er nicht einschätzen konnte, wie die jeweiligen Kollegen reagieren würden. Fast nie erfüllten sich seine Befürchtungen bezüglich einer kategorischen Ablehnung seiner Person. Dass die Vorstandskollegen im Anglerverein alles andere als glücklich über seine Entscheidung waren, zumal sich zunächst niemand fand, der den Job übernehmen wollte, damit musste und konnte K. M. leben. Nach und nach verringerte sich dabei sein Gefühl von Hilflosigkeit und Ausgeliefertsein.

Nach einem Jahr schrieb er folgenden Brief an den ihn seinerzeit in der Klinik behandelnden Therapeuten:
»Sehr geehrter Herr …, ich freue mich, Ihnen berichten zu können, dass ich meine Ziele konsequent weiterverfolgt habe. Auch wenn es mitunter schwierig wurde und ich mich für einen regelrechten Egoisten, einen Menschen, der ich nie sein wollte, hielt. Wie auch immer: Meine Lebensqualität hat sich im letzten Jahr deutlich gebessert. Es war nicht einfach, aber es hat sich gelohnt. Im Angelverein haben alle noch mal probiert, mich zu überreden, aber ich bin standhaft geblieben. Irgendwann konnte jeder meine Entscheidung akzeptieren. Wir haben schließlich einen neuen, jüngeren Vorstand und es funktioniert auch. Ich finde wieder Zeit, selbst zu angeln, die ersten Forellen habe ich mit meiner Frau als besonderes Festessen gestaltet. Wir haben mehr Zeit miteinander und können dadurch Probleme besser besprechen. Gemeinsam konnten wir uns für einen Gärtner und eine Haushaltshilfe entscheiden. Die gewonnenen Stunden sind jeden Cent wert. Wir haben auch weniger Konflikte wegen der Hausarbeiten. Im Kollegium gab es heftige Konflikte. Früher hätte ich das nicht ausgehalten. Aber ich wollte keinen Frieden mehr auf meine Kosten. Wir haben jetzt eine faire Regelung gefunden, die nach anfänglichem Streit von allen akzeptiert wurde. Meine Nachfolgerin als Fachsprecherin ist motiviert, ich genieße die Seniorität und unterstütze sie mit Rat und Wissen gerne. Durch die Unterstützung durch einen zweiten Vertrauenslehrer habe ich mehr Zeit und Kraft für Problemfälle und finde es noch befriedigender. Ich hätte vor einem Jahr nicht gedacht, dass es mir mal wieder so gut geht. Ich hoffe, dass es auch Ihnen gut geht, von wegen Überstunden …«

6.5 Helfersyndrom: Was ist das, wozu dient es … und wie weit bin ich davon betroffen?

Was ist das zentrale Anliegen dieses Themenblocks?

Ziel ist es, Sie über das Phänomen »Helfersyndrom« zu informieren und darin zu unterstützen, sich diesbezüglich differenziert einzuschätzen. Es geht um die Unterscheidung der inneren Motivation: Engagiere ich mich für andere aus innerer Stärke heraus oder ist meine Motivation eher durch Ängste und Unsicherheiten bestimmt?

Wer sollte sich angesprochen fühlen?

Gehören Sie zu den Menschen, die das Gefühl haben, viel geben zu müssen? Entweder, weil Sie meinen, dass andere Menschen, seien es Schüler oder Angehörige, ohne Ihre Hilfe nicht zurechtkommen und ohne Sie »nichts geht«? Oder: Fühlen Sie sich ständig unzureichend, nicht fleißig und nicht engagiert genug? Fühlen Sie sich ohne berufliche Erfolge wertlos? Fällt es Ihnen schwer, »Nein« zu sagen und Anforderungen an Sie auch einmal nicht zu entsprechen?

Wenn Sie eine dieser Fragen mit »Ja« beantwortet haben, finden Sie im folgenden Abschnitt Informationen, die Veränderungsmöglichkeiten aufzeigen. Die gute Nachricht ist: Sie haben es in der Hand! Durch die Auseinandersetzung mit den eigenen Motiven lassen sich »alte« Stressbeschleuniger überwinden und die Lebensqualität verbessern.

Wie sieht der Fahrplan aus? Was sind die wichtigsten Inhalte dieses Themenblocks?

In einer kurzen Einführung erläutern wir den (bereits historischen) Begriff »Helfersyndrom«. Anhand dessen wird deutlich, wie Ihr Selbstwertgefühl Ihr Denken, Fühlen und Verhalten bestimmt. Je besser Sie Ihre eigene psychische Disposition verstehen, umso gezielter können Sie für sich Veränderungsideen entwickeln.

6.5.1 Auch Supermännern und Superfrauen kann die Puste ausgehen

Wer kennt sie nicht: Kollegen oder Bekannte, die scheinbar alles mühelos schaffen. Diese Menschen sind engagiert im Beruf, übernehmen locker Zusatzaufgaben, sind für andere da, wissen Rat, sind der Fels in der Brandung bei den verschiedensten Krisen ... Irgendwann geht selbst einigen dieser Menschen »die Puste aus«. Und dann hören die Betroffenen von ihrer Umgebung: »*Das hätten wir von DIR nicht gedacht! DU hast doch immer alles locker geschafft.*«

Von außen ist oft nicht zu erkennen, woraus die hohe Leistungsfähigkeit dieser »Super-Lehrer« resultiert und warum sie dann auf einmal zusammenbrechen. Es gibt kraftvolle Menschen, die aus sehr gesundem Selbstempfinden heraus ihr Potenzial gezielt und kontrolliert zum eigenen Wohl und zum Wohlergehen ihrer Umgebung einsetzen. Da stimmt scheinbar alles: eine gesunde, kraftvolle Veranlagung, eine Biografie, die sie nicht unter- und nicht überfordert, Erfahrungen, die ihnen helfen, ein reiches Repertoire an Strategien zu erlernen und ein entsprechend stabiles Selbstwertgefühl. Diese Menschen schöpfen aus alledem immer wieder viel Kraft, bewältigen schwierige Situationen und geben ihren Optimismus weiter.

Den Gegenpol bilden Menschen, die in einigen oder allen genannten Aspekten anscheinend weniger gut aufgestellt sind und ein erheblich weniger stabiles Selbstwertgefühl haben. Nicht selten haben sie Versagensängste, was dann durch ein überhöhtes Bedürfnis nach Anerkennung und Wertschätzung kompensiert werden soll. In den 1970er-Jahren hat sich für das typische Verhalten dieser Gruppe ein Begriff etabliert: »Helfersyndrom«. Bei diesen Menschen ist das Selbstwertgefühl eher labil, die Selbstwertstabilisierung erfolgt durch die Einnahme der Helferrolle: »*Indem ich vor allem andere unterstütze, ich mich dadurch verausgabe und mich mitunter regelrecht aufopfere, festige ich meine Identität.*« Anderen zu helfen ist eine biblische, bis heute in der Gesellschaft sehr angesehene Tugend! Selbstverständlich! Aber hier geht es weniger darum als um die Dosierungsfrage. Zunächst »funktioniert« Altruismus als Weg der Selbststabilisierung recht gut und kann durchaus auch längere Zeit erfolgreich sein. Zugleich beruht diese Pseudo-Stabilität auf der ständigen Zufuhr von äußerer Anerkennung. Einerseits haben die Betreffenden das Gefühl, sich für andere aufopfern zu müssen. Andererseits sind sie es, die von den anderen abhängig sind. Spätestens dann, wenn sie von Freunden oder Therapeuten auf die Idee gebracht werden, »endlich einmal auch etwas für sich, nicht immer nur etwas für andere zu tun«, wird deutlich, dass ihnen eigentlich gar nicht klar ist, was sie für sich tun bzw. wie sie ihre Freizeit gestalten können. So merkwürdig es klingen mag: Wer ständig anderen hilft, der ist bequem. Es vermeidet es, sich selbst unabhängig von anderen zu definieren und an sich selbst bzw. seinem Selbstwertgefühl eigenverantwortlich zu arbeiten.

Könnte es sein, dass Menschen, die sich intuitiv durch ihren »Dienst« am Mitmenschen stabilisieren möchten, Lehrer werden? Und dann, wenn dieser Dienst nicht wie erhofft »honoriert« wird, im Sinne einer Gratifikationskrise (▶ Abschn. 6.2) unter Druck geraten?

Wird diese Anerkennung nicht im subjektiv benötigten Maße gewährt, kann es zu nachhaltigen Krisen, chronischem Stress und Depressionen kommen. Das große Engagement beruht so gesehen eben nicht auf einer übergroßen Menschenliebe, sondern auf der eigenen, oft nicht erkannten bzw. eingestandenen großen Bedürftigkeit. Wolfgang Schmidbauer, der den Begriff des »Helfersyndroms« prägte, bezeichnete die Betroffenen mit dem wenig schmeichelhaften Begriff »Die hilflosen Helfer«.

6.5.2 Bin ich ein »hilfloser Helfer« bzw. wie groß ist meine diesbezügliche Gefährdung?

Wie so oft können wir auch dieser Frage auf einer spannenden Reise zu uns selbst näher kommen. Im Folgenden finden Sie Fragen, die Ihnen dabei helfen können. Wenn Ihnen einige dieser Fragen »nicht gefallen« sollten, dann … werden gerade das für Sie wichtige Aspekte sein. Eine ehrliche Antwort auf solche Fragen löst bei jedem von uns entweder ein »mulmiges Gefühl« aus oder Ärger über die Autoren, welche die »Frechheit« besitzen, solche Fragen überhaupt zu stellen. An der einen oder anderen Stelle werden Sie vielleicht Aspekte an sich bemerken, die Sie so nicht haben möchten. Und nicht gut finden. Prima! Jetzt – und nur so – kann in Ihnen die Entschlossenheit wachsen, sich in die gewünschte Richtung zu entwickeln. Auf geht's.

Übung

Selbstwert und Selbstfürsorge

Anhand der folgenden Dimensionen lassen sich persönliche Eigenschaften, insbesondere solche, die etwas mit Selbstwert und Selbstfürsorge zu tun haben, darstellen. Diese bewegen sich jeweils auf einem Kontinuum zwischen Extremen.
Wo verorten Sie sich auf den folgenden Skalen? Dabei gilt: Es ist eine aktuelle Bestandsaufnahme, keine endgültige und verbindliche Festlegung! Zum einen, weil Ihre heutige Selbsteinschätzung von vielen Faktoren, beispielsweise auch von Ihrer momentanen Stimmung, abhängig ist. Zum anderen: Sie können es verändern!

Wenden wir uns zunächst Ihrem **Selbstwertgefühl** zu!
- Wie schätzen Sie dieses – mit Blick auf Ihre berufliche und private Biografie – ein?
- Erleben Sie Ihren Selbstwert eher als (angemessen) hoch und stabil oder als niedrig?
- Wie abhängig sind Sie von äußerem Lob und Anerkennung?
- Verunsichert es Sie, wenn Sie einmal nichts tun oder leisten?

Selbstwertgefühl

| Muss ständig neu durch Arbeit und Anerkennung von außen stabilisiert werden; Leistung | Ist hoch und stabil |

←———————————————————————→

Wo würden Sie sich auf diesem Kontinuum einordnen?

Nun werfen wir einen Blick auf die von Ihnen aktuell praktizierte **Selbstfürsorge**:
- Ist Ihr Leben reich an genussvollen und erholsamen Aspekten?
- Wenn es Ihnen jenseits der Arbeit gut geht, haben Sie dabei Schuldgefühle, wie »Müßiggang ist aller Laster Anfang« oder »Ich darf erst ruhen, wenn es allen anderen gut geht«?
- Wie bestimmend ist für Sie der Gedanke: »Erst die Arbeit, dann das Vergnügen!«?

Selbstfürsorge

| Oft nicht möglich | Selbstverständlich |

←———————————————————————→

Wo würden Sie sich auf diesem Kontinuum einordnen?

Als Nächstes werfen wir einen Blick auf Ihre **Ziele**:
- Ziele anzustreben und zu erreichen gehört zu den sinnstiftenden Elementen im Leben. Haben Sie über die Alltagsbewältigung (»... *den Schulalltag überstehen*«) hinausgehende Ziele?
- Sind Sie bereit, sich für erreichbare Ziele einzusetzen?

6.5 Helfersyndrom

Wo würden Sie sich auf diesem Kontinuum einordnen?

Besondere Aufmerksamkeit verdienen die Themen **Abgrenzungsfähigkeit und Hilfsbereitschaft:**
- Wie beurteilen Sie Ihre Fähigkeit, »Nein« zu sagen?
- Kann man Ihnen leicht Schuldgefühle machen?
- Spüren Sie oft eine Angst vor Ablehnung?
- Verspüren Sie hohen Stress bei drohenden Konflikten?

Abgrenzungsfähigkeit

Niedrig ←——————————————→ Hoch

Wo würden Sie sich auf diesem Kontinuum einordnen?

Hilfsbereitschaft

Übermäßig ←——————————————→ Gering

Wo würden Sie sich auf diesem Kontinuum einordnen?

Für Ihren Einsatz können Sie im besten Fall Wertschätzung erwarten. Wenn Ihnen diese nicht im erwarteten Maße zuteil wird, hat dies oft ein Gefühl von Enttäuschung und längerfristig von Verbitterung zur Folge. Prüfen Sie, wie hoch Ihr Wunsch nach **Anerkennung und Wertschätzung** aktuell ausgeprägt ist.
- Haben Sie das Gefühl, dass Ihre Leistung angemessen wahrgenommen und wertgeschätzt wird?
- Wie gehen Sie damit um, wenn Sie nach einem besonderen Einsatz nicht entsprechend gewürdigt werden?
- Wie viel Kraft und Zeit sind Sie bereit aufzuwenden, um sich Wertschätzung zu verdienen?

Empfundene Wertschätzung

Niedrig, weniger als benötigt ←——————————————————→ Hoch, mehr als nötig

Wo würden Sie sich auf diesem Kontinuum einordnen?

Zuletzt wenden wir uns Ihrem **sozialen Netz** zu. Hier können Sie Unterstützung finden und Kraft tanken.
- Wie beurteilen Sie Ihre Integration in Ihre Familie?
- Bekommen Sie die Unterstützung, die Sie sich wünschen?
- Haben Sie einen Freundeskreis und die Zeit, sich ihm zu widmen?
- Haben Sie einen Ansprechpartner, »um mal was loszuwerden«?

Eigenes soziales Netz

Oft nicht verfügbar und/oder eher belastend ←——————————————————→ Unterstützend und belastbar

Wo würden Sie sich auf diesem Kontinuum einordnen?

Eher »kraftvolle« und eher »hilflose« Menschen: Worin unterscheiden sie sich?

Eine tabellarische, entsprechend etwas plakative Zusammenfassung. Wichtig: Jeder Aspekt in dieser Tabelle ist veränderbar!

	Hilfloser Mensch	**Kraftvoller Mensch**
Selbstwert	wird durch Arbeit stabilisiert	stabil
Ziele	idealistisch, oft unerreichbar	realistisch
Abgrenzungsfähigkeit	kaum vorhanden	angemessen
Hilfsbereitschaft	übermäßig	dosiert
Selbstfürsorge	oft nicht möglich	selbstverständlich
Eigenes soziales Netz	defizitär	unterstützend und belastbar
Empfundene Wertschätzung	weniger als benötigt wird	ausreichend

6.5 Helfersyndrom

Wenn Sie sich, angesichts der Tabelle und überhaupt, als kraftvollen Menschen erleben: Gratulation! Falls Sie diesem Ideal (noch) nicht vollends entsprechen, finden Sie im vorliegenden AGIL-Buch viele Anregungen, wie Sie sich in entsprechende Richtung entwickeln können, unter anderem:

- Abgrenzungsfähigkeit und Hilfsbereitschaft können Sie mit Übungen zum »Inneren Team« in Ihrem Sinne verändern (▸ Abschn. 6.7).
- Für Ihre Selbstfürsorge durch Erholung finden Sie die Anregungen im ▸ Kapitel 7.
- Für Ihren veränderten Umgang mit Wertschätzung ▸ Abschnitt 6.3.

Wie wäre es, wenn Sie gleich damit starten? Los geht's!

Zur Illustration noch ein Fallbeispiel.

> **Fallbeispiel**
> **Frau G.H., eine Grundschullehrerin zwischen Ängsten und Erschöpfung**
> Frau G.H., 37 Jahre, Grundschullehrerin, bemerkte bei sich immer häufiger Phasen mit starken Angstzuständen im Wechsel mit oft lang anhaltender Erschöpfung. Seit ihrer Schulzeit hatte sie das Gefühl, nie Zeit für sich selbst zu haben. Schon in der Grundschule hatte sie viel Lob für die Unterstützung ihrer Klassenkameradinnen bekommen. Schnell war sie eine gefragte »Hausaufgaben-Helferin« und hatte andere bereitwillig abschreiben lassen. Obwohl sich viele von ihr helfen ließen, war sie doch eher die Außenseiterin. Sie fühlte sich immer ein wenig ausgegrenzt, bei den »Coolen« und »Schönen« der Klasse konnte sie nicht »mithalten«. In ihrer Pfarrgemeinde war sie später sehr in der Jugendarbeit engagiert und organisierte in den Sommerferien Freizeiten für benachteiligte Kinder. Sie hatte immer schon das Gefühl, sich für Anerkennung sehr anstrengen zu müssen. Auf eher kleine und unspezifische Hinweise einer Ablehnung reagierte sie mit Angstgefühlen und vermehrten Aktivitäten zum Wohle ihrer Mitmenschen. In der Oberstufe strengte sie sich sehr an, um über gute Noten von ihren Eltern die Zusage zu bekommen, studieren zu dürfen. Auf jeden Fall wollte sie einen sozialen Beruf ergreifen. Es bereitete ihr Freude und Zufriedenheit, *»für andere da zu sein«*.
>
> Im Referendariat stieß sie zum ersten Mal an ihre Grenzen. Bei jedem Unterrichtsentwurf gab sie sich besondere Mühe und wollte für jedes Kind die richtigen Materialien und Impulse finden. Selbstverständlich teilte sie ihre Ausarbeitungen mit den Kommilitonen und fand es in Ordnung, *»dafür nichts zurückzubekommen«*. Da sie »immer« arbeitete, hatte sie in dieser Zeit kaum soziale Kontakte außerhalb der Schule. Ihr Freund, den sie im Studium kennengelernt hatte, verließ sie: *»Er wolle nicht mit einem ›Workaholic‹ zusammen sein.«* Dabei hatte sie immer versucht, es ihm neben der Arbeit auch noch recht zu machen.
>
> Aufgrund ihrer guten Noten wurde sie nach dem Referendariat schnell übernommen und verbeamtet, allerdings etwa drei Stunden von ihrem Heimatort entfernt eingesetzt. Mit Fleiß und Einsatz übernahm sie die ersten Klassen. Zeit für ein Privatleben oder neue soziale Kontakte blieb wenig. In der Schule war sie sehr beliebt, immer der »Fels in der Brandung« bei Ausfällen von Kolleginnen und für die Vielzahl der Projekte, die die Schulleiterin vorschlug, die einen Schulpreis anstrebte.

Bei ihrer Aufnahme in die Klinik hatte sie kaum noch Antrieb, war zugleich beschämt über ihr »Versagen« und hatte starke Angst, nach ihrer Rückkehr von Kolleginnen und Schulleiterin *»wegen der Mehrarbeit, die sie für die anderen verursacht hatte«*, abgelehnt zu werden: *»Dann habe ich gar nichts mehr.«*

In Gesprächen, Gruppensitzungen, Musik-, Körper- und Gestaltungstherapie konnte sie in einem Prozess über mehrere Wochen wieder einen Zugang zu eigenen Bedürfnissen und Interessen finden. Sie konnte ihre Freude an sportlichen Aktivitäten (auch mit anderen), am Musizieren (sie hatte als Jugendliche Klarinette gespielt) und an langen Spaziergängen wiederentdecken.

Sobald sie jedoch »Zeit nur für sich« nutzte, zeigten sich starke Schuldgefühle: *»Das darfst du nicht«*, *»Du lässt es dir gut gehen und die Kollegen müssen arbeiten«*, verbunden mit Angst, *»Das musst du büßen«*, *»Bald bist du ganz alleine«*.

In den Einzelgesprächen wurde überlegt, wie sie diese Schuldgefühle relativieren und mit ihren Ängsten besser umgehen könne. Eine Balance zwischen Arbeit und Selbstfürsorge wurde zunächst theoretisch erarbeitet und dann ein Handlungs- und Zielkatalog zur Selbstfürsorge für die Zeit nach der Entlassung vorbereitet. Es konnten alternative Überzeugungen wie *»Nur wenn es mir gut geht, kann ich auch für andere da sein«* und *»Ich bin wertvoll, auch wenn ich keine Hochleistung bringe«* gefunden werden. Zur Bewältigung der Ängste und Schuldgefühle bei der Umsetzung der Selbstfürsorge wurde im Anschluss an die Klinikbehandlung eine ambulante Psychotherapie durchgeführt.

Nach 14 Monaten konnte Frau G.H. folgende Rückmeldung geben:
»Es war mir unglaublich schwergefallen, mich auf eine Behandlung einzulassen. Ich wollte immer alles alleine schaffen. Nach den ersten Wochen merkte ich jedoch, wie gut mir die Unterstützung tat, und ich konnte mich immer mehr darauf einlassen. Es war ein langer Prozess, zu lernen, dass mein Selbstwert nicht ausschließlich auf Leistung und Fürsorge für andere beruht. Jetzt kann ich mein Selbstempfinden auch ohne ›Helfen‹ in meinen Hobbys und privaten Beziehungen stärken.

Nach meiner Rückkehr an den Arbeitsplatz habe ich versucht, meine Vorsätze einzuhalten. Das war nicht immer einfach. Die Kolleginnen waren zunächst überrascht, als ich anfing, Aufträge abzulehnen. Einige Aussagen wie ›Ich dachte, ich kann mich auf dich verlassen‹ oder ›Seit der Klinik bist du eine richtige Egoistin geworden‹ haben meine alten Schuldgefühle und Ängste aktiviert. Mit therapeutischer Unterstützung konnte ich damit besser umgehen. Ich weiß heute, dass ich keine Egoistin bin, wenn ich in meinem immer noch hohen Engagement eine Grenze ziehe.

Durch die Beharrlichkeit meiner ambulanten Therapeutin habe ich mich einem Sportverein und einem Blasmusikorchester angeschlossen. Wöchentlich sind jetzt zwei Abende damit gefüllt und ich arbeite nicht. Durch diese Aktivitäten konnte ich an meinem Arbeitsort Freundschaften schließen und es gibt gemeinsame Unternehmungen am Wochenende.
Im Verein habe ich einen Kollegen vom Gymnasium kennengelernt, unsere Beziehung entwickelt sich gut und wir achten gegenseitig darauf, an einem Abend in der Woche und an mindestens einem Tag am Wochenende nicht zu arbeiten.
Meine Lebensqualität hat sich deutlich verbessert und auf eine bewusstere Art bin ich zugleich weiterhin engagiert.«

6.6 Kraft durch Werteorientierung und Sinngebung

Oder: »Man braucht einen hellen Stern, um seinen Pflug daran auszurichten«

Was ist das zentrale Anliegen dieses Themenblocks?

Ziel ist es, Sie bei einer wertorientierten Lebens- und Arbeitsplanung zu unterstützen. Sie werden Ihren eigenen Wertekanon reflektieren, falls nötig konkretisieren, und überlegen, wie Sie sich in Ihrem beruflichen und privaten Leben daran – gesundheitsfördernd – orientieren können. Wenn dies gelingt, resultiert eine hohe innere Kohärenz zwischen dem Alltag und persönlichen Werten, was Kraft und Durchhaltevermögen fördert.

Wer sollte sich angesprochen fühlen?

Menschen haben das Bedürfnis, Ziele zu verfolgen, die über den Alltag hinausgehen. Diese Ziele hängen mit unserem durch Kultur, Familie und Erziehung geprägten Wertekanon zusammen. Wenn man im Alltag seinen Zielen und Werten entsprechend leben kann, geht dies oft mit tiefer Zufriedenheit einher. Nun ist eine erfolgreiche Ziele- und Sinnorientierung aber keine Selbstverständlichkeit. Eine angemessene und tragfähige Ziel- und Sinnorientierung ist keine Selbstverständlichkeit. Eine aktive Auseinandersetzung mit den eigenen Werten und Zielen kann helfen, den eigenen Kurs zu finden und auch in schwirigen Zeiten und unter schwirigen Bedingungen beizubehalten.

Wie sieht der Fahrplan aus? Was sind die wichtigsten Inhalte dieses Themenblocks?

Zu Beginn geht es darum, sich über seine Ideale und Werte Klarheit zu verschaffen. Welche der in einem umfangreichen Katalog aufgelisteten Ideale und Werte entsprechen am ehesten Ihren diesbezüglichen Einstellungen? In einem zweiten Schritt geht es darum, dass Sie Ihre persönlichen Werte konkretisieren. Sie sind letztlich der »Leitstern«, an dem sich Ihr Leben ausrichtet. Im dritten Schritt erfolgt ein Abgleich mit der Realität. Wie können Ihre Ideale und Werte in der realen Welt gelebt werden? Wie gehen Sie mit den erforderlichen Kompromissen um?

6.6.1 Werte reflektieren und eigene Werte konkretisieren

Übung

Werte

In der folgenden Liste finden Sie Begriffe, die Werte, Ideale, Normen und Bedürfnisse beschreiben. Bitten wählen Sie in einem ersten Schritt die fünf Begriffe aus, die Sie besonders ansprechen. Vermutlich werden Sie sich mit mehr als fünf der genannten Begriffe identifizieren können. Hier geht es zunächst darum, ein Gespür dafür zu bekommen, welche Werte einem besonders wichtig sind:

Anerkennung – Akzeptanz – Aufrichtigkeit – Authentizität – Beitrag leisten – Effektivität – Ehrlichkeit – Einfühlung – Entspannung – Entwicklung – Fairness – Freiheit – Frieden – Geborgenheit – Gegenseitigkeit – Gemeinschaft – Glaubwürdigkeit – Gleichwertigkeit – Harmonie – Frieden – Integrität – Kooperation – Kreativität – Lebensfreude – Leichtigkeit – Liebe – Menschlichkeit – Mitgefühl – Offenheit – Ordnung – Respekt – Ruhe – Rücksichtnahme –

Selbstbestimmung – Selbstrespekt – Selbstvertrauen – Leistungsorientierung – Sicherheit – Sinn – Spiritualität – Struktur – Toleranz – Verlässlichkeit – Vertrauen – Verständigung – Wachstum – Wertschätzung – Zugehörigkeit – Zuverlässigkeit – Umwelt – Soziales Engagement – Humor/Spaß

Welche Begriffe sind Ihre Favoriten?

1. _____

2. _____

3. _____

4. _____

5. _____

Vielen Dank ... und vermutlich ist Ihnen bereits, während Sie nach den passenden Begriffen gesucht haben, einiges klar geworden. Die folgenden Fragen können Sie davon ausgehend umgehend beantworten:
- Wofür stehen Ihre fünf Begriffe, bezogen auf Ihre Person, Ihr Fühlen, Denken und Handeln?
- Gibt es ein oder mehrere Verbindungen zwischen Ihren fünf Begriffen?
- Wie kam es dazu, dass Sie gerade diese Begriffe ausgewählt haben? Welche eigenen Erfahrungen, welche Vorbilder stehen dahinter?

Zugegeben: Diese Fragen gehen sehr nahe. Sie berühren quasi unseren »innersten Kern«. Vielen Dank für Ihr Vertrauen, solche Themen anhand dieses Buches zu reflektieren!

6.6.2 Die Werte-Frage im Lehrerberuf

Was bedeuten die von Ihnen ausgesuchten Begriffe, Ideale und Werte für Sie als Lehrkraft – theoretisch und praktisch?

Übung

Werte-Frage
- Mit welchen Idealen sind Sie seinerzeit Lehrer geworden?
- Welche Ideale davon gelten heute noch?
- Welche Ideale haben Sie zwischenzeitlich verloren, welche kamen hinzu?

Spontan gehen die meisten Menschen davon aus, dass sie – soweit es in ihrer Macht steht – »werteorientiert« handeln. In Sozialberufen, in denen Interessenkonflikte häufig und Werte wie »ein guter, andere unterstützender Mensch sein« absehbar auslegungsbedürftig werden,

6.6 Kraft durch Werteorientierung und Sinngebung

ist es letztlich unabdingbar, seine Werte so zu konkretisieren und gegebenenfalls zu spezifizieren, dass sie sich langfristig (und damit zwangsläufig auch gesundheitsfördernd) als »Leitsterne« eignen.

Im Folgenden bitten wir Sie, zu versuchen, Ihre berufsbezogenen Werte auf den Punkt zu bringen: An welchem »hellen Stern« möchten Sie die Zugrichtung Ihres Pfluges orientieren?

Bitte vervollständigen Sie folgenden Satz: Ich möchte eine Lehrerin/ein Lehrer sein, die/der ...

_____

_____.

Passt es für Sie so? In AGIL-Kursen wurden zu diesem Thema teils sehr unterschiedliche Sätze zu Papier gebracht. Auf jeweils eigene Art haben uns viele dieser Sätze berührt. Fast jeder Lehrer ist mit Idealen in den Beruf gestartet. Für viele hat dann der Alltag zu einer gewissen Ernüchterung geführt. Die zufriedensten Lehrer waren oft diejenigen, die zumindest in umschriebenen Bereichen zentrale Aspekte ihres Ideals aufrechterhalten und gelebt haben. Häufige Antworten waren:

- Ich möchte ein Lehrer sein, der *für alle Schüler ein offenes Ohr hat und bei Problemen seiner Schüler als Unterstützer zur Verfügung steht*.
- Ich möchte eine Lehrerin sein, die *den Stoff immer wieder neu aufbereitet und jedem Schüler eine individuelle Chance gibt*.
- Ich möchte ein Lehrer sein, der *seine Begeisterung für die Kunst auf ansteckende Art und Weise auch den Schülern vermittelt und in ihnen die Freude an Schönheit und Kunst wecken kann*.

Bei näherer Diskussion von den Berufsidealen beschreibenden Sätzen zeigte sich immer wieder eine frustrierend erlebte Diskrepanz zur Alltagsrealität. Und hier konnten wir viel von an AGIL-Gruppen teilnehmenden Lehrern lernen (an dieser Stelle ein anonymes Dankeschön dafür!): In ihrem Beruf zufriedene, gesunde Lehrer formulierten in aller Regel konkrete und dabei realistische Ziele. Sie hatten beispielsweise nicht den Anspruch, »immer alle« Schüler zu erreichen. Sie machten ihre Zufriedenheit auch nicht vom Ergebnis abhängig, d.h. wenn ein Schüler den Impuls z.B. nicht aufnehmen konnte oder wollte, haben sie es nicht als persönliches Versagen interpretiert, sondern konnten es gut im Verantwortungsbereich des Schülers lassen.

Eine der Formulierungen, die hilfreich war, lautete: »Ich möchte eine Lehrerin sein, die *an jedem Tag in der Schule zumindest einer Schülerin/einem Schüler einen besonderen Impuls gibt*.«

Hier wirkt das Ziel fast ein wenig bescheiden; zugleich konnte sich diese Lehrerin auf jedem Nachhauseweg sagen: »*Ich habe mein Ziel erreicht.*« Sie hat nicht versucht, jeden zu erreichen. Das hätte de facto auch niemand geschafft. Es war für sie auch nicht ausschlaggebend, ob die Schüler Ihren Impuls aufnehmen konnten. Aber sie ist ihrem Ideal, »Jeden Tag ein Impuls«, treu geblieben. Und konnte sich am Ende eines Schuljahres über viele wertschätzende Rückmeldungen freuen.

Eine andere hilfreiche Formulierung war: »Ich möchte ein Lehrer sein, der *mit seiner Begeisterung für Musik ansteckend wirkt und den einen oder anderen Schüler, der dafür offen ist, für den Chor und die Band der Schule gewinnen kann.*«

Diesen Lehrer hat seine musikalische Begeisterung beflügelt. Auch er hat nicht versucht, »jeden« Schüler zu erreichen. Aber die Schüler, die für seine Initiative offen waren, bekamen zusätzliche musikalische Anregungen.

Wir haben viele Beispiele erlebt, in denen Lehrer ihre eigene wissenschaftliche, sportliche, musikalische, künstlerische, politische, spirituelle, religiöse und/oder politische Begeisterung als Kraftquelle erlebt haben und in angemessen-dosierter Weise in ihre Arbeit einfließen lassen.
Entscheidend dafür war oft:
- Es wurde nicht versucht, »alle« Schüler zu erreichen. Es fand eine Begrenzung auf eine definierte Gruppe statt (»jeden Tag einer«, »die, die es interessiert«).
- Die eigenen Ideale wurden ohne »Sendungsbewusstsein« vermittelt.
- Es bestand nicht die Erwartung, dass die gegebenen Impulse angenommen werden; die Verantwortung für die Annahme einer wohlwollenden Unterstützung blieb bei der Schülerin/dem Schüler.
- Die eigene Zufriedenheit und der eigene Selbstwert waren nicht an die Reaktion der Schüler gekoppelt, es wurde nicht als Abwertung verarbeitet, wenn ein Schüler ein Angebot nicht annehmen konnte oder wollte.

6.6.3 Berufsideale, die ein Berufsleben lang halten: Grundsätzliche Aspekte

Mit hoher Lehrer-Lebensqualität einhergehende Ziele sind:
- konkret
- erreichbar
- positiv formuliert
- herausfordernd (und zugleich, bezüglich der damit verbundenen eigenen Anstrengung, dosiert!)
- beeinflussbar

Ausgehend hiervon steht nun an, Ihre eigene, oben notierte Zielformulierung (falls noch nicht geschehen, bitte nachholen, sonst bleibt auch alles weitere halbherzig bzw. Makulatur) unter die Lupe zu nehmen. Da uns dies – Ihre Version kennen schließlich nur Sie – nicht direkt möglich ist, finden Sie im Folgenden mehrere (authentische!) Beispiele mit der Bitte, diese entsprechend den oben

6.6 Kraft durch Werteorientierung und Sinngebung

genannten Kriterien zu analysieren, ggf. zu korrigieren und umzuformulieren (da müssten Sie in Ihrem professionellen Element sein!). Vielleicht gelingt es uns auf diese Weise gemeinsam am besten, Ihren Blick für möglicherweise in Ihrer Formulierung liegende problematische Aspekte zu sensibilisieren und Anregungen zu gebe, diese zu »entschärfen«.

Übung

Berufsideale I

Von Lehrern aus AGIL-Gruppen wurden die folgenden Berufsideale dargelegt. Wie lassen sich diese umformulieren, damit die betreffenden Kolleginnen und Kollegen die Chance haben, mit sich und der Lehrerwelt langfristig zufrieden zu sein?

Ich möchte ein Lehrer sein, der authentisch ist und allen Schülern hilft.

Problematisch daran ist: _____

Besser wäre: _____

_____

Ich möchte als Lehrer jeden Schultag einigermaßen überleben.

Problematisch daran ist: _____

Besser wäre: _____

_____

Ich möchte als Lehrer den Altersruhestand erreichen.

Problematisch daran ist: _____

Besser wäre: _____

_____

Ich möchte als Lehrer erreichen, dass die junge Generation nicht googelt, sondern sich den Lernstoff aus Büchern aneignet und damit humanistische Werte fortgesetzt werden.

Problematisch daran ist: _____

Besser wäre: _____

_____

War diese »Hausaufgabe« für Sie leicht lösbar? Für uns war sie es letztlich nicht, weil alle Sätze ganz authentische Menschen mit ihren Wünschen, Idealen und Grenzen zeigen. Formallogisch darzulegen, dass z. B. der Begriff »authentisch«

im Lehrerberuf schwierig ist, weil (persönliche/private) Authentizität oftmals mit Professionalität kollidiert, ist das eine. Dies dann so zu formulieren, dass sich die betreffenden Personen nicht angegriffen fühlen und/oder mit »so bin ich halt« zu reagieren, etwas ganz anderes, was Vertrauen und gegenseitige Wertschätzung voraussetzt.

Als Sie sich oben Alternativvorschläge überlegt haben: Konnten Sie spüren, wie nahe Sie den zitierten Kollegen gekommen sind?

6.6.4 Zu guter Letzt: Der eigene Leitsatz auf dem Prüfstand

Übung

Berufsideale II

Nachdem Sie nun Übung darin haben, Berufsideale zu analysieren und so zu formulieren, dass Sie erreichbar und gleichwohl anregend und insgesamt für die Lehrer-Lebensqualität förderlich sind: Welche Konsequenzen ergeben sich daraus für Ihren eigenen, oben formulierten Satz?
- War er – spontan – so okay, wie er war?
- Oder lägen (kleine) Modifikationen nahe?

Falls Sie ihn modifizieren möchten, wie lautet Ihr abschließender, in den nächsten Monaten und Jahren tragfähige, konkrete, erreichbare, positive, herausfordernde und beinflussbare – also nicht zuletzt Ihrer Gesundheit dienliche – Leitsatz nun?

_____

_____

6.7 Von innerer Zerrissenheit zum »Inneren Team«

Was ist das zentrale Anliegen dieses Themenblocks?
Was geht in unserem Gehirn in den oft mehrdeutigen Situationen des Schulalltags vor? Eine Antwort auf diese Frage auf neuropsychologischer Ebene wäre, sofern überhaupt möglich, absehbar derart kompliziert, dass wir mit dem Ergebnis praktisch wenig anfangen könnten: *In schwierigen Situationen würde ich als Lehrkraft einerseits gerne ..., andererseits darf ich nicht ..., traue mir nicht zu ... bzw. muss bedenken, dass ich ...* Die Methode des »Inneren Teams« bietet eine Möglichkeit, eine solche Form innerer Zerrissenheit fassbar zu machen, Klarheit zu verschaffen und daran arbeiten zu können.

Wer sollte sich angesprochen fühlen?
Jeder, der daran interessiert ist, sich selbst und vermeintliche eigene Widersprüche im Schulalltag näher kennenzulernen und auf anschauliche, günstigenfalls entlastende Weise damit zu experimentieren.

6.7 Von innerer Zerrissenheit zum »Inneren Team«

Wie sieht der Fahrplan aus? Was sind die wichtigsten Inhalte dieses Themenblocks?
Die Methode des »Inneren Teams« wird vorgestellt und an Fallbeispielen illustriert. Anschließend werden praktische Schritte und Gesetzmäßigkeiten der Anwendung beschrieben.

6.7.1 Das »Innere Team«: Was ist das?

Dem Ansatz des »Inneren Teams« liegt folgende Überlegung zu Grunde: Sehr viele Belastungssituationen im Lehrerberuf zeichnen sich dadurch aus, dass sie mehrdeutig sind. Sie verlangen Abwägung und Entscheidungen, oftmals ohne dass es eine eindeutig richtige Lösung gibt. Die Frage, ob ein destruktives Schülerverhalten toleriert oder umgehend sanktioniert werden sollte, die Übernahme einer Zusatzaufgabe, die Vorbereitung auf ein schwieriges Elterngespräch, die eigene Positionierung im Lehrerkollegium oder auch die Entscheidung, eine nach Schulende zu erledigende Aufgabe zugunsten von privatem Ausgleich zurückzustellen: Alle diese Beispiele haben gemein, dass es gute Gründe für jede der möglichen Entscheidungen gibt. Wer da nicht unmittelbar aus dem Bauch heraus souverän eine Linie findet, läuft Gefahr, sich in Ambivalenzen aufzureiben. Wenn man etwas genauer in sich hineinhört, dann wird deutlich, was dahintersteckt: eine Art innerer Zerrissenheit, oder, wie Goethe formulierte: »*Zwei Stimmen, ach, in meiner Brust*«. Wobei es durchaus auch mal mehr als zwei Stimmen sein können.

6.7.2 Das »Innere Team« der Realschullehrerin Maria K. angesichts der Aufgabe: Wer organisiert das nächste Schulfest?

Fallbeispiel
Maria K., eine 46-jährige Realschullehrerin, erlebte eine solche Situationen folgendermaßen:
»Als die Rektorin in der Konferenz fragte, wer das kommende Schulfest organisieren möchte, und mich dabei ansah, da dachte ich sofort: ›Als ob ich nicht schon genug zu tun hätte.‹ Es war ein unangenehmes Gefühl. Ich ahnte bereits, was mein Mann dazu sagen würde. Gleichzeitig fühlte ich, dass die Rektorin wollte, dass ich es mache. *›Wenn ich es ablehne, dann wird sie mir das sicher persönlich übel nehmen. Sicher bekomme ich dann wieder so einen schlechten Stundenplan.‹* Dann dachte ich aber: *›Wieder ein Schulfest organisieren müssen? Meine Familie will auch etwas von mir haben.‹* Ganz leise kam mir der Gedanke: *›Vielleicht meldet sich ja jemand anderes und der Kelch geht an mir vorüber, ohne dass ich es direkt ablehnen muss.‹* – *›Aber können nicht Schulfeste auch Spaß machen, wenn ich es so gestalten kann, wie es mir passt? Wenn ich es nicht mache und es an Verena hängen bleibt, die Stimmung im Kollegium halte ich dann nicht aus.‹*«

Was glauben Sie, wer hat das kommende Schulfest organisiert? Die entscheidendere Frage hier ist allerdings: Haben Sie ähnliche Situationen erlebt?

Der zentrale Gedanke der Arbeit mit dem »Inneren Team« (nach Friedmann Schulz von Thun, 1998) liegt darin, dass unsere Entscheidungsfindung und deren effektive Umsetzung durch widerstreitende innere Instanzen bestimmt werden. Wenn diese nicht mit-, sondern gegeneinander arbeiten, wird die Entscheidungsfindung beeinträchtigt. In solchen Fällen kann es hilfreich sein, diese widerstreitenden Motive zu klären, als Grundlage für bewusstes, anderen gegenüber klares und sich selbst gegenüber ressourcenschonendes Handeln.

Widerstreitende Gedanken können in Form innerer Stimmen konkretisiert und anschaulich gemacht werden. Die Gedanken führen dabei untereinander eine Art inneren Dialog, wobei sich oftmals die schnellste bzw. die lauteste Stimme durchsetzt.

Welche Stimmen haben Sie bei Maria K. herausgehört?
1. Bloß keine Konflikte mit der Rektorin, der bist du nicht gewachsen.
2. Ich brauche mehr Zeit für mich und die Familie.
3. Schulfeste zu organisieren macht Spaß!
4. Eine schlechte Stimmung im Kollegium halte ich nicht aus.

Maria K. hat diese Frage folgendermaßen beantwortet:

> **Fallbeispiel (Fortsetzung)**
> »›*Nur keine Konflikte mit der Chefin*‹, das haben mir schon meine Eltern beigebracht: *Leg dich nicht mit Autoritäten an, wir sind auch immer den unteren Weg gegangen.* Ich würde diese Stimme, in der ich meine Mutter sprechen höre, ›die **Konfliktvermeiderin**‹ nennen. Mein Gedanke ›*Ich brauche mehr Zeit für mich und die Familie*‹, das klingt wie mein ›**Gesundheitsbeauftragter**‹. Mitunter hat mein Mann diese Rolle, wobei die Stimme aber nicht so laut und kräftig ist wie die der ›Konfliktvermeiderin‹. Zugleich gestalte ich gerne etwas. Spaß an der eigenen Kreativität und daran, mit anderen etwas zu gestalten, das hatte ich schon immer. Nennen wir diesen Gedanken ›**die Kreative**‹. Aber die ist, angesichts all meiner Verpflichtungen in der Schule und zu Hause, arg in die Defensive geraten. Merkwürdig, wie sich in dieser Situation ›die Kreative‹ hinter ›der Konfliktvermeiderin‹ versteckt. Eine schlechte Stimmung im Kollegium habe ich immer schon schwer ausgehalten. Wenn es Streit gibt, oder noch schlimmer, wenn die Stimmung anhaltend gedrückt ist und keiner mit dem anderen offen redet … dann fühle ich mich fast schuldig. So, als ob ich daran schuld bin. Da fallen mir Geschichten aus meiner Kindheit ein, als meine Mutter länger krank war. Nennen wir diese Stimme also ›die **Schuldbewusste**‹. Das ist keine laute Stimme, sie ist aber immer da, wenn die Stimmung im Kollegium oder auch zu Hause gedrückt ist.«

Stellen Sie sich vor, dass es Maria K. gelingt, aus den sich zum Teil widersprechenden Stimmen ein Team zu bilden, das gemeinsam an der Lösung des Problems arbeitet. Das wäre nicht schlecht! So könnten faule Kompromisse bzw. zusätzlicher Stress vermieden werden. Genau das ist die Idee bei der Arbeit mit dem »Inneren Team«!

6.7.3 Mein persönliches »Inneres Team«

Nun zu Ihnen.

Übung

Mein persönliches »Inneres Team«

Die Situation von Maria K. dürfte Ihnen vertraut sein: In der Lehrerkonferenz tritt die Frage auf, wer eine Zusatzaufgabe übernehmen könnte, beispielsweise die Formulierung eines Absatzes für die Website der Schule. Wenn Ihnen die Lösung dieser Situation keinerlei Probleme bereiten sollte, dann nehmen Sie besser ein anderes Beispiel, d.h. eine Situation, in der Sie sich unter Druck und »innerlich zerrissen« gefühlt haben.

Situation: _____

_____

Welche Gedanken traten in welcher Reihenfolge und Intensität bei Ihnen in dieser Situation auf?

Versuchen Sie, ähnlich wie es Maria K. geschildert hat, diesen Stimmen Namen zu geben. Mit welcher Figur oder welchem Symbol könnte man die einzelnen Stimmen kennzeichnen?

		Name der Stimme	Figur/Symbol
Gedanke:			
Gedanke:			
Gedanke:			
Gedanke:			

Und schon stehen wir auf Ihrer inneren Bühne: Stellen wir uns vor, Ihre inneren Stimmen wären Figuren, die nacheinander die innere Bühne betreten. Jede Figur hat einen Namen, eine charakteristische Figur oder auch ein typisches Symbol, welches ihre spezifische Bedeutung und ihre Qualität zum Ausdruck bringt.

Wenn wir die Gelegenheit hätten, Ihr persönliches »Inneres Team« in einem AGIL-Kurs zur Aufführung zu bringen, dann könnte dies folgendermaßen ablaufen: Zunächst ginge es darum, die Personen bzw. Figuren Ihres »Inneren Teams« zu benennen und zu charakterisieren (▸ Abb. 16). Ausgehend hiervon

Abb. 16 Ein »Inneres Team« auf der Bühne (als Beispiel)

lässt sich z. B. Ihr »Inneres Team« auf einem Flipchart aufmalen (wobei es nicht um künstlerische Qualität der Zeichnung, sondern nur um die Charakterisierung der Figuren geht).

Eine andere Möglichkeit besteht darin, das »Innere Team« mit lebenden Personen, beispielsweise mit anderen AGIL-Teilnehmern, »aufzuführen«: Sie als Protagonist teilen Kollegen die Rolle Ihrer inneren Stimmen zu und geben jeder Person einen charakteristischen Satz, ein Symbol bzw. eine anschauliche Geste und eine Position zueinander, die ihre wechselseitigen Beziehungen veranschaulichen. Hierdurch wird die möglicherweise beklemmend oder ausweglos erscheinende Konstellation anschaulich und bearbeitbar. Ihre AGIL-Kollegen würden dabei die ihnen zugewiesenen inneren Stimmen bzw. Rollen übernehmen und könnten dann aus eben dieser Perspektive Rückmeldung geben:
- Wie wichtig, wie mächtig, aber auch wie hilflos erleben sich die Kollegen, die die Rolle z. B. der »Konfliktvermeiderin« oder auch »die Schuldbewussten« übernommen haben?
- Haben diese das Gefühl, innerhalb des Teams ausreichend Gehör zu finden?
- Sehen sie eine Chance für ein konstruktives Miteinander oder fühlen sie sich von anderen Stimmen bevormundet und unterdrückt?

Ausgehend von diesen Informationen dürften bzw. müssten Sie nun Ihre inneren Stimmen umstellen bzw. andere Möglichkeiten finden und ausprobieren, mit dem Ziel, eine für Sie entlastende und gleichzeitig realitätsnahe Lösung für das Ausgangsproblem zu finden. Die einzelnen inneren Stimmen könnten in ihrer Bedeutung gestärkt oder relativiert werden. Sie könnten Koalitionen eingehen und darüber hinaus können neue Teammitglieder aufgenommen werden. Ihrer Kreativität sind dabei nur durch die unten, am Ende des Kapitels zusammengefassten Spielregeln Grenzen gesetzt. Insbesondere darf kein Teammitglied »herausgeworfen« werden. Schließlich handelt es sich bei den Teammitgliedern um innere Anteile, die Sie über viele Jahre begleitet und die Ihnen absehbar bereits in vielen Situationen geholfen haben (»*Jeder hat gute Gründe, sich zu überlasten, sonst würde er es nicht tun*«; ▶ Kap. 5). Ansonsten experimentieren Sie! Vielleicht sind gerade jene Lösungen am besten, die sich in keinem Lehrbuch finden? Ihr »Inneres Team« lebt davon, dass es möglich konkret eben *Ihr* »Inneres Team« ist!

6.7.4 Häufige Rollen in »Inneren Teams«: Ein paar Beispiele …

Stellen wir uns folgende Entwicklung eines Beispiel-Teams vor:
1. »**Der Genervte**«. Er meldet sich zuerst, steht im Vordergrund der Bühne, rauft sich die Haare, verdreht die Augen nach oben und streckt anschließend beide Hände abwehrend nach vor. Er will sagen: »*Ganz sicher werde ich das nicht übernehmen! Ich will das nicht! Ich habe Wichtigeres zu tun!*«
2. »**Der Verantwortungsvolle**«. Er stellt sich »dem Genervten« in den Weg, den Zeigefinger erhoben, zugleich die Last seiner Verpflichtungen in Form eines prallen Rucksacks auf dem Rücken. Er entgegnet: »*Kommt gar nicht in Frage, dass du jetzt den Kopf einziehst. Das wäre egoistisch und verantwortungslos. Und überhaupt – was sollen die anderen denken? Wenn das jeder machen würde!*«
3. »**Der Privatmensch**«. Er tritt leiser als seine zwei Vorgänger in den Bühnenhintergrund. Er trägt legere Privatkleidung, einen Picknick-Korb mit Proviant für einen Nachmittag mit den Kindern am See und mischt sich ein: »*Moment mal. Das lohnt dir niemand. Das Leben besteht schließlich nicht nur aus Arbeit! Da fällt mir was Besseres ein!*«
4. »**Der fürsorgliche Vermittler**«. Er hört aufmerksam zu, wendet sich mal dem einen, mal dem anderen seiner Mitspieler zu, spricht den widerstreitenden Figuren des Bühnenvordergrunds ihre Berechtigung und Wertschätzung aus und formuliert ein Kompromissangebot: »*Hört mal zu, Ihr Lieben. Ihr habt alle Eure Berechtigung. Das ist gerade deshalb ein Dilemma, weil Ihr alle gute Argumente habt! Nun sollten wir schauen, wie wir da zusammenkommen können.*«

6.7.5 Arbeit mit dem bzw. am »Inneren Team«

Mit einem solch modifizierten und, wenn man es im Rahmen einer AGIL-Gruppe inszeniert, lebendig gewordenen Team ist es dann idealerweise möglich, einen Weg zu finden, wie sich ein berechtigtes Abgrenzungsbedürfnis (»Der Genervte«), die Erfüllung beruflicher Rollen (»Der Verantwortungsvolle«) wie auch das

Bedürfnis nach privatem Ausgleich und Familienleben (»Der Privatmensch«) zum Ausgleich bringen lassen. Vielleicht gelingt dies unter Mithilfe einer fürsorglich-vermittelnden Instanz (»Der fürsorgliche Vermittler«)? Ziel könnte die Übernahme einer klar definierten Zusatzaufgabe sein, trotz konkurrierender Verpflichtungen, aber ohne, dass dabei, gemäß alten Mustern, Privatleben und Erholungsbedürfnis auf der Strecke bleiben sollten. Wo müsste dieser »fürsorgliche Vermittler« aufgestellt werden, was hat er zu sagen? Wie sagt er es? Und welche Auswirkungen hat das auf die Stellung der anderen Figuren?

Mitunter kann es eine Weile dauern, bis man ein überzeugendes Arrangement gefunden hat. Das Gute an einem solchen Prozess ist: Anfangs eher diffuse »Gefühlsmischungen« lassen sich mit dem »Inneren Team« analysieren und prägnant in Form bringen. In eine Form, mit der man arbeiten kann. Ist es nicht merkwürdig, dass, wie in unserem Beispiel, ein »fürsorglicher Vermittler« fehlt, ohne dass dies vom Protagonisten über die Jahre hinweg bemerkt wurde? Welche Ihnen bekannte Person könnte diesem Vermittler Profil und Stimme verleihen? Bei anderer Gelegenheit kann der fürsorgliche Vermittler darin unterstützen, eine praktisch nicht zu bewältigende Aufgabe abzulehnen. Am besten ohne quälendes Schuldgefühl und ohne überzogen aggressives Auftreten, welches ein gleichermaßen defensives Verhalten der Kollegen provozieren und die Arbeitsatmosphäre im Kollegium absehbar verschlechtern würde.

Je mehr negative Vorerfahrungen man gemacht hat und je weiter fortgeschritten das Erschöpfungserleben ist, umso wahrscheinlicher wird, dass beispielsweise »der Genervte« im Inneren Team drängender und aggressiver auftritt. Dies wird unweigerlich Konsequenzen für das Kräfteverhältnis des »Inneren« wie auch des »Äußeren« Teams, z. B. des eigenen Lehrerkollegiums, haben. Bei anderen mag infolge überhöhter innerer Standards und einer überhöhten Neigung zur Verantwortungsübernahme »der Verantwortungsvolle« weit strenger die Führung übernehmen. Damit stellen das Ablehnen der angefragten Aufgabe und die Entscheidung für private Wünsche und Verpflichtungen (»der Privatmensch«) gar keine Option dar – mit langfristigen Folgen für den eigenen Ausgleich und das Privatleben. Bei anhaltender psychischer Überlastung und einer behandlungsbedürftigen Symptomatik gibt es Fälle, in denen eine fürsorgliche und vermittelnde Form des gedanklichen Umgangs mit sich selbst (»der fürsorgliche Vermittler«) extrem leise oder geradezu nicht vorhanden ist. Dem liegt häufig eine entsprechende persönliche Lerngeschichte zugrunde, in der eine solche Zuwendung und Vermittlung, etwa durch die eigenen Eltern, Lehrer oder sonstige Bezugspersonen, nicht ausreichend erfahren wurde.

6.7.6   Ihr »Inneres Team« in Heimarbeit

Auch wenn man keine AGIL-Gruppe zur Verfügung hat, ein Inneres Team lässt sich praktisch jederzeit und mit wenigen Mitteln »aufstellen«. Man braucht dazu nicht mehr als eine möglichst konkrete persönliche Beispielsituation aus dem

eigenen Schulalltag, ein weißes Blatt Papier, Stifte und einen ruhigen Ort. Wir schlagen folgendes Vorgehen vor:
- Ausgehend von einer konkreten Belastungssituation (wann, wo und mit wem haben Sie diese erlebt?): Welche **Gedanken** traten dabei auf? Weisen sie jedem Gedanken eine eigene Figur zu. Formulieren Sie für jede dieser Figuren einen charakteristischen Satz, geben Sie diesen einen anschaulichen Namen, eine Geste (oder ein Symbol).
- Lassen Sie diese Figuren nacheinander auf ihre innere Bühne treten (bzw. skizzieren Sie sie auf dem vor Ihnen liegenden Papier). Platzieren Sie diese Figuren ihrer **Gewichtung** innerhalb des Inneren Teams entsprechend (weiter vorn oder weiter hinten) auf Ihrer inneren Bühne.
- Welches Bild ergibt sich und wie klingen diese **Stimmen im Zusammenspiel**? Gibt es lautere/dominantere und leisere/unterlegene Stimmen? Welche Stimmen argumentieren ähnlich, welche widersprechen sich? Oder, im Sinne eines »inneren Kollegiums« gesprochen: Gibt es innere Bündnisse oder bestimmte Konfliktlinien innerhalb des Teams?
- Welche Entwicklungsmöglichkeiten bzw. **Ziele** lassen sich aus dem aktuellen Zustand Ihres Inneren Teams ableiten? Welche Stimmen müssten gestärkt, welche möglicherweise eingebremst werden, um die Problemsituation – in einem für Sie akzeptablen Sinne – lösen zu können? Wie sähe ein realistisches erstes Ziel aus?
- Vielleicht kommen Ihnen selbst Ideen, wie Sie Ihr »Inneres Team« wieder in die Gänge, also in Richtung des »realistischen ersten Ziels«, bringen könnten. Dabei gilt es, die im Anschluss vorgestellten »Spielregeln« zu beachten. Konnten Sie dem oben skizzierten Beispiel **Anregungen** entnehmen? Ansonsten kann dazu auch der Austausch mit einer vertrauten anderen Person (gerne auch im Rahmen einer AGIL- oder Supervisionsgruppe) hilfreich sein.
- Angesichts des modifizierten Inneren Teams – machen Sie die **Probe aufs Exempel:** Wie klingt das veränderte Team, d. h. Ihre innere Mannschaft, die Sie im Hinblick auf eine gute innere Zusammenarbeit umgewichtet oder ergänzt haben?
- Gibt es »innere Stimmen«, die etwas **Training, Unterstützung bzw. »Coaching«** benötigen? Dann raus in die Realität! Suchen Sie sich Alltagssituationen, in denen Sie mal gezielt auf diese – bislang vernachlässigte – Stimme(n) hören könnten. Gibt es vielleicht vertraute Menschen, die diesen (förderungsbedürftigen) Stimmen ähneln, Menschen, mit denen Ihnen der Austausch guttun und die Sie dabei unterstützen könnten, diese bislang nur zaghaft vertretenen inneren Stimmen mit Leben zu füllen?

6.7.7 Die Spielregeln des »Inneren Teams«

Damit das »Innere Team« funktionieren kann, müssen ein paar **Spielregeln** eingehalten werden:
- **Allparteiliche Wertschätzung!** Jede Figur ist wichtig, jede hat ihre Berechtigung. Entsprechend kann es kein Ziel sein, eine oder mehrere Stimmen ganz

aus dem Team zu verbannen. Sie würden genau das Gegenteil erreichen: Die Stimme würde nur umso lauter, sie würde die konstruktive Zusammenarbeit des »Inneren Teams« umso mehr stören (wie ein verhaltensauffälliger Schüler, der durch Ablehnung und Kritik nur noch lauter wird und den Unterricht umso mehr stört).

- **Innere Integration statt Abspaltung!** Die Stimmen unseres »Inneren Teams« können wir uns ebenso wenig aussuchen, wie wir uns die Kollegen ausgesucht haben, mit denen wir – wohl oder übel – zusammenarbeiten müssen. Entsprechend gilt es, die Stimmen so zu gewichten, so zu vermitteln und ihnen gegebenenfalls gezielt Aufmerksamkeit zu schenken, dass sie konstruktiv zusammenarbeiten können.
- **Neue Teammitglieder anheuern ist erlaubt!** Möglicherweise reichen die verfügbaren Stimmen nicht aus, um das eigene »Innere Team« wieder arbeitsfähig zu machen. Vielleicht gibt es auch noch Raum auf der inneren Bühne, der »bespielt« werden könnte. Es wäre durchaus erlaubt, Stimmen zu ergänzen, welche außerhalb des Vertrauten liegen.
- **Der Blick »auf Armeslänge« und andere einbeziehen!** Für einen ersten Eindruck mag es ausreichen, sich die eigene Bühne mit etwas Abstand (»auf Armeslänge«) anzuschauen, mit der Position der anderen zueinander zu experimentieren, ihnen nacheinander (statt durcheinander, wie bisher) zuzuhören und gegebenenfalls in ihr freies Spiel einzugreifen. Hierbei wird man jedoch irgendwann an die Grenzen der eigenen Erfahrung und des eigenen Vorstellungsvermögens stoßen. Daher kann es eine vielleicht anfangs befremdliche, letztlich jedoch wertvolle Erfahrung sein, dem Partner, einem Freund oder einem vertrauten Kollegen das so entwickelte »Innere Team« vorzustellen und um Anregungen zu bitten, wie das Team erweitert oder modifiziert werden könnte.

Die Arbeit mit dem »Inneren Team« hat sich in verschiedensten Anwendungsbereichen, z. B. im Coaching, in der Psychotherapie und in der Paarberatung, bewährt (Hillert et al., 2016; Schulz von Thun und Stegemann, 2004). Es dürfte kaum eine andere Technik geben, mit der sich die Vielschichtigkeit unserer Persönlichkeit so prägnant darstellen und bearbeiten lässt!

Welche Erfahrungen haben Sie mit Ihrem »Inneren Team« gemacht? Wenn es auf dem Papier, alleine auf sich gestellt, mitunter schwierig ist – weil man beispielsweise in seinen persönlichen Mustern »feststeckt«: In der AGIL-Gruppe, in der die Kollegen Erfahrungen und Anregungen einbringen, ist es fast unvermeidlich, alternative Perspektiven zu finden. Anschließend geht es dann um die Frage, ob man sich entscheiden und sich aufraffen kann, sie umzusetzen! In der Umsetzung geht es um ein Veränderungsprojekt und dann den viel gerühmten ersten Schritt.

7 Modul Erholung

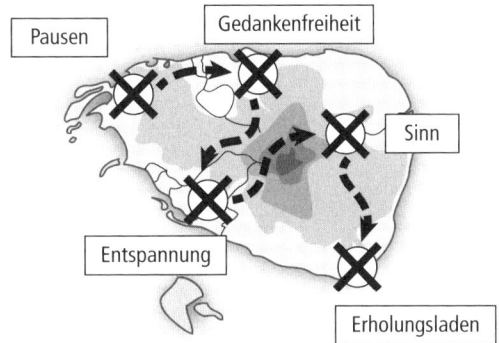

Erholung
- Pausen
- Gedankenfreiheit
- Sinn
- Entspannung
- Erholungsladen

Was ist das zentrale Anliegen des Kapitels?

Dieses Kapitel möchte Sie bei der Pflege ihrer Erholungswelt unterstützen. Gerade wenn Ihre letzten erholsamen Aktivitäten schon lange zurückliegen, geht es darum, wieder frische Ideen und neue Lust darauf zu entwickeln. Ziel ist es, Erholung in allen seinen Facetten zu erleben: der Gedankenfreiheit, wenn berufliche Probleme vergessen werden können; der Entspannung; der Selbstbestimmung, wenn selbst bestimmt wird, was, wann getan wird; der Herausforderung, wenn sich angenehmen Herausforderungen gestellt wird und diese gemeistert werden; dem Sinn, wenn etwas getan wird, was persönlich bedeutsam und wichtig ist; der Verbundenheit, wenn Beziehungen gepflegt werden und Verbundenheit spürbar ist. Dieses Kapitel lädt ein, wichtige Fragen zur Erholung für sich zu klären, und möchte dazu ermutigen, Dinge auszuprobieren.

Wer sollte sich angesprochen fühlen?

Wenn Sie oft angespannt sind und Entspannung schwerfällt, dann könnte dieses Kapitel etwas für Sie sein. Es gibt Menschen, die sich derart an Daueranspannung gewöhnt haben, dass nur vertraute Menschen – quasi von außen – bemerken, dass ihnen die permanente Anspannung nicht guttut. Insofern: Fragen Sie Ihre Angehörigen und Freunde, wie sie Sie erleben! Erholung wird immer dann ein besonders bedeutsames Thema, wenn sich Belastungen nur wenig verändern lassen. Gerade dann ist es wichtig, dass zumindest Erholung gelingt.

Wie sieht der Fahrplan aus? Was sind die wichtigsten Inhalte dieses Kapitels?

Zunächst geht es darum zu reflektieren, wie wichtig die Erholungswelt ist und wie es um Ihre Zuversicht bestellt ist, Ihre Erholungswelt gestalten zu können. Dann besteht die Möglichkeit, Ideen für motivierende Erholungsaktivitäten zu entwickeln. Wenn Sie sich für eine regelmäßige Pflege der Erholungswelt entscheiden, wollen wir Sie darin unterstützen, dass kleine und größere Erholungsaktivitäten Teil Ihres Alltags werden. Im Kern geht es dabei um das Erleben von Erholung. Dazu werden die sechs Facetten des Erholungserlebens vorgestellt. Vertiefend wird auf die Gedankenfreiheit eingegangen, also die Fähigkeit, sich gedanklich von beruflichen Problem lösen bzw. distanzieren zu können. Typische Hindernisse werden beschrieben und Möglichkeiten vorgestellt, die zu deren Überwindung ausprobiert werden können. Eine Möglichkeit, entsprechende Hindernisse zu überwinden, wird im »Erholungsladen« vorgestellt. Hinweise zum Thema »Gesunder Schlaf« runden das Kapitel ab.

7.1   Erholung braucht zuversichtliche Entschlossenheit

»Danke der Nachfrage, ich fühle mich fit, ausgeglichen und gut erholt.«

Wie klingt dieser Satz, wenn Sie ihn aussprechen? Beispielsweise während der stressigen Zeit kurz vor den Zeugnissen? Darf man dann überhaupt gut erholt sein? Gehört es nicht zum guten Ton der Leistungsgesellschaft, gestresst zu sein? Während in anderen Jahrhunderten die Zeit zur Muße einen Wert für sich darstellte, scheint bereits das Wort »Muße« in unserer Alltagssprache verschwunden zu sein.

Übung

Erholung I

Am Abend während einer durchschnittlichen Arbeitswoche: Wie erholt fühlen Sie sich?

```
+----+----+----+----+----+----+----+----+----+----+
0    1    2    3    4    5    6    7    8    9    10
gar nicht erholt                              sehr gut erholt
```

Wie zufrieden sind Sie mit diesem Wert? Bei welchem Ergebnis wären Sie zufrieden?

Nun eine schwierige Frage:
Woran würden Sie konkret erkennen, dass Sie in dem gewünschten Ausmaß erholt sind?

_____

_____

Vielleicht haben Sie die Frage beantwortet, indem Sie aufgeschrieben haben, welche Ihrer Stressmerkmale dann nicht mehr spürbar sind (▶ Kap. 4.3). Allerdings ist die alleinige Abwesenheit von Stress noch lange nicht mit Erholung gleichzusetzen. Also: An welchen zusätzlichen Aspekten würden Sie bemerken, dass sich der gewünschte Erholungszustand eingestellt hat?

Neben allen nützlichen Techniken zur Optimierung der Erholung ist es zunächst einmal gut, einige grundlegende Überlegungen anzustellen.

Vielleicht haben der chronische Stress und der davon ausgehende Wunsch nach Ruhe, Erholung und Entschleunigung damit zu tun, dass wichtige Ziel- und Wertentscheidungen der Klärung bedürfen?

7.1 Erholung braucht zuversichtliche Entschlossenheit

Die Übung zur **Plus-Minus-Null-Regel** macht dies deutlich. Darin geht es um die Frage, was uns wirklich wichtig ist, und den bewussten, mitunter schmerzlichen Verzicht auf weniger Wichtiges (▶ Kap. 6.4). Ein verlässlicher Indikator für die von uns gelebten Werte ist die Priorisierung unserer Zeit, konkret auch die für Erholung als nötig erachtete Zeit. Mark Twain wird folgende Beobachtung zugeschrieben: »*Nachdem wir das Ziel endgültig aus den Augen verloren hatten, verdoppelten wir unsere Anstrengungen.*« Dieses Zitat macht darauf aufmerksam, dass wir immer wieder innehalten müssen, um zu überprüfen, ob wir noch die richtigen Ziele verfolgen.

Übung

Erholung II

Wie wichtig ist es für Sie, Ihre Erholungswelt stärker zu pflegen?

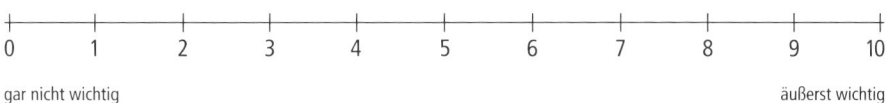

Falls Sie hier eine 5 angegeben haben:
- Warum war es keine 4?
- Was müsste passieren, damit die Wichtigkeit um einen Punkt ansteigt?
- Wenn bezüglich Ihrer Erholung alles so bleibt, wie es jetzt ist: Was wäre das Schlimmste, das in den kommenden fünf Jahren daraus folgen könnte?

Neben der Entschlossenheit, die eigene Erholungswelt zu pflegen, braucht es Zuversicht, dass dies gelingen kann. Wie zuversichtlich sind Sie, dass Ihnen gelingen wird, ihre Erholungswelt gemäß der eingeschätzten Wichtigkeit gestalten zu können?

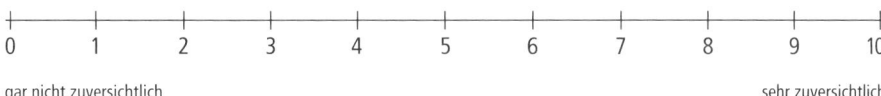

- Was würde Sie noch zuversichtlicher in Ihrer Überzeugung machen, Ihre Erholung in Ihrem Sinne verändern zu können?
- Was haben Sie aus vergangenen Versuchen gelernt, das Ihnen jetzt zugutekommt?

Was ist sind die wichtigsten Impulse, die sie in diesem Abschnitt erhalten haben?

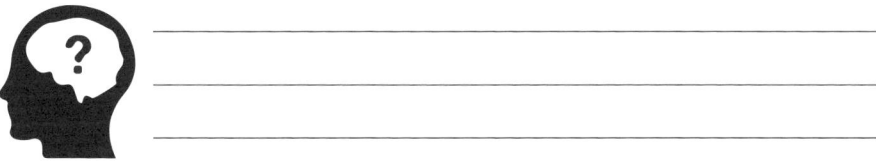

Die folgenden Abschnitte sollen Sie dabei unterstützen, Ihre Zuversicht, Ihre Erholungswelt in Ihrem Sinne zu gestalten, wachsen zu lassen.

7.2 Die drei Bausteine der Erholung

Berufliche Anforderungen können punktuell zu Anspannung führen, z. B. das Schreiben von zahlreichen Zeugnissen in den Wochen vor den Ferien. Unter gesundheitlichen Aspekten sind punktuelle Anspannungszustände, d. h. akuter Stress, kein Grund zur Besorgnis. Problematisch ist eine dauerhafte Anspannung bzw. chronischer Stress.

Erholung entscheidet darüber, ob aus akutem Stress gesundheitsschädlicher chronischer Stress wird. Deshalb ist Erholung gesundheitlich so wichtig. Sie besteht aus drei Bausteinen:
- Erholungsaktivitäten
- Erleben von Erholung
- erholsamer Schlaf

Erholungsaktivitäten sind die Voraussetzung dafür, Erholung überhaupt zu erleben zu können. Erholungserleben, insbesondere die »Gedankenfreiheit«, im Sinne von keine Gedanken mehr an berufliche Probleme zu verschwenden, ist wiederum eine wichtige Voraussetzung für erholsamen Schlaf. Die drei Bausteine der Erholung können der Entwicklung von chronischem Stress vorbeugen (▶ Abb. 17).

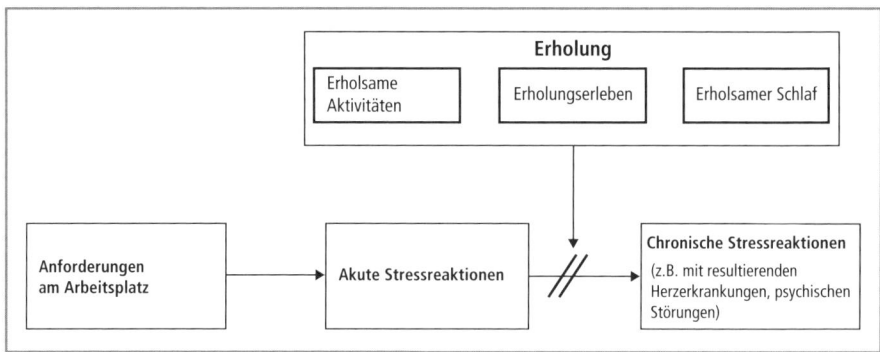

Abb. 17 Erholung oder: Wie verhindert werden kann, dass aus akutem chronischer Schmerz wird

7.3 Erholungsaktivitäten

7.3.1 Erholung nach der Arbeit

Wer länger seine Erholungswelt nicht gepflegt hat, der kann regelrecht vergessen, wie angenehm Erholungsaktivitäten sein können. Je mehr man sich von angenehmen Erholungsaktivitäten entwöhnt hat, desto weniger verspürt man Lust dazu, bis man sie schließlich kaum noch vermisst. Dann braucht es regelrecht Inspiration. Der Blick ins eigene Fotoalbum, sich einen Moment Zeit für die Frage nehmen, auf welche Aktivität man (wieder) Lust hätte oder Gespräche mit

7.3 Erholungsaktivitäten

Freunden zur Frage, was diese erfolgreich zu ihrer Erholung tun, sind nur einige Möglichkeiten, den eigenen Ideenschatz für Erholungsaktivitäten zu erweitern.

Die folgende Liste beinhaltet Erholungsaktivitäten von Lehrerinnen und Lehrern, die an einer Befragung teilgenommen haben:

- Es mir für mich daheim gemütlich machen
- Mich zum Lesen mit einem Buch oder einer Zeitschrift zurückziehen
- In aller Ruhe einen Kaffee/Tee trinken
- Ein erfreuliches privates Telefonat führen
- Bewusst angenehme Musik hören
- Ohne Zeitdruck ausschlafen
- Mit vertrauten Menschen zusammen sein und ein gutes Gespräch führen
- Etwas zur »Wellness« tun, z. B. Sauna, Massage, ein Bad nehmen
- Mit Freunden/meinem Partner ausgehen (in ein Restaurant, ein Café, eine Kneipe)
- Mit Genuss zum Einkaufen losziehen
- Mich mit Freunden/meinem Partner für das Kino oder einen guten Fernsehfilm verabreden
- Mit Freunden/meinem Partner einen gemütlichen Abend verbringen
- Ein Fest oder eine Party besuchen
- Einen Spaziergang, eine Wanderung oder eine Fahrradtour unternehmen
- Entspannt in der Natur Zeit verbringen, z. B. im Park, im Wald, am Fluss oder am See
- Etwas für meine Fitness und Ausdauer tun, z. B. Jogging, Walking, Radfahren, Schwimmen
- Gemeinsam mit Freunden/meinem Partner einen Ausflug/eine Unternehmung machen
- Sich Zeit nehmen, um mit sympathischen Menschen zwanglos zu plaudern
- Entspannt meine Lieblingssendung sehen oder mich mit einem Film belohnen
- Zwanglos im Internet surfen oder ein Computerspiel spielen
- Entspannt einer angenehmen Tätigkeit nachgehen, z. B. Malen, Kochen oder anderen Hobbys

Übung

Erholungsaktivitäten I

Wenn Sie im Rahmen der Untersuchung zu Ihren Erholungsaktivitäten befragt worden wären: Welche Erholungsaktivitäten hätten Sie genannt?

_____

_____

_____

_____

Zudem: Gibt es in der Liste Aktivitäten, die Sie (noch) nicht praktizieren, die aber ggf. für Sie attraktiv sein könnten?

_____

_____

_____

Eine häufig genutzte Inspirationsquelle ist der Urlaub. Vielen Menschen gelingt es im Urlaub, etwas zu unternehmen und sich dabei gut zu erholen. Intuitiv wird der Urlaub so gestaltet, dass Erholungsaktivitäten gute Voraussetzungen haben. Die bewusste Entscheidung, seine Zeit der Erholung zu widmen und andere Angelegenheiten in dieser Zeit zurückzustellen und ihnen eine geringere Priorität einzuräumen, eine anregende Umgebung aufzusuchen, die Möglichkeiten für erholsame Aktivitäten bietet, oder Menschen um sich herum zu haben, die sich ebenfalls erholen wollen, sind günstige Voraussetzungen dafür, dass Erholung im Urlaub gelingt. Ob das bei Ihnen so ist, dürfte bei Betrachtung der Bilder aus Ihrem letzten Urlaub unmittelbar deutlich werden:
- An welche Erholungsaktivitäten denken Sie gerne zurück?
- Wobei konnten Sie sich gut erholen?
- Was würden Sie gerne noch einmal machen?
- Welche neuen Ideen zu Erholungsaktivitäten kommen ihnen dabei in den Sinn?

Lassen Sie sich davon für den Alltag inspirieren!

Relativ zu Urlaub und Ferien ist es im Alltag schwieriger und braucht Kreativität, um hier gute Voraussetzungen für Erholungsaktivitäten zu schaffen. Mitunter müssen Kompromisse gemacht werden, um Urlaubsaktivitäten alltagstauglich anzupassen. Aus dem alpinen Klettersteig wird der Besuch der örtlich Kletterhalle, der maritime Strandspaziergang findet in den heimischen Feldern und Wiesen statt. Aber warum sollten Sie es nicht einmal ausprobieren? »Jeden Tag oder zumindest jede Woche ein bisschen Urlaub«, das kann ein hilfreiches Motto sein, um sich eine Erholungswelt zu schaffen und sie zu pflegen.

Der Blick auf den Urlaub macht aber auch noch mehr deutlich: zum einen, dass Erholung immer eine bestimmte Art von Investition voraussetzt. Urlaub, gerade wenn es um Urlaubsreisen geht, kostet nicht unerheblich viel Geld, Zeit und Anstrengung. Um die Reisekasse aufzufüllen, hat man auf so manches verzichtet. Reisevorbereitungen können stressig sein, schließlich ist da der Druck, alle Arbeiten bis zum Beginn des Urlaubs noch erledigt zu haben.

Eines der Grundgesetze der Erholung ist: Man muss Kräfte investieren, um neue Kräfte zu gewinnen!

Die Tatsache, dass die meisten Menschen solche Investitionen in den Urlaub jedes Jahr aufs Neue machen, zeigt, dass es sich lohnt. Was heißt das bezogen auf Ihre Erholung im Alltag? Was müssen Sie dafür investieren und wie? Was können Sie dafür gewinnen? (Dieses Thema wird im »Erholungsladen« vertieft; ▶ Abschn. 7.8.)

Einerseits können sich die meisten im Urlaub gut erholen. Andererseits ist Urlaubserholung nicht nachhaltig. In der Regel ist sie schon nach einer, spätestens aber nach zwei Wochen nicht mehr spürbar. Mit der Erholung ist es wie mit dem Schlaf: Beides kann man nicht auf Vorrat anhäufen. Wer eine Woche lange und gut schläft, kann nicht in der folgenden Woche auf Schlaf verzichten. Keine Lehrkraft kann im Urlaub Erholung »tanken«, die dann bis zum nächsten Urlaub anhält.

> **Merke**
> **Schlaf und Erholung:** Beides ist täglich wichtig, um langfristig gesund und leistungsfähig zu sein.

Während das beim Schlaf unmittelbar nachvollziehbar ist, handeln nicht wenige in Bezug auf die Erholung anders. Man schiebt Erholungsaktivitäten auf, in der Hoffnung, im Urlaub alles auf einmal nachholen zu können. Gleichzeitig möchte man sich eine Art Erholungspolster anlegen, das bis zum nächsten Urlaub reicht. Damit gleicht die Pflege der Erholungswelt einem Gärtner, der seine Pflanzen monatelang nicht gießt, dann für zwei Wochen die Erde flutet, um die Pflanzen damit in die nächsten Monate der Trockenheit zu verabschieden. Es mag Pflanzen geben, die trotzdem blühen. Kakteen und andere Wüstenpflanzen kommen mit dieser Art von Pflege gut zurecht. Leider sind Menschen (auch) in dieser Hinsicht nicht mit entsprechenden Gewächsen vergleichbar.

Aus gesundheitlicher Perspektive ist die Erholung am Feierabend und am Wochenende entscheidend. Die Erholungswelt lässt sich mit kleineren (ca. 15 Minuten) und größeren (eine Stunde oder länger) Aktivitäten pflegen.
- Wie sieht dies aktuell bei Ihnen aus?
- Welche Perspektiven auf dem Weg von der Wüstenpflanze zum Erholungsprofi gäbe es für Sie?
- Auf welche Aktivitäten, die Sie aus Ihrer Vergangenheit oder auch von Freunden kennen, hätten Sie Lust?
- Wie häufig möchten sie erholungsaktiv sein?
- Wie wäre es, täglich eine kleine und alle zwei Tage eine größere Aktivität zu unternehmen?

Übung

Erholungsaktivitäten II

Bitte notieren Sie, mit welchen Aktivitäten Sie in den kommenden sieben Tagen Ihre Erholungswelt pflegen möchten:

Tag 1: _____

Tag 2: _____

Tag 3: _____

Tag 4: _____

Tag 5: _____

Tag 6: _____

Tag 7: _____

Wenn Sie mehr oder andere Erholungsaktivitäten, zum Teil Ihres Alltags, machen wollen, dann können folgende Prinzipien hilfreich sein:
- Planen sie Ihre Erholungsaktivitäten, z. B. durch die Erstellung eines Wochenplans und die Festlegung am Anfang der Woche, wann man was und gegebenenfalls mit wem unternehmen möchte.
- Nutzen Sie die Macht der Gewohnheit: Je regelmäßiger etwas getan wird (z. B. immer freitags schwimmen gehen), desto leichter fällt es und umso wahrscheinlicher wird Erholungsaktivität selbstverständlicher Teil des Alltags.
- Suchen Sie die Unterstützung und Gemeinschaft mit Gleichgesinnten: Gemeinsam fallen Erholungsaktivitäten oft leichter, etwa indem man sich dafür verabredet.
- Verpflichten Sie sich selbst: Zur Erhöhung der persönlichen Verbindlichkeit kann man anderen von seinen Absichten, Plänen und Zielen berichten.
- Arbeiten Sie nach Zeit und nicht nach Zufriedenheit. Das Motto ist: Die Arbeit ist fertig, wenn die eingeplante Zeit vorüber ist, und nicht, wenn Sie ausreichend zufrieden mit dem Ergebnis sind. Trainieren Sie, mit dem Unvollkommenen zu leben. Das ist anfangs anstrengend. Konzentrieren Sie sich auf ausgewählte Dinge, bei denen Sie wie bisher arbeiten: Die Arbeit ist fertig, wenn Sie rundherum mit dem Ergebnis zufrieden sind.

7.3.2 Erholungspausen

Neben Erholungsaktivitäten am Abend und am Wochenende sind Pausen wichtig. Selbstverständlich! Pausen in der Schule können nicht immer bzw. nur selten frei gestaltet und zur Erholung genutzt werden. Nur in wenigen Lehrerzimmern

7.3 Erholungsaktivitäten

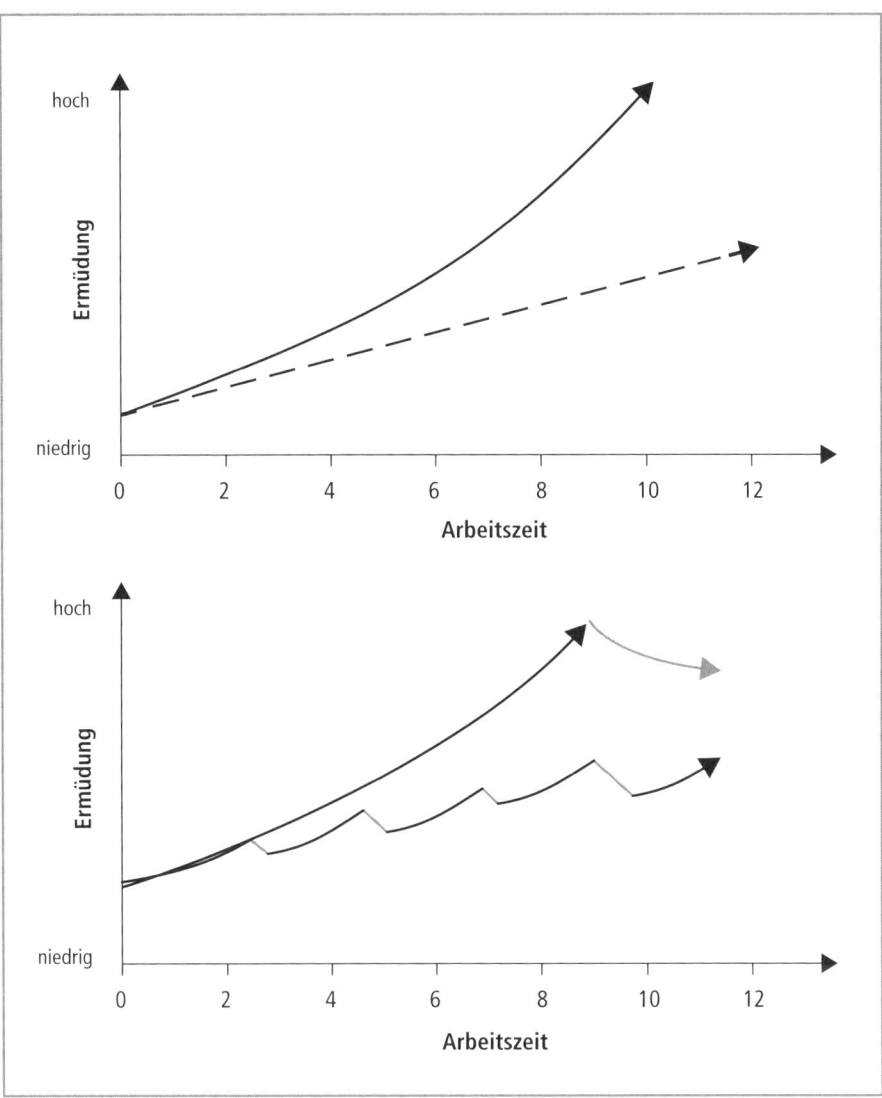

Abb. 18 Arbeitszeit, Ermüdung und Erholungsbedarf (Erläuterungen ► Text)

kehrt während der großen Pausen Ruhe ein. Bislang gibt es erst an wenigen Schulen ruhige Räume bzw. Ruheräume für Lehrkräfte. Auch hier ist oft Eigeninitiative gefragt. Erholungsprofis finden mitunter ein ungestörtes Plätzchen abseits des Schulgeländes oder in ungenutzten Klassenräumen. Etwa 25 % der deutschen Berufstätigen lassen Pausen häufig ausfallen; die wenigsten, weil sie keine Pausen machen möchten.

Nach Möglichkeit sollten bei der Pausengestaltung die folgenden Grundregeln berücksichtigt werden:
- Mit zunehmender Arbeitszeit steigen Ermüdung und Erholungsbedarf immer stärker an (▶ Abb. 18). Intuitiv gehen viele Menschen davon aus, dass mit zunehmender Dauer der Arbeitszeit die Ermüdung bzw. der Erholungsbedarf linear zunimmt. Leider steigt die Erschöpfung mit zunehmender, ohne ausreichende Pause geleisteter Arbeitszeit überproportional an, sodass die später erforderliche Zeit zur Erholung immer länger wird (▶ Abb. 18, oben).
- Der Erholungseffekt einer Pause ist zu Beginn höher als zum Ende. Dies bedeutet, dass der Erholungswert zu Beginn einer Pause am höchsten ist und im weiteren Verlauf der Pause immer mehr abnimmt.

Als Konsequenz aus der Verbindung dieser beiden Grundregeln ergibt sich die Empfehlung, möglichst frühzeitig Kurzpausen einzubauen. Damit kann die sich aufschaukelnde und zu überhöhtem Erholungsbedarf führende Erschöpfung im Tagesverlauf abgemildert werden (▶ Abb. 18, unten). Erst alles abzuarbeiten und dann die gesparte Zeit für eine Pause am Ende zu verwenden, ist nicht die beste Lösung.

7.4 Erholungserleben

Etwas zur Erholung zu unternehmen ist zwar eine notwendige Voraussetzung, leider aber führt nicht jede Aktivität in derselben Art und Weise zum Erleben von Erholung. Beim Erholungserleben lassen sich sechs verschiedene Aspekte unterscheiden, die im Englischen mit dem Akronym **DRAMMA** zusammenfasst werden, was für »**D**etachment, **R**elaxation, **A**utonomy, **M**astery, **M**eaning und **A**ffiliation« steht. Übersetzt heißt dies, dass Erholung aus dem Erleben von Gedankenfreiheit, Entspannung, Selbstbestimmung, Herausforderung, Sinn und Verbundenheit besteht.
- **Gedankenfreiheit:** Erholung ist, wenn ich berufliche Probleme vergessen kann und Freiraum im Kopf habe (▶ Abschn. 7.5).
- **Entspannung:** Erholung ist, wenn ich mich entspannen kann.
- **Selbstbestimmung:** Erholung ist, wenn ich selbst bestimmen kann, was ich tue und wann ich es tue.
- **Herausforderung:** Erholung ist, wenn ich mich angenehmen Herausforderungen stelle und diese meistere.
- **Sinn:** Erholung ist, wenn ich etwas tue, das mir etwas bedeutet, mir wichtig ist und sinnvoll erscheint.
- **Verbundenheit:** Erholung ist, wenn ich Beziehungen pflege und mich mit anderen Menschen verbunden fühle.

Erholungsaktivitäten können danach unterschieden werden, in welchem Ausmaß sie mit dem Erleben einer oder mehrerer dieser Erlebensqualitäten zusammenhängen. Die eine Aktivität mag mehr dazu dienen, auf andere Gedanken zu kommen und die Verbundenheit mit anderen Menschen zu stärken. Die andere Aktivität ist vielleicht nicht direkt entspannend, aber beim Meistern einer sportlichen Herausforderung erlebt man trotzdem (bzw. gerade deswegen) Erholung. Letztlich ist jeder Aspekt des Erholungserlebens wichtig. Es lohnt sich, eine Bestandsaufnahme zu machen, in welchen Aspekten die eigene Erholung schon gelingt und an welcher Stelle Nachholbedarf besteht.

Übung

Erholungserleben

Welche Aspekte werden im Rahmen der von Ihnen praktizierten Erholungsaktivitäten gefördert, welche eher weniger? Wie zufrieden sind Sie mit den einzelnen Aspekten der Erholung? Was gelingt Ihnen am besten, wo wünschen Sie sich eine Veränderung? Bitte bewerten Sie jeden der sechs Aspekte der Erholung auf einer Skala von 0 = gar nicht zufrieden bis 10 = sehr zufrieden.

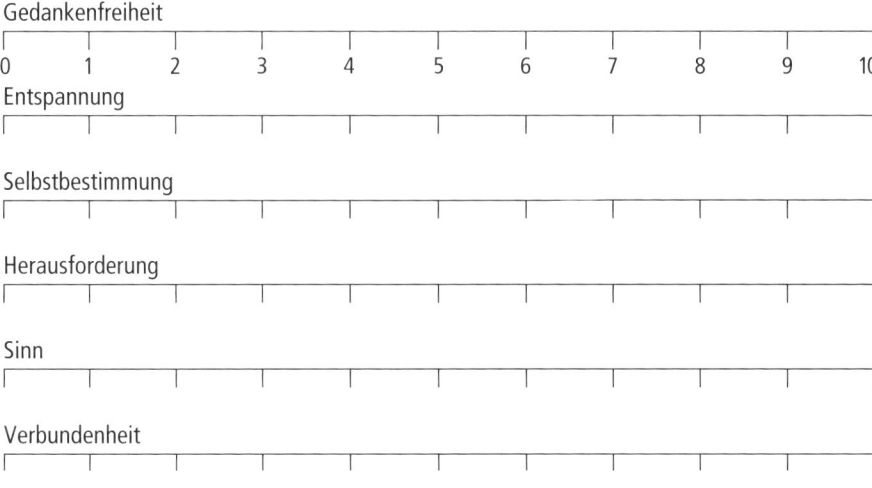

Welcher Aspekt des Erholungserlebens gelingt Ihnen am besten, wo wünschen Sie sich am stärksten Veränderung?

Sammeln Sie in einem zweiten Schritt alle Erholungsaktivitäten, die Ihnen helfen, die jeweilige Facette des Erholungserlebens zu stärken. Sie können dabei auch an Aktivitäten denken, die Ihnen in der Vergangenheit geholfen haben. Wie wäre es, wenn Sie einmal gute Bekannte fragen, was deren Top-3-Aktivitäten für diesen Bereich sind?

Erholungserleben	Förderliche Erholungsaktivitäten
Mit welchem Aspekt sind Sie am meisten zufrieden?	•
	•
	•
Für welchen Aspekt wünschen Sie sich am stärksten eine Veränderung?	•
	•
	•

Im Idealfall werden Erholungsaktivitäten spontan als erholsam erlebt. Es können jedoch Hindernisse auftreten, die das Erholungspotenzial der Aktivitäten einschränken, es zunichtemachen oder gar ins Gegenteil verkehren. Auf einige dieser Hindernisse und Möglichkeiten, mit ihnen umzugehen, wird im Folgenden eingegangen.

7.5 Wechsel zwischen Arbeits- und Erholungswelt

Dass viele Menschen vor einigen Jahren beim Wort »Abschalten« zuerst an Atomkraftwerke gedacht haben, ist fast schon vergessen. Heute drückt sich in »Abschalten« üblicherweise der Wunsch aus, berufliche Probleme und Sorgen möglichst schnell aus dem Kopf zu verbannen. Schwierigkeiten, die Ärgernisse der letzten Tage, die Menge unerledigter Aufgaben und die Sorge, ob in den kommenden Tagen alles geschafft werden kann, begleiten viele Berufstätige auch am Feierabend und am Wochenende. Nicht selten gehen wir mit diesen Gedanken ins Bett. Das ist nicht nur eine Einschränkung des Wohlbefindens, sondern gesundheitlich ein zentrales Problem. Negativ kreisende Gedanken, von denen man sich nur schwer lösen kann, sind ein Risikofaktor für zahlreiche Erkrankungen, da sie die Stressreaktionen des Körpers verlängern, die Erholung blockieren und mit chronischem Stress einhergehen. Schlafstörungen, depressive Beschwerden, Schmerzen und kardiovaskuläre Erkrankungen sind nur einige der zahlreichen Folgen. Die Bedeutung des »Abschaltens« kann daher nicht hoch genug eingeschätzt werden. Unter der Überschrift »Grübeln« haben wir dieses Problem bereits kennengelernt (▶ Kap. 5.4).

Im Wunsch nach dem »Abschalten« steckt die vage Vorstellung, so, wie man auf Knopfdruck ein elektrisches Gerät in Sekundenbruchteilen an- und abschaltet, von der Arbeitswelt in die Erholungswelt wechseln zu können. In dieser Idee des Knopfdrucks steckt gleich das erste Problem: Es ist zwar richtig, dass auch das menschliche Gehirn mit elektrischen Impulsen arbeitet. An dieser Stelle hört der Vergleich auch schon auf. Das Gehirn und die Gedanken lassen sich nicht abschalten. Das ist schon biologisch gänzlich unmöglich. Abschalten wäre zwar

7.5 Wechsel zwischen Arbeits- und Erholungswelt

effizient und passend zur Leistungsgesellschaft. Allerdings ist das »gedankliche Abschalten-Können« biologisch genauso wahrscheinlich wie ein Hundertmeterlauf in weniger als sieben Sekunden. Abschalten-Können verlangt Unmenschliches. Allein die Rede vom Abschalten-Können impliziert einen Anspruch, an dem jeder nur scheitern kann. Unrealistische Ansprüche wiederum sind eine Quelle von Stress. Ein erster Schritt wäre es daher, dieses Wort aus dem Wortschatz zu verbannen und durch (sprachliche) Bilder zu ersetzen, die näher an der biologischen und psychologischen Realität liegen und entsprechend realistische Ziele implizieren. Der Punkt ist, dass der Wechsel zwischen Arbeits- und Erholungswelt zuallererst Zeit braucht. Es gibt gute Gründe dafür, warum im Laufe der Zeit Deiche in immer flacheren Winkeln gebaut wurden. Dadurch können die Wellen, zumal wenn es stürmt, allmählich auslaufen und (zer-)schlagen nicht mehr mit ihrer vollen Wucht gegen den Deich. Genau so ist es mit Gedanken: Gedankliches »Auslaufen lassen« braucht ebenfalls Raum und Zeit: Je höher die Geschwindigkeit, desto länger braucht es, um zur Ruhe zu kommen.

Viele Eltern wünschen sich, dass sie am Abend ihr lebhaftes Kind mittels »Abschalten« ins Bett bringen können: im Spielzimmer toben, dann ins Bett und einschlafen in drei Minuten. Für alle Beteiligten ist es jedoch erfahrungsgemäß nervenschonender, wenn dafür ein bis zwei Stunden eingeplant werden. Neben einem realistischen Anspruch an die benötigte Zeit kann man vom Zubettbringen von Kindern noch mehr lernen: Über Jahrhunderte haben Eltern die Erfahrung gemacht, dass es dem kindlichen Gehirn beim Zubettbringen hilft, bestimmte Dinge in einer ähnlichen Reihenfolge zu tun. Das Zubettbringen folgt oft einem Ritual, einer Abfolge von Handlungen, die das Gehirn dabei unterstützen, zu verstehen, dass nun die spannenden Aktivitäten enden und die Ruhe- und Schlafphasen folgen. Solche Abendrituale können unterschiedlichste Formen und Inhalte haben, etwa Gespräche über den Tag, Spielchen, warmes Bad, Waschen, Zähne putzen, Schlafanzug anziehen, den Stofftieren Gute Nacht sagen, die Stofftiere ins Bett bringen, Gutenachtgeschichten, Schlaflieder oder Einschlafmelodien. Je mehr Sinne dabei einbezogen werden, umso besser lernt das Gehirn, sich vom Aktivmodus auf den Ruhemodus umzustellen. In dieser Hinsicht gleicht das kindliche Gehirn dem des Erwachsenen.

Entwickeln Sie Ihr eigenes Ritual, das Ihnen hilft, die Arbeitswelt zu verlassen, und zeigt, wie Sie den Übergang gestalten, die Erholungswelt betreten und in ihr bleiben können. Der Kreativität sind dabei keine Grenzen gesetzt, wobei es nützlich ist, möglichst viele Sinne einzubeziehen und mit Bildern und Symbolen zu arbeiten (▶ Abb. 19).

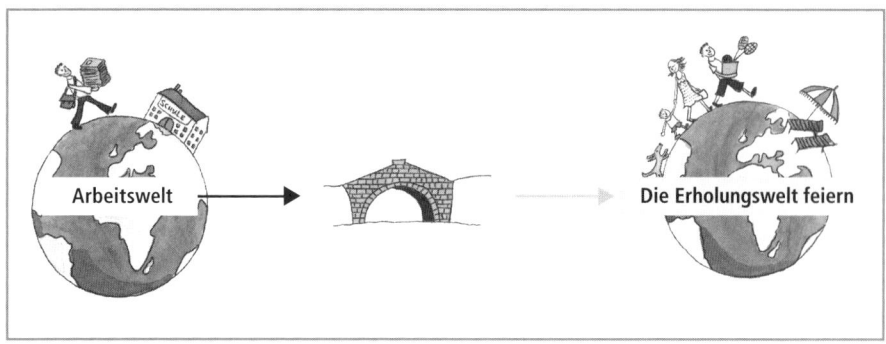

Abb. 19 Arbeits- und Erholungswelt: Was sie unterscheidet und was sie verbindet

Nachfolgend finden Sie einige Beispiele, um ihre eigenen Strategien zu entwickeln und sich daraus ein persönliches Ritual zu kreieren. Welche der Strategien möchten Sie einmal ausprobieren?

Strategien, um die Arbeitswelt zu verlassen:
- symbolisches Beenden der Arbeit, z. B. den Schreibtisch ordnen und aufräumen
- sich einen Überblick über Unfertiges verschaffen, z. B. unerledigte Aufgaben und ungeklärte Fragen zu Papier bringen, bevor der Feierabend beginnt
- die erledigten Aufgaben feiern, z. B. sich einen Moment Zeit nehmen, um sich zu vergegenwärtigen, was erreicht wurde
- _____
- _____

Strategien, um den Übergang von der Arbeitswelt in die Erholungswelt zu gestalten:
- bestimmte Wege bzw. Arten der Fortbewegung nutzen, um Abstand zu gewinnen und sich bewusst von der Arbeit entfernen, z. B. einen Teil des Heimwegs langsam, nicht mit dem Auto, sondern mit dem Fahrrad oder zu Fuß zurücklegen
- ein Notizbuch oder eine Notiz-App nutzen, um nachklingende Gedanken festzuhalten
- _____
- _____

Strategien, um die Erholungswelt zu betreten und in ihr zu bleiben:
- den Wechsel und das Ankommen symbolisieren, z. B. Kleidung wechseln, Duschen, Wechsel zwischen Arbeitszimmer und den verbleibenden Wohnräumen

- Signale aus der Arbeitswelt, die Aufmerksamkeit auf sich ziehen (z. B. unkorrigierte Klassenarbeiten im Wohnzimmer), aus der Erholungswelt entfernen
- Technologie nutzen, um die Erreichbarkeit zu regulieren, z. B. Feierabendfunktion des Smartphones, Abwesenheitsbenachrichtigungen einschalten
- Trennung privater und dienstlicher Rufnummern und E-Mail-Adressen
- Regelungen für die Erreichbarkeit entwickeln; mit Vorgesetzten, Kollegen, Eltern aktiv aushandeln und eindeutig kommunizieren, wann, wie und unter welchen Voraussetzungen man außerhalb regulärer Arbeitszeiten erreichbar ist
- Zeiten der Problem-Askese festlegen, d.h. Zeiten und/oder Aktivitäten festlegen, in denen keine Gespräche über berufliche Probleme geführt werden
- _____
- _____

Übung

Arbeits- und Erholungswelt

Wie könnte Ihr Ritual aussehen, um Ihrem Gehirn zu signalisieren, dass die Arbeit zu Ende ist und die Erholungswelt beginnt?

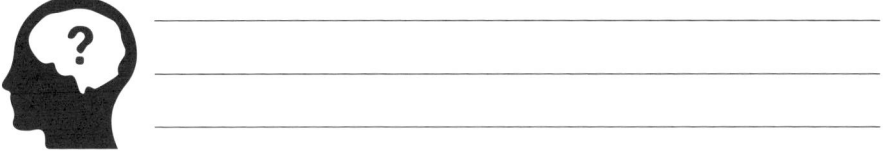

Schließlich gilt es, den Weg von der Arbeitswelt in die Erholungswelt auch wieder in der entgegengesetzten Richtung zu gehen. Der Weg hinein in die Arbeitswelt ist meist mit einer vorherigen gedanklichen Neuorientierung auf die Arbeit verbunden. Die Zeit dieser Neuorientierung kann individuell sehr unterschiedlich lang sein und ist meist durch einen Wiederanstieg der Anspannung gekennzeichnet. Bei den Überlegungen zur gewünschten Netto-Erholungszeit werden die beiden Randzeiten – d.h. die Zeit für die gedankliche Distanzierung von der Arbeit und die Zeit für die gedankliche Neuorientierung auf die Arbeit – übersehen oder zu kurz eingeplant. Dies hat dann zur Folge, dass die Erholung als zu kurz und unvollständig erlebt wird.

7.6 Hindernisse beim Verbleib in der Erholungswelt

Eine Herausforderung für den Schutz der Erholungswelt ist die ständige Erreichbarkeit. Ständige Erreichbarkeit ist eine der Schattenseiten der Flexibilisierung der Arbeit. Viele Berufstätige können einen substanziellen Teil der Arbeit außerhalb des »eigentlichen« Arbeitsplatzes erledigen. Laptop und Smartphone erlauben es, von praktisch jedem Ort und zu jeder Zeit zu arbeiten. Durch den Wegfall starrer Arbeitsorte und -zeiten lassen sich Beruf und Privat- bzw. Familienleben einerseits besser vereinbaren. Andererseits und gleichzeitig verschwimmen die Grenzen zwischen Arbeitswelt und Privatleben. Sowohl für einen selbst als auch für andere ist es mitunter schwer zu erkennen, wann sich jemand in der Arbeitswelt befindet und wann im Privatleben bzw. in der Erholungswelt.

Das Phänomen »ständige Erreichbarkeit« bezieht sich auf das Eindringen der Arbeitswelt in die Erholungswelt. Dies wird durch Kollegen, Vorgesetzte, Eltern oder Schüler (z. B. Anrufe am Wochenende) oder durch einen selbst herbeigeführt (z. B. Abrufen dienstlicher E-Mails außerhalb der Arbeitszeit). Bereits die bloße Erwartung, wegen beruflicher Belange kontaktiert werden zu können, gehört dazu. Ständige Erreichbarkeit kann mit einem inneren Stand-by-Modus einhergehen, der permanent Energie fordert und tiefe Erholung verhindern kann. Die Kontaktaufnahme außerhalb der Arbeitszeit, d. h. nach Feierabend, am Wochenende oder im Urlaub, erfolgt über Anrufe auf das Mobiltelefon oder Smartphone sowie mittels E-Mail, SMS oder sozialer Medien. Sie ist durch eine wenig vorhersehbare oder kontrollierbare Verfügbarkeit für berufliche Belange außerhalb der regulären Arbeitszeiten charakterisiert. Jedoch ist es sehr unterschiedlich, in welchem Ausmaß dies als belastend erlebt wird.

Flexibilisierung und die Möglichkeit zur ständigen Erreichbarkeit charakterisieren die aktuelle Arbeitswelt. Goldene Regeln, wie dies gesundheitsförderlich gestaltet werden sollte, existieren noch nicht. Oft gibt es unausgesprochene Erwartungen und implizite Normen. Die sind ein guter Nährboden für Missverständnisse und Ärger. Ein erster Schritt ist es, sich selbst darüber klar zu werden, wann (z. B. spätester und frühester Zeitpunkt des Kontaktierens, Kontakt an Sonn- oder Feiertagen, im Urlaub), wie (z. B. E-Mail, SMS, soziale Medien, Anruf, Privat- oder Dienstnummer) und unter welchen Voraussetzungen (z. B. alle Arten von Absprachen oder nur bei Krankmeldungen, Notfällen) man außerhalb regulärer Arbeitszeiten erreichbar sein möchte.

Übung

Ständige Erreichbarkeit?

Wie sieht das bei Ihnen aus? Wann, wie und in welchen Fällen will ich außerhalb der Schule erreichbar sein?

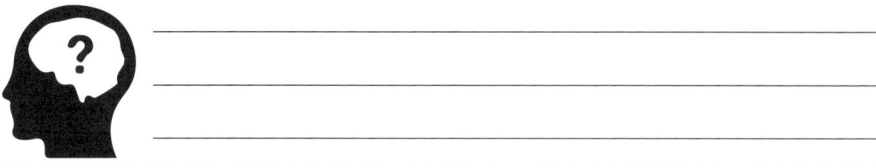

Ein zweiter Schritt bzw. hiervon ausgehend hilfreich ist, sich mit den engsten Kollegen zusammenzusetzen und sich darauf zu verständigen, was die gegenseitigen

Erwartungen an die Erreichbarkeit sind, und sich dann auf konkrete, als solche ausgesprochene Regeln zu verständigen. Idealerweise sollten im Kollegium insgesamt diesbezügliche Vereinbarungen getroffen, einheitlich praktiziert und unter anderem gegenüber Schülern und Eltern kommuniziert werden. Was könnten Sie tun, um zu einem solchen Schritt beizutragen?

So wichtig nach außen gezogenen Grenzen auch sein mögen, in vielen Fällen reichen die eigenen Gewohnheiten aus, einen ständigen Stand-by-Modus aufrechtzuerhalten. Durch das Abrufen und Bearbeiten dienstlicher E-Mails am späten Abend, an Sonn- und Feiertagen oder im Urlaub sind Sie mit Ihren Gedanken bei der Arbeit und ihren Problemen. Es signalisiert zudem allen Beteiligten, dass strikte Arbeitszeiten nicht so ernst genommen werden. Zudem: Unterstreicht es nicht gerade sein persönliches Engagement und seine pädagogischen Qualitäten, wenn man ständig um schulische Belange bemüht und erreichbar ist? Gedankliche Distanzierung wird dann sehr schwer, wenn nicht sogar unmöglich.

Für solche Gewohnheiten gibt es gute und weniger gute Gründe: Wer noch mal am späten Abend nachschaut, ob morgen größere Probleme oder Katastrophen warten, hat bessere Chancen, sich darauf vorzubereiten. Hat man dies eine Zeit lang praktiziert, dann entwickelt sich das Gefühl, man müsse jeden Abend noch einmal nachschauen. Man wird unruhig und entwickelt Unwohlsein, wenn man es unterlässt. Am Ende kann man fast gar nicht mehr anders. Spätestens dann ist es an der Zeit, zu prüfen, ob sich dies ändern soll. Möchten Sie in einem Verhaltensexperiment eine Veränderung dieser Gewohnheit wagen?

Für eine Veränderung sind zwei Punkte besonders wichtig. Zum einen braucht es in den ersten Tagen ohne abendliches Abrufen von E-Mails die Bereitschaft, die damit verbundene Unruhe und das Unwohlsein auszuhalten. Es geht gewissermaßen darum, Entzugserscheinungen zu ertragen und Rückfälle zu verhindern. In den ersten Tagen kann dieses Unwohlsein sehr stark und entsprechend unangenehm sein, bevor es dann im Laufe der Zeit immer einfacher wird, weil sich eine neue Gewohnheit – z. B. im Sinne eines gelasseneren Umganges mit möglichen, in der Schule auf einen wartenden Problemen – etabliert.

Zum anderen braucht es die Zuversicht über die Fähigkeiten zu verfügen, potenzielle Probleme und Katastrophen des Alltags auch kurzfristig bewältigen zu können. Diese Zuversicht entwickelt sich am besten durch die Akzeptanz, dass Dinge notfalls einmal scheitern dürfen, durch Ausprobieren und schließlich durch Routine. Auf diese Weise kann die Überzeugung wachsen, Herausforderungen selbst dann meistern zu können, wenn man ihnen unvorbereitet begegnet.

7.7 »Gedankenfreiheit«

Gedankenfreiheit meint in unserem Kontext die Fähigkeit, sich gedanklich von negativen Gedanken an die Arbeit distanzieren zu können. Es geht darum, Freiraum im Kopf zu bekommen. Unter den sechs Aspekten des Erholungserlebens ist die Gedankenfreiheit der wichtigste Punkt. Erholungsaktivitäten, die ein hohes Maß an Konzentration und Ablenkung erfordern, z. B. Klettern, aber auch die Beschäftigung mit den eigenen Kindern oder denen von Freunden, haben ein hohes Potenzial, dass die Distanzierung von negativ kreisenden Gedanken an die Arbeit gelingt.

7.7.1 Nachdenken, Grübeln und Sorgen

Negativ kreisende Gedanken, von denen man sich nur schwer lösen kann, können auf die Vergangenheit oder die Zukunft gerichtet sein (▶ Kap. 5.5, Grübelstopp). Mit Grübeln werden die negativ kreisenden Gedanken in Bezug auf die Vergangenheit bezeichnet, während Sorgen sich auf die Zukunft beziehen. Auf den ersten Blick erscheinen Grübeln und Sorgen als eine nutzlose Last. Bei näherem Hinschauen finden sich dann einige gute Gründe dafür. Grübeln kann als ein Versuch verstanden werden, im Nachhinein eine Erklärung für ein unangenehmes Erlebnis zu finden. Warum ist etwas schiefgelaufen? Ein unangenehmes Ereignis mit Erklärung ist leichter zu ertragen als eines, das man sich nicht erklären kann. Dinge verstehen zu wollen ist ein berechtigtes Interesse. Die Kehrseite ist, dass eben dies gleichzeitig ein starker Antreiber des Grübelns sein kann. Ebenso ist im Sorgen ein berechtigter Wunsch enthalten: Es geht hier darum, sich nicht unnötig in Gefahr zu begeben und auf die Gefahren der Zukunft vorbereitet zu sein. Auf den Wunsch, Unsicherheit zu vermeiden, sind wir bereits – als einen Faktor – angesichts der individuellen Stressverstärker gestoßen (▶ Kap. 5.2).

Gut möglich, dass die Neigung zu negativen Gedanken ein (ungewolltes) stammesgeschichtliches Erbe ist. Dass Negatives ganz leicht in den Fokus der Aufmerksamkeit gerät, könnte unseren steinzeitlichen Vorfahren vielfach das Leben gerettet haben: Gefahren besonders gut wahrzunehmen erhöht die Überlebenschancen angesichts gefährlicher Raubtiere. Vielleicht hat der Teil unserer Vorfahren, dessen Gehirn dazu neigte, sich an der Schönheit von Sonne, Wald und Wiesen zu erfreuen, nicht überlebt. Uns, als Nachfahren der ersten Gruppe, fällt es entsprechend leicht, Negatives zu bemerken, und schwer, frei von negativen Gedanken zu werden und die positiven Seiten wahrzunehmen.

Mitunter ist es nicht einfach, Grübeln und Sorgen vom Nachdenken zu unterscheiden.

Können Sie Gedanken stoppen und beenden, wann Sie es möchten?

Dann handelt es sich eher um Nachdenken. Im Unterschied dazu kommen die negativen Gedanken beim Grübeln und Sorgen ungewollt. Es fällt sehr schwer, sie zu beenden, obwohl man dies möchte. Beim Nachdenken fokussieren die Gedanken meist auf ganz konkrete und klar benennbare Probleme. Die Gedanken beim Grübeln und Sorgen sind oft weniger greifbar, eher vage, nebulös, abstrakt und unkonkret. Deshalb sind Tagebücher oft eine Hilfe, da nebulöse Gedanken durch das Aufschreiben klarer und greifbarer werden. Auch vom Ergebnis her kann Nachdenken von Grübeln und Sorgen unterschieden werden. Grübeln

und Sorgen führen nicht zu einer Lösung des Problems, sondern stimulieren Stress, Erschöpfung, Frustration, Entmutigung, Angst oder Passivität. Beim Nachdenken steht oft eine Idee am Ende, die zu einer konstruktiven Lösung des Problems führen könnte und die es dann auszuprobieren gilt.

Übung

Drei-Minuten-Test

Wenn Sie sich unsicher sind, ob Sie gerade grübeln oder nachdenken, dann können Sie den Drei-Minuten-Test machen.

Lassen Sie den Gedanken für drei Minuten freien Lauf und versuchen Sie, nicht dagegen anzugehen. Nach den drei Minuten fragen Sie sich,
- ob Sie einer Problemlösung nähergekommen sind.
- ob Ihnen etwas klarer geworden ist, was Sie vorher nicht recht verstanden haben.
- ob Sie weniger erschöpft, selbstkritisch, pessimistisch oder niedergeschlagen geworden sind.

Wenn Sie alles mit Nein beantworten, dann war es Grübeln und nicht Nachdenken.

7.7.2 Gemeinsames Grübeln

Grübeln und Sorgen wurden in diesem Kapitel als etwas behandelt, das man alleine macht. Es gibt jedoch auch das gemeinsame Grübeln, das Sie schon als »kollektives Grübeln« kennengelernt haben (▶ Kap. 5.5.5). Damit ist die Art von Gesprächen gemeint, in denen man mit Ausdauer über Probleme redet, ohne dass am Ende eine Lösung erkennbar wäre. Die Gesprächspartner versichern sich stattdessen, dass das Problem schon lange besteht, aktuell besonders schlimm ist und auch in Zukunft unveränderbar sein wird. Die anfängliche Lust, im Problem vereint zu sein, weicht im Verlauf des Gesprächs immer mehr einem Erleben von Erschöpfung, Frustration und Entmutigung. Selbst bei den attraktivsten Erholungsaktivitäten kann diese Art von Gesprächen das Erleben von Erholung vollständig ruinieren. Anstatt dass das Problemfeuer langsam herunterbrennt, legt diese Art des Gesprächs immer neue Holzscheite ins Feuer.

7.7.3 Alles hat seine Zeit

Beim Gespräch oder dem Nachdenken über Probleme gilt es auch den Zeitpunkt zu beachten. Unsere größte gedankliche Leistungsfähigkeit haben wir am späten Vormittag. Zu dieser Zeit besteht die beste Chance der kreativen Lösung schwieriger Probleme. Problemgespräche werden oft in den späten Abendstunden oder gar in der Nacht geführt. Die Wahrscheinlichkeit, in dieser Zeit gute Lösungen für schwierige Probleme zu finden, ist eher gering. Zudem: Wer spät abends schwerwiegende Probleme wälzt, aktiviert seinen Körper (»Stress«) derart, dass es anschließend sehr schwierig wird, die notwenige Ruhe für erholsamen Schlaf zu finden. Wie wäre es, einen »spätesten Zeitpunkt« für die gedankliche Beschäftigung mit Problemen festzulegen?

Unter der Perspektive der Erholung ist eine weitere Gewohnheit besonders ungünstig. Diese betrifft die Gestaltung des wöchentlichen Ruhe- und Feiertages. Ein Grundanliegen des Ruhe- und Feiertages ist es, einen Tag in der Woche von den alltäglichen Arbeiten und Problemen Abstand zu halten, um zumindest einen Tag in der Woche Ruhe und Freiraum für anderes zu haben. Dieser Freiraum wird jedoch bisweilen ganz anders genutzt. Da Problemgespräche während der Woche zu anstrengend scheinen, werden diese auf den Ruhe- und Feiertag verschoben. Statt gemeinsamer Erholungs-Oase erfolgt verabredete Problembeschau.

Gäbe es hierzu Beispiele, die Sie in den vergangenen Wochen selbst erlebt bzw. mitgestaltet haben?

Zur Pflege der Erholungswelt wäre es wichtig, Zeiten und/oder Aktivitäten festzulegen, in denen keine Gespräche über berufliche oder private Probleme geführt werden. Schließlich ist es eine Überlegung wert, ob die 24 Stunden des wöchentlichen Ruhe- und Feiertags von Abend zu Abend gestaltet werden können, z. B. mit einem guten Abendessen als Start. Dies hat den Vorteil, dass eine Nacht im Ruhe- und Feiertag eingebettet ist. Der abendliche Beginn trägt dazu bei, dass sich Ruhe einstellen kann, die eine der besten Voraussetzungen für erholsamen Schlaf ist.

7.7 »Gedankenfreiheit«

Abschließend finden Sie Übungen, die zu mehr Gedankenfreiheit führen können. Die erste Übung zielt auf die Reduktion von negativen Gedanken ab. In der zweiten Übung geht es darum, die Aufmerksamkeit und Wertschätzung für positive Erlebnisse zu stärken.

Übung

Reduktion von negativen Gedanken
Förderung der Zuversicht bei Sorgenneigung
- Schritt 1: Was belastet mich? Schreiben Sie zunächst auf, über welche Situation bzw. Konstellation Sie momentan am meisten grübeln oder sich Sorgen machen. Bewerten Sie anschließend, wie stark diese Situation bei Ihnen Unwohlsein auslöst (0 = kein Unwohlsein, 10 = stärkstes Unwohlsein).
- Schritt 2: Welche Fähigkeit wird zum Umgang mit der belastenden Situation benötigt? Schreiben Sie ein bis drei Fähigkeiten auf, die Sie bräuchten, um mit dieser Belastung sicher und gelassen umgehen zu können.
- Schritt 3: Wo in der Vergangenheit zeigten sich die benötigten Fähigkeiten bereits in Ansätzen? Wählen Sie eine dieser Fähigkeiten aus. Gab es eine konkrete Situation in den letzten zwei Jahren, in der Sie gemerkt haben, dass Sie schon etwas von dieser Fähigkeit besitzen? Rufen Sie sich diese eine konkrete Situation so genau wie möglich ins Gedächtnis. Was war das für eine Situation und wie hat sich diese Fähigkeit genau geäußert?
- Schritt 4: Die Fähigkeit verinnerlichen. Wenn Sie ein Foto machen oder ein Bild malen würden, welches Bild beschreibt am besten diese Fähigkeit, die Sie bei sich bemerkt haben? Gibt es eine Stelle in Ihrem Körper, wo Sie spüren, dass Sie schon etwas von dieser Fähigkeit besitzen?
- Schritt 5: Die Belastung vor dem Hintergrund der Fähigkeiten anschauen. Wenn Sie diese Vorstellung lebendig vor sich haben, schauen Sie noch einmal von dieser Position auf die belastende Situation und achten Sie darauf, wie Sie sich gerade fühlen. Dazu können Sie für einen Moment die Augen schließen und zu Beginn einmal kräftig ein- und ausatmen. Hat sich die Ausgangssituation für Sie verändert? Bewerten Sie erneut, wie stark die Situation im Moment bei Ihnen Unwohlsein auslöst (0 = kein Unwohlsein, 10 = stärkstes Unwohlsein).

Die Schritte 3 bis 5 können Sie für weitere Fähigkeiten wiederholen.

Übung

Aufmerksamkeit und Wertschätzung für positive Erlebnisse
Wahrnehmung und Wertschätzung positiver Erlebnisse
Unsere Wahrnehmung und Aufmerksamkeit hat eine eingebaute Schwerkraft in Richtung negativer Erlebnisse. Deswegen müssen die meisten Menschen nicht trainieren, negative Erlebnisse, Ärgernisse oder Gefahren wahrzunehmen. Positive Erlebnisse werden hingegen leicht übersehen. Ein **Dankbarkeitstagebuch** ist daher eine gute Möglichkeit, positive Erlebnisse besser wahrzunehmen und wertzuschätzen. Nachfolgend wird dazu eine – besonders zeitgemäße – von vielen möglichen Varianten beschrieben.

Das »Wie-im-Urlaub-Dankbarkeitstagebuch« besteht darin, die Kamera des Smartphones oder die Digitalkamera so zu nutzen, wie es viele Menschen im Urlaub tun: immer auf der Jagd nach den schönsten Motiven und Erinnerungsfotos. Vielleicht kennen Sie Freunde oder Sie gehören selbst zu den Zeitgenossen, die im Urlaub die Kamera ständig dabei haben und hellwach für alle guten Gelegenheiten sind, ein schönes Motiv zu fotografieren. Diese Fotoleidenschaft gilt es nun für eine begrenzte Zeit auf den Alltag zu übertragen. Ziel ist es, Fotos von Erlebnissen und Begegnungen zu sammeln, für die Sie dankbar sind, und diese im Rahmen eines meditativen Tagesrückblicks auf sich wirken zu lassen.

- Zunächst legen Sie fest, für wie lange Sie das Dankbarkeitsfototagebuch ausprobieren wollen. Ein bis maximal drei Wochen intensives Probetraining reicht in der Regel aus, um erste Wirkungen zu sehen.
- Wie viele Dankfotos wollen Sie am Tag sammeln? Wenn fünf Portionen Obst und Gemüse am Tag für die körperliche Gesundheit empfohlen werden, wie viele Dankfotos wären ein gutes Ziel, um die psychischen Gesundheit zu pflegen?
- Wann können und möchten Sie einen etwa fünfminütigen meditativen Tagesrückblick durchführen, in dem Sie die Dankfotos auf sich wirken lassen? Es bietet sich an, dies nach dem Abschluss der letzten Arbeiten einzuplanen.
- Beim meditativen Tagesrückblick lassen Sie Ihre guten Erlebnisse auf sich wirken. Gehen Sie diese Erlebnisse nacheinander anhand der Fotos durch oder greifen Sie sich eines heraus, das Sie besonders anspricht.
- Ein paar Tipps können bei der Gestaltung des Tagesrückblicks helfen:
Schaffen Sie sich einen ruhigen und angenehmen Ort. Versuchen Sie diese Erlebnisse in der Rolle eines Beschenkten anzunehmen und zu genießen. Sie können die Augen schließen und das gute Erlebnis nochmals vor Ihrem inneren Auge lebendig werden lassen. Wofür genau empfinden Sie Dankbarkeit? Worüber haben Sie sich gefreut? Bleiben Sie für einen Moment bei diesem Gefühl. Achten Sie auch darauf, wie sich das Gefühl von Dankbarkeit in Ihrem Körper oder Ihren Sinnen äußert. Wenn Ihnen ablenkende Gedanken durch den Kopf gehen, bleiben Sie gelassen. Ablenkungen sind normal. Gehen Sie einfach wieder zurück zu dem guten Erlebnis und lenken Sie Ihre Aufmerksamkeit auf das dankbare Empfangen Ihres »Geschenks«.
- Am Ende des intensiven Probetrainings entscheiden Sie, ob und in welchem Umfang Sie diese Praxis weiterführen möchten.

Was ist sind die wichtigsten Impulse, die Sie in diesem Abschnitt erhalten haben?
Gibt es etwas, das Sie ausprobieren möchten?
Und falls Sie es möchten, was hindert Sie daran, es auch zu tun?

7.8 Der Erholungsladen oder »Was kostet Erholung?«

Im Alltag haben Träume, Wünsche und Klagen nicht selten die Funktion, bedrückend erlebte Realitäten aufzuwiegen: *Einerseits habe ich viel Stress im Beruf, andererseits wünsche ich mir Erholung und träume mitunter davon, was ich machen würde, wenn die Last der Verpflichtungen von mir genommen würde* – wie auch immer: ein Lotteriegewinn in Millionenhöhe, eine Erbschaft, Frühpensionierung? Das Positive daran ist, dass solche Träume und Wünsche das Leben erträglicher machen, der Nachteil, dass sie nicht selten die Realisierung von konkreten Handlungen, die tatsächlich Entlastung und Erholung bringen könnten, verhindern. Nicht, dass Sie uns falsch verstehen, Träumen ist wunderbar, solange wir das Handeln dabei nicht vergessen.

Ein König ist der Mensch, wenn er träumt, ein Bettler, wenn er nachdenkt!

Wenn Sie dem zustimmen, träumen Sie weiter. Wenn nicht, betreten wir nun gemeinsam den Erholungsladen.

> Unsere Gedanken, die in unserem Kopf herumschwirren, wirken auf uns derart zwangsläufig, dass es uns schwerfällt, quasi den Fuß in die Tür zu bekommen und dann wirklich etwas zu verändern. Eine Veränderung fällt uns tatsächlich sehr schwer, weil es sich um gelernte und sich im Alltag häufig wiederholende Muster handelt. In AGIL versuchen wir, wie bereits mehrfach dargelegt, solche Konstellationen greifbarer zu machen, indem wir auf prägnante Bilder bzw. Konstellationen aus dem Alltag zurückgreifen.

Wenn AGIL in einer Gruppe durchgeführt wird, dann wird der Erholungsladen zu einem Rollenspiel, in dem Sie im Miteinander mit den anderen Teilnehmern die Frage *»Was ist mir Erholung tatsächlich wert?«* so konkret auf den Punkt bringen, wie es in Läden üblich ist: *Alles hat seinen Preis!* Nur dass die Kosten für Erholung nicht in Euro oder Cent, sondern in einer anderen Währung bezahlt werden.

Erholung wünschen wir uns alle. In unserer beschleunigten Zeit werden ruhige Minuten, kraftschöpfende Momente und energiegebende Aktivitäten immer seltener und damit immer wertvoller. Ständig könnten wir etwas verpassen. Es gibt – zumal für Lehrkräfte, deren Beruf de facto nie zu Ende ist (was Siegmund Freud auf den Punkt bringt: *»ein unmöglicher Beruf«*) – immer etwas zu tun. Zudem stehen unendlich viele andere Personen oder Dinge bereit, um irgendwie unsere Aufmerksamkeit zu erlangen, seien es der Partner, die Partnerin oder die eigenen Kinder, und irgendwie hat das alles mit unseren eigenen Ansprüchen, Wünschen oder Visionen zu tun (▶ Kap. 5.2).

Hiervon ausgehend betreten wir nun gemeinsam einen Laden, der vor wenigen Wochen in Ihrer Nachbarschaft, nur ein paar Straßen weiter, eröffnet hat. Das Schild »**Erholungsladen**« über der Tür ist bereits montiert, das Schaufenster wird gerade eingerichtet, ein paar Plakate hängen schon da, Bilder vom weiten Meer, von hohen Bergen und sonnigen Stränden. Mittendrin steht ein Liegestuhl … und wenn nicht »Erholungsladen« darüber stände, könnte man es auf den ersten Blick für ein Reisebüro halten. Neugierig geworden und von der adretten Dame, die im Laden am Schreibtisch zu sehen ist, freundlich eingeladen, öffnen wir die Tür. »*Suchen Sie etwas Bestimmtes … kann ich Ihnen weiterhelfen?*« – werden Sie begrüßt. Darauf werden Sie vermutlich »*Ich möchte mich erst einmal umsehen*« antworten. Womit Sie in eben diesem Moment im Gedankenexperiment angekommen sind.

Pardon! Wir haben vergessen, zu erklären, was ein Erholungsladen eigentlich ist. Ein Erholungsladen ist, ja genau, ein Laden, in dem Sie alles zur Erholung kaufen können. So wie Sie beim Juwelier eine große Auswahl an Schmuck oder beim Bäcker diverse Leckereien erhalten können, bietet Ihnen dieser Erholungsladen grundsätzlich alles an, was Ihr Herz zu Ihrer eigenen Erholung begehrt: Urlaubsreisen, Zeit nur für Sie alleine, Fahrradfahren, Joggen, Schwimmen, mehr Zeit mit den Kindern oder dem Partner, lustige Abende mit Freunden, Theaterbesuche, Konzerte, Ihre höchstpersönlichen Erholungsfantasien kennen Sie selbst am besten – im Erholungsladen bietet sich nun die Möglichkeit, sie zu realisieren.

»*Suchen Sie etwas Bestimmtes … kann ich Ihnen weiterhelfen?*«, hatte die freundliche Verkäuferin gefragt. Sich erst einmal umzusehen ist natürlich in Ordnung, wobei es weniger darum geht, sich im Laden als vielmehr in Ihrem Kopf umzusehen. Wie gesagt, im Laden gibt es grundsätzlich alles zum Thema Erholung:

Was würden Sie im Erholungsladen kaufen?

_____

_____

Ihre Antwort, das, was Ihnen spontan als Antwort eingefallen ist, ist nett und vermutlich eher unverbindlich. Auf diesem Weg kommen Sie vielleicht überall hin, aber nicht dem AGIL-Ziel »Entlastung und Erholung« näher … also bitte, schreiben Sie Ihre Erholungsanliegen konkret auf (es sieht ja niemand; und mutmaßlich sind Sie mit dem, was Sie hier aufschreiben, nicht alleine). Na gut, nehmen wir an, es ist ein Urlaub oder ein Hobby, z. B. regelmäßig Schwimmen gehen oder mehr Zeit mit dem Partner und der Partnerin verbringen.

Wenn Sie sich nun in die freundliche Verkäuferin hineinversetzen, dann … antwortet diese, natürlich wieder mit einem freundlichen Lächeln: »*In dieser Richtung haben wir etwas da, selbstverständlich. Wenn Sie mir nun bitte konkret sagen könnten, was Sie suchen …*«

7.8 Der Erholungsladen oder »Was kostet Erholung?«

Also bitte: Sie kommen nicht umhin, als nächsten Schritt Ihren Erholungswunsch zu konkretisieren:

_____

_____

Hier einige Beispiele für konkrete Erholungswünsche:
- Nehmen wir an, Sie möchten eine Reise unternehmen: Wie lange möchten Sie verreisen? Wohin soll es gehen und mit wem? Wann möchten Sie die Reise machen?
Oder:
- Sie haben sich für ein Hobby entschieden: Wie häufig möchten Sie das Hobby in der Woche durchführen und für wie lange? An welchen Tagen, zu welcher Tageszeit, alleine oder mit jemandem zusammen?
Oder:
- Sie möchten mehr Erholungszeit haben: Wie viel Zeit brauchen Sie und an welchen Tagen genau?

Sie merken schon, es ist wesentlich leichter zu sagen: »*Ich brauche mehr Erholung*«, als sich konkret Gedanken darüber zu machen, was Sie im Erholungsladen kaufen würden.

Für den Fall, dass Sie die freundliche Verkäuferin nun gar nicht mehr als freundlich, sondern als unangenehm-fordernd erleben (»*Was geht die das denn an, schließlich bin ich Kunde, und eine wirklich kundenorientierte Verkäuferin muss mir verlockende Angebote machen ... und einen guten Preis!*«), dann haben Sie sich soeben in gewissem Maße selbst kennengelernt (wobei Ihnen dieser Aspekt möglicherweise nicht gefällt). Es wäre nämlich genau ein Muster, eben nicht die Verantwortung für sich zu übernehmen. An der Verpflichtung, seine eigenen Bedürfnisse zu konkretisieren, kommt man nicht vorbei.

Ansonsten würde man von den unendlichen Verlockungen der Konsumgesellschaft mal hier, mal dort über den Tisch gezogen werden. Auch wenn man sich dann immer noch als handelndes Individuum vorkommt, de facto ist man nur ein Objekt geschickter Manipulation und dient den Interessen anderer. Darin unterscheidet sich der Erholungsladen grundsätzlich (vorteilhaft) von anderen Geschäften: Die freundliche Verkäuferin hier ist wirklich freundlich, also Ihre Freundin. Sie tut nicht nur so, um Ihnen irgendetwas anzudrehen, damit sie selbst einen möglichst großen Gewinn macht, sondern sie will und wird Ihnen helfen, tatsächlich Ihre Wünsche zu erfüllen, sobald Ihnen klar ist, was diese Wünsche sind.

Also: Je konkreter Sie an dieser Stelle werden, desto gewinnbringender werden die nächsten Schritte für Sie. Und, damit es leichter wird: Es müssen ja nicht Ihre letzten Bestellungen im Erholungsladen sein. Fürs Erste aber konkret:

> »Sehr geehrte Verkäuferin, wie war noch Ihr Name? ... Ich bin noch sehr unentschlossen, aber ich glaube, ich hätte gerne ... – jeden zweiten Tag am Nachmittag eine Stunde nur für mich!«
> Verkäuferin: »Ja, so kann ich mit Ihrer Bestellung etwas anfangen. Und glücklicherweise habe ich genau das auch im Angebot! Wie würden Sie gerne bezahlen?«

Sie haben es sicherlich schon erwartet, es gibt eine Besonderheit im Erholungsladen: Alles hat seinen Preis! Nein, das war nicht die Besonderheit! Die liegt darin, dass Sie in diesem Laden nicht mit Geld bezahlen können. Somit wäre es auch in unserem Gedankenexperiment unsinnig, hier irgendwelche Beträge zu nennen.

> »Geld regiert die Welt! Warum soll das hier nicht funktionieren?«

War das Ihre Frage? Eine berechtigte Frage, da uns – unter anderem durch die Werbung – immer wieder suggeriert wird, dass wir mit Geld alles kaufen können: Gesundheit, Schönheit, Erfolg und natürlich auch Erholung. Glauben Sie das wirklich? Natürlich nicht ... Erholung für Geld kaufen, wie hat das bei Ihnen bisher funktioniert? Selbst im 5-Sterne-Hotel in der Karibik bei »All inclusive« habe ich Stress: Ich kann kaum alle Angebote, für die ich bezahlt habe, wirklich auch nutzen; wenn ich schon da bin, sollte ich alle karibischen Inseln vor Abreise wenigstens einmal betreten haben, oder, oder, oder ... Sie selbst wissen am besten, für welchen Stress Sie persönlich anfällig sind – vorausgesetzt, wie immer in AGIL, Sie sind ehrlich zu sich selbst.

> **Meine bisherigen Erfahrungen damit, mir Erholung für Geld kaufen zu wollen**
> Für den Fall, dass Sie Deutsch unterrichten, bitte zum Thema einen Aufsatz schreiben. Entschuldigung! Die Aufforderung gilt selbstverständlich für alle AGIL-Teilnehmer, auch die, die andere Fächer unterrichten!

Spätestens jetzt dürften Sie gemerkt haben, worauf es hinausläuft: Erholung hat einen anderen Gegenwert als den monetären. Aber welchen? Was könnte die freundliche Verkäuferin von Ihnen als Gegenleistung haben wollen?

> Wenn Sie bitte die Rolle der freundlichen Verkäuferin übernehmen, sie ist Ihnen sicher wie auf den Leib geschnitten: freundlich, ehrlich, weise und konsequent. Bitte den folgenden Text – den Sie selbstverständlich auf den jeweiligen Kunden, in dem Fall Sie selbst, anpassen sollten – laut lesen:
>
> »Liebe Frau/Lieber Herr ... [hier Ihren Namen einsetzen], *ich freue mich sehr, dass wir ins Geschäft kommen. Die meisten unserer Zeitgenossen verlassen meinen Erholungsladen nämlich umgehend, wenn sie erfahren, dass ich keine Kreditkarten nehme* (charmantes Lächeln). *Natürlich geht es um etwas ganz anderes: Erholung braucht Zeit und Raum! Und da der liebe Gott diesbezüglich alles klar geregelt hat, klappt das mit der Erholung jenseits der Relativi-*

7.8 Der Erholungsladen oder »Was kostet Erholung?«

tätstheorie nur, wenn man auf etwas anderes verzichtet! Also: Ihre Erholungsstunden (XXX) bekommen Sie von mir! Dafür müssen Sie mit dem Verzicht auf etwas anderes bezahlen … Was bieten Sie mir, was haben Sie im Angebot, wollen wir da mal gemeinsam Bilanz ziehen?«

Womit wir am zentralen Punkt des Erholungsladens angekommen sind:

Was ist Ihnen Erholung wert, was darf sie kosten?

Das, was jetzt kommt, funktioniert im Rollenspiel gut, weil der erholungsuchende Teilnehmer nicht umhin kommt, die Karten auf den Tisch zu legen und Bilanz zu ziehen. Wie wichtig ist Ihnen bzw. ihm die Erholung wirklich – was würde er einsetzen bzw. worauf wollen Sie verzichten, um diese zu bekommen? Die Zeit auszudehnen funktioniert nicht (▶ dazu Kap. 6.4) und immer mehr in die begrenzte Zeit hineinzupacken führt nicht zur Erholung, sondern zunehmend zu Stress, eben dem Phänomen, das unsere Epoche dominiert. Also geht es de facto immer auch um »Verzicht«. Das ist absolut nicht populär und (vordergründig) kundenunfreundlich. Es ist aber der einzige Weg …

Und nebenbei beantworten Sie die Frage, warum Sie Ihren Erholungswunsch bisher noch nicht in Ihrem Alltag umgesetzt haben.

Was war konkret Ihr Erholungswunsch?

_____

_____

(z. B. zweimal in der Woche eine Stunde für mich haben …)

Worauf würden Sie dafür verzichten? Welches Angebot machen Sie der freundlichen Verkäuferin, die während der Gespräche nun wirklich eine gute Freundin geworden ist?

_____

_____

Nun kommt Ihnen vielleicht die Idee, mit anderen Dingen zu bezahlen, die Sie schon lange loswerden wollen, z. B. dem Stapel Korrekturen auf dem Schreibtisch oder Ihrem anstrengenden Nachbarn. Doch mit Gegenleistungen dieser Art werden Sie im Erholungsladen keinen erfolgreichen Kauf abschließen, auch wenn die Gelegenheit an dieser Stelle natürlich verlockend scheint. Falls Ihnen jetzt der Kopf anfängt zu rauchen, dann ist das ein gutes Zeichen. Bitte verlassen Sie den Laden an dieser Stelle nicht. Der Rauch zeigt nur, wie sehr es bei Ihnen zu arbeiten beginnt, und genau das möchten Sie ja!

⌐ Also die Antwort der Verkäuferin an dieser Stelle könnte lauten: »*Tut mir leid, auch diese Währungen sind ungültig in diesem Laden. Wie können Sie noch bezahlen?*«

Was fällt Ihnen noch als »wertvolles« oder zielführendes Zahlungsmittel ein?

_____

_____

Kein Geld, keine (Alt-)Lasten, was bleibt dann noch übrig?

⌐ Probieren Sie es weiter aus, die Verkäuferin ist geduldiger, als Sie denken ... sie fragt Sie an dieser Stelle: »*Sie möchten jeden zweiten Nachmittag eine Stunde für sich alleine haben? Was hat Sie bisher davon abgehalten, sich diese zwei Stunden zu nehmen?*«

_____

_____

_____

Jetzt liegt es an Ihnen: War es das schlechte Gewissen dem Partner oder den Kindern gegenüber oder der eigene Antreiber, der sagt, Zeit nur für mich ganz alleine ist egoistisch? Oder fehlte es Ihnen einfach an Zeit, die Sie an anderer Stelle gewinnen müssen?

Sie merken schon, in welche Richtung das Ganze geht:

Ein schlechtes Gewissen auszuhalten ist ein wunderbares Zahlungsmittel, ebenso die Annahme, ich bin egoistisch, wenn ich meinen Bedürfnissen folge.

Welches Zahlungsmittel ist Ihr persönlicher Preis?

Je unangenehmer sich der Kauf anfühlt, desto näher sind Sie dran, einen wirklichen Erholungskauf abzuschließen!

⌐ Mein abschließendes Angebot wäre:

_____

_____

Auch hier: Bitte ausformulieren! Die Sache ist nämlich kompliziert und die Verkäuferin, so nett sie ist, wirklich klug. Denn natürlich kann man anbieten, auf bestimmte Tätigkeiten zu verzichten, etwa:

7.8 Der Erholungsladen oder »Was kostet Erholung?«

> »Um zwei Stunden in der Woche nur für mich zu haben, werde ich zukünftig weniger Zeit mit der ›nervigen‹ Kollegin XY verbringen, weniger Zeit für Korrekturen brauchen …«

Bingo!

> So würde die Verkäuferin darauf antworten:
>
> »Eine wirklich gute Idee! Aber bitte bedenken Sie, dass ich Ihnen auf diese Idee hin nicht einfach zwei Erholungsstunden pro Woche geben kann. Die Ware ist knapp, alle wollen Erholungsstunden. Ich brauche irgendeine Sicherheit, dass Sie im Gegenzug Ihre Zusagen einhalten und tatsächlich bezahlen! Mal ehrlich: Wenn Sie weniger Zeit mit der ›nervigen‹ Kollegin verbringen wollen – die wird doch Druck machen, sich noch mehr aufdrängen! Schaffen Sie es überhaupt, sie dann auf Distanz zu halten? Und weniger Zeit für Korrekturen zu brauchen: Sicher, von Ihrer Kompetenz her kein Problem. Aber mit Blick auf Ihre Gewissenhaftigkeit und Ihre Stressverstärker [die Verkäuferin ist AGIL-Spezialistin!] – wie soll das denn funktionieren? Dann sitzen Sie mit schlechtem Gewissen herum …

> *Mein Vorschlag wäre, wir gehen die Sache schrittweise an. Sie machen mir Ihr Angebot schriftlich, unter Berücksichtigung dessen, wie Sie Ihre Bezahlung aufbringen wollen. Und dann probieren wir es ab sofort einfach zwei Wochen aus. Nach zwei Wochen kommen Sie wieder … und dann schauen wir mal, ob wir einen endgültigen Kaufvertrag (oder noch einen Versuch unter anderen Vorzeichen) machen können!«*

Versuchen Sie sich, so gut es geht, in eben diese Situation hineinzuversetzen, machen Sie sich selbst ein Bild vom Laden, probieren Sie beide Rollen aus, die der Verkäuferin und Ihre eigene, und formulieren Sie den Vertrag so, dass Sie ihn als tragfähige Basis für Ihr AGIL-Projekt nutzen können. Letztlich geht es darum: Ihr Erholungswunsch hat seinen individuellen Preis und der Grund, dass Sie diesem Wunsch noch immer hinterherträumen, kann unterschiedliche Wurzeln haben:

- Entweder war Ihnen der Preis bisher zu hoch. Nehmen Sie an, Sie wünschen sich ein eigenes kleines Café auf Hawaii. Doch Sie merken bei der Planung des Projektes, dass Ihnen der Umzug nach Amerika, die Verwurzelung der Kinder, das Aufgeben der Verbeamtung sowie die damit verbundene Sicherheit einfach im Moment zu teuer sind. Verständlich!
  Oder:
- Sie haben sich den Preis noch gar nicht vor Augen geführt, sondern haben es bisher lieber beim Träumen belassen. Träumen kann wunderschön sein!
  Oder:
- Sie haben bisher gedacht, es läge am Schulsystem, Ihrem Schulleiter, Ihren drei Kindern oder gar der Ehepartnerin, dass Sie keinen wohlverdienten Urlaub gemacht haben. Auch diese Sichtweise ist nachvollziehbar, doch leider nicht der Realität entsprechend – damit entziehen Sie sich Ihrer eigenen persönlichen Verantwortung für Ihre Gesundheit.

Erholungsladen – Vertrag

Der einzigartige Erholungsladen bietet

Frau/Herrn _____

folgende Erholungsleistung an:

_____

_____

(hier Ihr realistisches erstes Erholungsziel eintragen)

Dafür verpflichtet sich Frau/Herr _____,

folgende Gegenleistung zu bringen:

_____

_____

_____

Dem Käufer ist bewusst, dass die Gegenleistung nur erbracht bzw. die Erholungsleistung nur bezahlt werden kann, wenn folgende Punkte berücksichtigt werden:

_____

_____

_____

(vermutlich steht hier Ihr AGIL-Veränderungsprojekt bzw. ein Teilaspekt davon)

Für den Fall, dass die Gegenleistung nicht erbracht wird, kann der Erholungsladen jederzeit von seinem Angebot zurücktreten.

Das AGIL-Team
Unterschrift des Verkäufers   Unterschrift des Käufers

7.8 Der Erholungsladen oder »Was kostet Erholung?«

Also noch einmal die alles entscheidende Frage: Was ist der Grund dafür, dass Sie Ihren Erholungswunsch bisher noch nicht in Ihrem Alltag umgesetzt haben?

_____

_____

_____

Ihre Antwort wird eng mit dem individuellen Preis zusammenhängen, den Sie zahlen müssen, um Ihren Erholungswunsch Realität werden zu lassen bzw. um im Erholungsladen einen erfolgreichen Kauf zu tätigen, z. B.:

- Die halbe Stunde am Tag, die Sie sich nur für sich wünschen, ohne Partner oder Kinder, hat möglicherweise zur Folge, dass Ihre Kinder in dieser Zeit Fernsehen schauen, was Sie ganz und gar nicht gutheißen. Oder Ihr Partner wird überhaupt nicht erfreut über Ihren Kauf sein, da er sich sowieso schon mehr gemeinsame Zeit mit Ihnen wünscht. Der Preis könnte somit möglicherweise darin liegen, dass Sie ein wenig Ihrer Kontrolle über das Verhalten der Kinder abgeben und gleichzeitig die (vorübergehend) schlechte Laune des Partners aushalten müssten, der, aus seiner Sicht, an dieser Stelle zu kurz gekommen ist.
- Oder ein anderer Wunsch: ein Abend mit dem Partner oder der Partnerin (hier braucht man möglicherweise einen kostspieligen Babysitter) oder einen Abend weniger zur Klausurenkorrektur. Im ersten Fall hätte der Preis tatsächlich doch eine finanzielle Komponente (oder geht es darum, das Kind vorübergehend jemand anderem anzuvertrauen?). Im zweiten Fall ginge es vielleicht mehr um den eigenen Perfektionismus, um das Aushalten, dass die Korrekturen nur drei- statt fünfmal durchkorrigiert sind oder nicht rechtzeitig zurückgegeben werden. An dieser Stelle geht es um den Umgang mit dem bekannten »schlechten Gewissen«.
- Dann nehmen wir noch ein beliebtes Hobby (Laufen, Fahrradfahren, Schwimmen oder Yoga). Wo könnte hier das Hindernis liegen? Ist es das Aufraffen am Abend (es ist doch so gemütlich auf der Couch) oder liegt es am Wetter (mal zu heiß, mal zu kalt, mal zu viel Regen, mal zu trockene Luft) oder aber daran, dass Sie eigentlich gar keine Lust zu dieser Bewegung haben? Sie denken, Sie müssten es machen, weil Sie noch gesünder, aktiver oder schlanker sein wollen? Mittlerweile liegen die Preise auf der Hand: Beim ersten Hindernis wäre vielleicht eine Verabredung oder Sport in der Gruppe hilfreich. Beim Wetter wäre der Preis, die Verantwortung zu übernehmen. Wofür soll das Wetter denn noch alles verantwortlich sein? Und im letzten Punkt haben sich Ihre hohen Ansprüche als Erholungswunsch getarnt, der Preis liegt also schlicht und einfach in der Enttarnung des Wunsches. Haben Sie diesen Schritt gemacht, hat sich auch der Wunsch erledigt. Denn wirklich erholsam ist nur das, was Sie »von Herzen gern« tun, nicht die Aktivitäten, die Sie tun, um etwas zu erreichen. Ganz im Gegenteil, Letzteres raubt Ihnen nur noch mehr Energie, ohne

dass Sie es merken. Und dann sind Sie müde, obwohl Sie sich doch eigentlich erholt haben. Die Betonung liegt hier auf »eigentlich«.

Das sind alles Beispiele, die die Individualität der persönlichen Preise veranschaulichen sollen. Vielleicht spricht Sie das eine oder andere Beispiel an. Wichtig ist, dass Sie entscheiden, worum es bei Ihnen geht. Voraussetzung ist mal wieder radikale Ehrlichkeit sich selbst gegenüber, radikal, so gut es Ihnen möglich ist. Anders ausgedrückt: Wenn man nicht wirklich hinschauen will und dort mit seinen Betrachtungen aufhört, wo es anfängt, unangenehm zu werden, dann darf man sich auch nicht wundern, wenn letztlich Erholung und Lebensqualität auf der Strecke bleiben. Man kann sich dann noch als Märtyrer fühlen, als armes Opfer eines bösen, von Dilettanten betriebenen Systems. Aber wäre das wirklich eine erstrebenswerte, für irgendwen wirklich hilfreiche Perspektive?

Noch eine abschließende Frage: Kommen Ihnen die Preise für die Erholungswünsche in irgendeiner Weise bekannt vor? Wir haben im ▶ Kapitel 6.4.2 bereits über die Plus-Minus-Null-Regel geschrieben. Der Tag hat 24 Stunden (die Woche 168 Stunden). Alles, was Sie zusätzlich an Aktivitäten, Verpflichtungen oder Terminen in diesen Tag aufnehmen, muss an anderer Stelle an Zeit wieder wegfallen. Das Zahlungsmittel im Erholungsladen ist eng mit dieser Regel verbunden, denn das, was Sie sich an Erholung wünschen, hat den Preis eben an einer anderen Stelle. Wenn Sie bereit sind, sich diesen Preis vor Augen zu führen, werden Sie handlungsfähig, können bewusst eigene Entscheidungen treffen und haben eine reelle Chance, diese auch umzusetzen. So nehmen Sie Ihre Gesundheit selbst in die Hand statt andere oder anderes verantwortlich für Ihren Stress oder Ihre fehlende Erholung zu machen. Die Übernahme der eigenen Verantwortung ist die unumgängliche Voraussetzung für Veränderung!

> Das soll keine Gardinenpredigt sein, sondern nur der Hinweis auf eine schlichte Tatsache, die im Alltag leicht vergessen wird. Weil sie unangenehm ist? Nein, andersherum: Gerade da liegt die Freiheit, die wir haben, unser Leben AGIL zu gestalten.

Jetzt hätten wir fast vergessen, unser Gedankenexperiment adäquat abzuschließen.

> Nachdem Sie sich mit der freundlichen und im Laufe dieses Kapitels schon vertraut gewordenen Verkäuferin einig geworden sind, verschwindet diese kurz im hinteren Teil des Ladens. Sie kommt nach circa einer Minute mit einer großen, mittelschweren Kiste zurück und überreicht Ihnen diese mit einem zufriedenen Gesichtsausdruck. Sie freut sich regelrecht über Ihren Einkauf, nicht, weil sie ein gutes Geschäft gemacht hat, sondern weil Sie Ihnen Ihre wohlverdiente Erholung überreichen darf.
>
> »Ich wünsche Ihnen viel Freude mit diesem Kauf und ich bin mir sicher, dass Sie ihn nicht bereuen werden. Alles Gute für Sie und auf Wiedersehen!«

7.9 Guten Abend, gute Nacht! Anmerkungen und Hinweise zum Thema »Gesunder Schlaf«

Wenn der Nachtschlaf über längere Zeit gestört ist, dann ist dies nicht selten, bezogen auf das Thema Lehrergesundheit, eine Sollbruchstelle. Das AGIL-Programm ist kein Schlaf-Ratgeber, diesbezügliche Bücher finden Sie unter anderem im Literaturverzeichnis. Angesichts der Bedeutung des Themas wollten wir aber nicht darauf verzichten, zumindest die wichtigsten Punkte zum Thema »Gesunder Schlaf«, so wie sie sich heute wissenschaftlich darstellen, zu referieren (s. die nachfolgenden Übersichten). Vieles wird Ihnen bekannt vorkommen, mehrere der genannten Punkte hängen eng mit AGIL-Themen (z. B. Grübeln) zusammen. Als AGIL-Profi, der Sie zwischenzeitlich mutmaßlich geworden sind, wird es Ihnen nicht schwerfallen, eben diese Verbindungen zu entdecken. Damit haben Sie dann, im Bedarfsfall, bereits den Fuß in der Tür, um Lösungen zu finden. Und das ist allemal besser als Schlaftabletten, die auf Dauer praktisch immer die schlechteste aller möglichen Lösungen sind.

7.9.1 Verhaltensweisen, die zu gutem Schlaf beitragen

	I. Den Schlaf-Wach-Rhythmus wieder in den Takt bringen
1.	Legen Sie sich nur dann zum Schlafen nieder, wenn Sie ausgeprägt müde sind.
2.	Stehen Sie jeden Morgen zur gleichen Zeit auf. Dies sollten Sie unabhängig von der Schlafdauer der vergangenen Nacht durchführen. Erst wenn sich der Schlaf verbessert hat, sollten Sie an einzelnen Tagen von diesem Plan abweichen.
3.	Schlafen sie nicht tagsüber. Durch den Schlaf tagsüber wird ein Teil des biologischen Schlafbedürfnisses befriedigt, was nächtliche Schlafstörungen hervorruft.
4.	Benutzen Sie das Bett ausschließlich zum Schlafen. Andere Aktivitäten (mit einer Ausnahme) sollten nicht im Bett ausgeführt werden.
5.	Keine längeren Wachzeiten im Bett. Wenn Sie das Gefühl haben, dass Sie nach 15–20 Minuten noch nicht eingeschlafen sind, verlassen Sie das Bett. Sie können z. B. im Wohnzimmer etwas Angenehmes machen, Lesen oder Musik hören. Gehen Sie erst wieder zu Bett, wenn Sie ausgeprägt müde sind.
6.	Wenn Sie trotz Befolgens der Regel 5 wieder nicht einschlafen können, wiederholen Sie diese Regel ggf. mehrfach. Wichtig ist es, die Verbindung von Bett und Nicht-Schlafen zu lösen.
	II. Günstige Voraussetzungen für einen guten Schlaf schaffen
1.	Schaffen Sie zwischen Ihrem Alltag und dem Zubettgehen eine Zeit zum »Entschleunigen«.
2.	Gestalten Sie Ihre Schlafumgebung angenehm (Temperatur, Licht, Geräusche).

3.	Ein Ritual zum Einschlafen (z. B. Spaziergang, Entspannungsmusik, Umziehen für die Nacht, Heizung abdrehen, Zähne putzen).
4.	Vermeiden Sie es, nachts auf die Uhr zu schauen.
5.	Körperlich aktiv sein, jedoch keine extreme körperliche Anstrengung am Abend.
6.	Koffeinhaltige Getränke (Kaffee, bestimmte Tees, Cola usw.) stimulieren den Körper und können daher den Schlaf beeinträchtigen. Daumenregel: 8 Stunden vor dem Zubettgehen keinen Kaffee trinken.
7.	Kein Alkohol zum besseren Einschlafen/am späten Abend. Alkohol verhilft zwar zu leichterem Einschlafen, er führt aber oft zu Durchschlafproblemen.
8.	Vermeiden Sie das abendliche Rauchen.
9.	Drei Stunden vor dem Zubettgehen sollten Sie keine größeren Mengen an Essen und/oder Trinken zu sich nehmen.
10.	Vermeiden Sie nächtliches Essen. Regelmäßiges Essen in der Nacht führt dazu, dass der Körper von selbst wach wird, weil er »erwartet«, »gefüttert« zu werden.

Zusammengestellt und erweitert von Prof. Dr. Dirk Lehr, Leuphana Universität Lüneburg

7.9 Anmerkungen und Hinweise zum Thema »Gesunder Schlaf«

7.9.2 Checkliste zu Verhaltensweisen, die zu gutem Schlaf beitragen

Verhaltensweise	Praktiziere ich bereits	Erscheint mir nicht sinnvoll	Möchte ich in den nächsten 3 Monaten ausprobieren	Möchte ich in der kommenden Woche ausprobieren	Was genau werde ich probieren?
Den Schlaf-Wach-Rhythmus wieder in den Takt bringen!					
1. Legen Sie sich nur dann zum Schlafen nieder, wenn Sie ausgeprägt müde sind.	O	O	O	O	
2. Stehen Sie jeden Morgen zur gleichen Zeit auf …	O	O	O	O	
3. Schlafen sie nicht tagsüber …	O	O	O	O	
4. Benutzen Sie das Bett ausschließlich zum Schlafen …	O	O	O	O	
5. Keine längeren Wachzeiten im Bett …	O	O	O	O	
6. Wenn Sie trotz Befolgens der Regel 5 wieder nicht einschlafen können, wiederholen Sie diese Regel ggf. mehrfach …	O	O	O	O	
Schlafhygiene – sich günstige Voraussetzungen für guten Schlaf schaffen!					
1. Schaffen Sie zwischen Ihrem Alltag und dem Zubettgehen eine Zeit zum »Entschleunigen …	O	O	O	O	
2. Gestalten Sie Ihre Schlafumgebung angenehm …	O	O	O	O	
3. Ein Ritual zum Einschlafen …	O	O	O	O	

Verhaltensweise	Praktiziere ich bereits	Erscheint mir nicht sinnvoll	Möchte ich in den nächsten 3 Monaten ausprobieren	Möchte ich in der kommenden Woche ausprobieren	Was genau werde ich probieren?
4. Vermeiden Sie es, nachts auf die Uhr zu schauen …	○	○	○	○	
5. Körperlich aktiv sein, jedoch keine extreme körperliche Anstrengung am Abend …	○	○	○	○	
6. Koffeinhaltige Getränke vor dem Zubettgehen vermeiden …	○	○	○	○	
7. Kein Alkohol zum besseren Einschlafen/am späten Abend …	○	○	○	○	
8. Vermeiden Sie das abendliche Rauchen …	○	○	○	○	
9. Keine größeren Mengen an Essen und/oder Trinken zu sich nehmen …	○	○	○	○	
10. Vermeiden Sie nächtliches Essen …	○	○	○	○	

8 AGIL und kein Ende

Schön, dass Sie dieses Buch gelesen haben, bis zur (fast) letzten Seite. Und damit bis zum Ende!? Noch erfreulicher ist es, dass Sie die eine oder andere Übung gemacht, den einen oder anderen Gedanken bezüglich Ihrer Einstellungen und Ihres Umgangs mit schulischen Belastungen ein gutes Stück konkretisiert und davon ausgehend experimentiert haben. Angesichts dessen – bzw. in diesem Fall – bedarf es keiner Begründung, warum AGIL für Sie relevant, gleichermaßen Anregung und Herausforderung, bleiben wird, zumindest »bis dass die Pension bzw. Berentung Sie vom Beruf scheidet«. So »unmöglich« der Lehrerberuf ist (was, wie gesagt, schon Siegmund Freud meinte), weil bezüglich der möglichen Aufgaben unbegrenzt, so wichtig ist es für jede Lehrkraft, eben dies und parallel dazu die eigenen Grenzen und Möglichkeiten zu reflektieren, um daran zu wachsen. Sicher nicht ständig, aber doch gelegentlich und idealerweise systematisch.

> *Muss das wirklich sein? Schließlich habe ich studiert, zwei Staatsexamina bestanden und genügend Lebenserfahrung. Ich kann mich und den Schulbetrieb objektiv genau einschätzen …*

Nach sieben langen AGIL-Kapiteln, die alle – jeweils aus anderen Perspektiven – eine Antwort auf diese Frage geben, ist davon auszugehen, dass dieser Einwurf nicht von Ihnen stammt und somit als hinreichend beantwortet und erledigt betrachtet werden kann.

Es mag Lehrkräfte geben, für die Selbstreflexion und persönliches Wachstum kein Thema sind. Aus verschiedenen Gründen. Und durchaus nicht alle diese Kollegen fahren schlecht damit. Man kann sich als Lehrkraft einen »Modus« angewöhnen, mit dem man, mehr oder weniger, über die Runden kommt. Wenn dieser persönliche »Modus« dann allerdings von außen nachdrücklich hinterfragt wird, etwa von Schülern und Schülereltern, die Lehrkräften nicht mit hinreichendem Respekt begegnen, oder auch von einer »unmöglichen« Schulleitung, dann prallt dies entweder an entsprechend mit dickem Fell gesegneten, so gesehen »starken« Persönlichkeiten ab. Oder aber es führt zu Kränkungserleben, einhergehend mit dem Risiko, als »Opfer des Systems« in eine Gratifikationskrise zu stürzen bzw. als »Burnout«-Opfer zu enden. In einer im eskalierenden Wandel befindlichen Zeit ist davon auszugehen, dass keiner im sozialen Kontext agierenden Person, also auch keiner Lehrkraft, entsprechende Kränkungen erspart bleiben werden. Damit umgehen zu können gehört zum Lehrer-Handwerk. Als Lehrer von Schülern und Eltern gelobt zu werden, ist oftmals wohlverdient. Es genießen zu können ist eine wichtige Kompetenz, es vorauszusetzen naiv und es voraussetzungslos zu erwarten unprofessionell. Schon deshalb, weil die Standpunkte in der postmodernen Gesellschaft relativ und fließend sind.

Haben Sie eigene Kinder? Begleiten Sie diese als Eltern durch die Schule?

Dann werden Ihnen mit hoher Wahrscheinlichkeit in den oben skizzierten, quasi autonomen persönlichen Modi verfangene Lehrkräfte als Ärgernisse aufgestoßen sein. Gleichzeitig, spätestens in solchen Konstellationen, wird für Sie die existenzielle Macht, die Lehrer haben, unmittelbar deutlich geworden sein. Eine Macht, die auch die Lehrkräfte haben, die sich machtlos fühlen … Von Schülern Respekt, Leistungen, Veränderungen und Einsatz verlangen, wenn man selbst vor Jahrzehnten gelernten Stoff perpetuiert, Unterrichtsstunden mit mehr oder weniger zum Thema passenden Monologen füllt und einen »subtilen« Korrekturstil dazu verwendet, aufmüpfigen Schülern ihre Grenzen aufzuzeigen und kritische Eltern mit den Worten begrüßt: »*Haben Sie das Fach studiert oder ich?*« – Lehrkräfte dieser Art (die sich dann selbst durchaus als hochmotivierte, dabei ausgebrannte Opfer der Verhältnisse erleben können) sind leider keine Fiktion, sondern ebenso real wie Sie, die sich engagiert durch AGIL durcharbeiten, Ihre Strategien, Möglichkeiten und Grenzen reflektieren und sich im Wissen darum um einen kompetenten, pädagogisch souveränen wie menschlichen Umgang mit den Aufgaben einer Lehrkraft bemühen. Sich auf diese Weise um AGIL zu bemühen, mag dabei mitunter als Schwäche erscheinen … langfristig erhöht es absehbar die Flexibilität, die Lebenszufriedenheit und die gesunde Bewältigung des Schulalltages. Um AGIL zu bleiben, wird man sich mit den in diesem Buch angeschnittenen Fragen und vielen anderen auseinandersetzen müssen. Das ist zugegebenermaßen mal eine Herausforderung, manchmal eine Zumutung und sicher nicht immer gemütlich.

AGIL-Übungen und kein Ende (einige mögliche Beispiele von vielen):
- Wie gehe ich mit Schülern um, die eine deutlich andere Auffassung von Werten und Zielen haben als ich?
- War ich schon mal neidisch auf einen Schüler? Worauf konkret und woran habe ich es gemerkt?
- Welche Schüler haben es bei mir leichter als andere?

Wie sind Sie bislang mit den hier genannten Aspekten spontan umgegangen (die keiner Lehrkraft fremd sein dürften)?

Um einen stets gemütlichen Job zu haben, deshalb sind Sie nicht Lehrerkraft geworden (und falls doch, wäre es schade um die verschenkten Möglichkeiten, die ein sinnerfülltes Leben bietet)!

Wenn Sie das Buch bis hierher gelesen und bearbeitet haben, haben Sie es sich – spätestens jetzt – redlich verdient: tief durchatmen und stolz auf sich sein! Die gewonnenen Erkenntnisse und die erarbeiteten Strategien, mit denen Sie einen bezüglich »Stress« entspannteren Zustand zumindest ein wenig fördern können, tragen absehbar zu mehr Zufriedenheit und Ruhe bei.

Wie fühlen sich diese Gefühlsqualitäten bei Ihnen an? Dem sollten bzw. dürfen Sie, wie im Erholungskapitel dargelegt, ausführliche Reflexion widmen.

Falls sich dann morgen, nächste Woche oder in einem Monat eine schulische Situation ergibt, die Sie – überraschend oder nicht – erheblich unter Druck setzt (was Sie dank Achtsamkeit realisieren), dann werden AGIL-Profis Rückschau halten, Denkbarkeiten und Möglichkeiten ausloten und dabei absehbar auf Punkte stoßen, die Ihnen so unbekannt nicht sind. Um dann, mit hochgekrempelten Ärmeln, die eine oder andere AGIL-Passage noch einmal durchzusehen, ein neues Veränderungsprojekt konzipieren und es angehen …

Was in diesem Buch beschrieben wurde, ist nur ein Ausschnitt dessen, was in einem AGIL-Kurs möglich ist. Vieles, was Selbstreflexion, Perspektivklärung und neue Strategien vermittelt, lässt sich erheblich besser miteinander in einer Gruppe erleben, als es auf sich allein gestellt mit einem Buch in der Hand zu erarbeiten. Wenn dieses Buch Ihnen Mut gemacht haben sollte, an einer AGIL-Gruppe teilzunehmen – bereits dann wären die Autoren mit sich (und der Welt) zufrieden. Und – um es nochmals gesagt zu haben, weil es wichtig ist – falls es zu sehr »klemmt«, der Druck unerträglich groß wird, Ihr Schlaf sich nicht mehr einstellen will und die Lebensqualität in Bereiche absinkt, die mit Qualität nichts mehr zu tun haben, dann ist es sinnvoll und meist hilfreich, sich externe Hilfe zu holen, bei einem Coach, Lehrergesundheitsbeauftragten oder, soweit nötig, bei einem Psychotherapeuten oder Arzt. Nur Münchhausen konnte sich am eigenen Schopf aus dem Sumpf ziehen. Der war aber nicht Lehrkraft, sondern Lügenbaron. Als AGIL-Aktivist wissen Sie: Es ist normal, dass Lehrkräfte in bestimmten Konstellationen unter Druck zu geraten und sich dabei schlecht bis hilflos fühlen. Dies zu reflektieren, zu kommunizieren und nach Möglichkeit zu klären und zu deeskalieren, gehört elementar zur Professionalität im Lehrerberuf. Viele an Schulen tätige Kollegen wissen das derzeit noch nicht bzw. tun sich insbesondere mit der Kommunikation der eigenen Belastungsgrenzen schwer, etwa: »*Ein guter Lehrer hat keine Probleme!*«, oder ein Schulleiter zu einer AGIL-Gruppenteilnehmerin: »*Ich dachte nicht, dass Sie so etwas nötig haben!*« Die soeben zitierten Kolleginnen und Kollegen, die bezüglich des Umgangs mit der Realität eigener Grenzen (noch) Schwierigkeiten haben, sind Ihnen (irgendwann ganz sicher) dankbar dafür, wenn zumindest Sie eine offene, kommunikative und konstruktive Atmosphäre in Ihrem Kollegium fördern! Das mag sich mitunter wie »outen« anfühlen. De facto ist es der einzig souveräne Umgang mit allem, was mit »Stress« zu tun hat.

Die AGIL-Autoren wünschen Ihnen – aus den dargelegten Gründen nicht abschließend, sondern anhaltend – viel Erfolg und Spaß in und mit Ihrem am Puls der Zeit liegenden spannenden Beruf. Bleiben Sie AGIL!

PS: Rückmeldungen und Diskussionen, zumal im nächsten AGIL-Kurs, sind willkommen!

9 Literatur und Empfehlungen zum Weiterlesen

Im Text zitierte bzw. erwähnte Quellen

Freudenberger, H. J. (1974). Staff Burn-Out. J Soc Issue 30: 159–165.

Hillert, A., Marwitz, M. (2006). Die Burnout-Epidemie, oder: Brennt die Leistungsgesellschaft aus? München: Beck.

Hillert, A., Schmitz, E. (Hrsg.) (2004). Psychosomatische Erkrankungen bei Lehrerinnen und Lehrern. Ursachen, Konzepte, Prävention, therapeutische Ansätze. Stuttgart: Schattauer.

Hillert, A., Bäcker, K., Küpper, A. (2016a). Wie belastet und/oder wie gesund sind Lehrkräfte verglichen mit anderen Berufstätigen? Aktuelle Daten aus dem Stressmonitor-Projekt. Prävention und Gesundheitsförderung, Bd. 11, 3, 154–161.

Jacobi, F., Höfler, M., Strehle, J., Mack, S., Gerschler, A., Scholl, L., Busch, M., Hapke, U., Maske, U., Seiffert, I., Gaebel, W., Maier, W., Wagner, M., Zielasek, J., Wittchen, H.-U. (2015). Twelve-months prevalence of mental disorders in the German Health Interview and Examination Survey for Adults – Mental Health Module (DEGS1-MH): a methodological addendum and correction. Int J Methods Psychiatr Res 24(4): 305–313.

Lehr, D., Hillert, A., Keller, S. (2009). What can balance the effort? Associations between effort-reward imbalance, overcommitment, and affective disorders in German teachers. Int J Occup Environmental Health 15(4): 374–384.

Schmidbauer, W. (1977). Die hilflosen Helfer. Über die seelische Problematik der helfenden Berufe. Reinbek bei Hamburg: Rowohlt.

Siegrist, J. (1996). Adverse health effects of high-effort/low-reward conditions. J Occup Health Psychol 1(1): 27–41.

Siegrist, J. (2015). Arbeitswelt und stressbedingte Erkrankungen. München: Elsevier, Urban & Fischer.

Alle dem AGIL-Programm zugrunde liegenden Studien und diesbezügliche wissenschaftliche Literatur sind ausführlich im **AGIL-Manual für Gruppen-Leiter** beschrieben und zitiert:

Hillert, A., Lehr, D., Koch, S., Bracht, M., Ueing, S., Lüdtke, K., Sosnowsky-Waschek, N. (2016b). Lehrergesundheit: AGIL – Das Präventionsprogramm für Arbeit und Gesundheit im Lehrerberuf. 2. überarb. Aufl. Stuttgart: Schattauer.

Zum Weiterlesen

Bohus, M., Lyssenko, L., Wenner, M., Berger, M. (2013). Lebe Balance. Das Programm für innere Stärke und Achtsamkeit. Stuttgart: TRIAS.

Ehrig, C., Voderholzer, U. (2014). Der gute und erholsame Schlaf: Was Sie darüber wissen sollten. Bern: Huber.

Hautzinger, M. (2006). Ratgeber Depression: Informationen für Betroffene und Angehörige. Göttingen: Hogrefe.

Hillert, A., Koch, S., Lehr, D. (2017) Burnout und chronischer beruflicher Stress. Ratgeber für Betroffene. Göttingen: Hogrefe.

Hofmann, E. (2013). Progressive Muskelentspannung – Entspannungs-CD. 2. neugestaltete Aufl. Göttingen: Hogrefe.

Kabat-Zinn, J. (2013). Gesund durch Meditation. Das vollständige Grundlagenwerk zu MBSR. München: O.W. Barth.

Koch, S., Lehr, D., Hillert, A. (2015). Burnout und chronischer beruflicher Stress. Göttingen: Hogrefe.
Metzner, M. (2016). Achtsamkeit und Humor. 2. Aufl. Stuttgart: Schattauer.
Riemann, D. (2003). Ratgeber Schlafstörungen: Informationen für Betroffene und Angehörige. Göttingen: Hogrefe.
Schulz von Thun, F. (1998). Miteinander reden. 3. Das »Innere Team« und situationsgerechte Kommunikation. Hamburg: rororo.
Schulz von Thun, F., Stegemann, W. (2004): Das Innere Team in Aktion. Hamburg: rororo.